Chantelle Shaw

Adonis w kuchni

Tłumaczenie:
Patrycja Kaniewska

Lynn Raye Harris

Gra o wszystko

Tłumaczenie:
Jan Kabat

Droga Czytelniczko!

Książki z serii Światowe Życie przeniosą Cię w świat luksusu, podróży, sukcesów i szczęśliwych miłości. W tym miesiącu proponuję następujące tytuły:

Światowe Życie

I znowu skandal – Gianni Renzetti poślubia swoją sąsiadkę Josephine Hamilton, żeby poprawić swój wizerunek. Tymczasem zaraz po ślubie media publikują informacje z przeszłości Josephine, które wywołują kolejny skandal…

Widok na Manhattan – Evangeline Grey chce utrzeć nosa zarozumiałemu Markosowi Lionidesowi i dwa razy nie przychodzi na umówione spotkanie. W końcu jednak ich drogi się przecinają…

Światowe Życie Ekstra

Uśmiech losu – Dante D'Agostino chce spełnić pragnienie ukochanego wuja i się ożenić. Zawiera układ z Kate, opiekunką swojej osieroconej córki. Życie jednak płata im figla i warunki układu szybko przestają mieć rację bytu…

Gwiazdkowy prezent – Daisy ulega nastrojowi chwili i spędza noc z Alexem Antonidesem. Zakochuje się i liczy na wspólną przyszłość, ale ich następne spotkanie ma miejsce dopiero po pięciu latach…

Światowe Życie Duo

Przyszłość właśnie się zaczyna i **Wyspa szczęścia** – to dwie opowieści o tym, jak niespodziewane bywają konsekwencje naszych czynów…

Adonis w kuchni i **Gra o wszystko** – to dwie opowieści o tym, że czasem trzeba zaryzykować, by wygrać…

Życzę przyjemnej lektury
Marzena Cieśla

Harlequin. **Każda chwila może być niezwykła.**

Czekamy na listy!
Nasz adres:
HarperCollins Polska sp. z o.o.
02-672 Warszawa, ul. Domaniewska 34A

Chantelle Shaw
Adonis w kuchni

Lynn Raye Harris
Gra o wszystko

HARLEQUIN®

Toronto • Nowy Jork • Londyn
Amsterdam • Ateny • Budapeszt • Hamburg
Madryt • Mediolan • Paryż
Sydney • Sztokholm • Tokio • Warszawa
Rio de Janerio • Mumbaj

Tytuł oryginału: Penniless Cinderella for the Greek
A Game with One Winner

Pierwsze wydanie: Harlequin Mills & Boon Limited, 2023
Harlequin Mills & Boon Limited, 2013

Redaktor serii: Marzena Cieśla

Opracowanie redakcyjne: Marzena Cieśla

HarperCollins Polska sp. z o.o.
02-672 Warszawa, ul. Domaniewska 34A
info@harpercollins.pl www.harpercollins.pl

Skład i łamanie: Comptext, Warszawa
Printed in ScandBook

ISBN 978-83-8342-931-1

ŚŻ DUO – 1281

FSC
www.fsc.org
MIX
Paper | Supporting responsible forestry
FSC® C021394

Spis treści:

Chantelle Shaw

Adonis w kuchni

ROZDZIAŁ PIERWSZY

– Co mogę panu podać? – zapytał stojący przy ladzie barman, który na widok Dimitria wyprostował się lekko. – Mam nadzieję, że nie obrażę pana, mówiąc, że wygląda pan zupełnie jak ten sławny szef kuchni Dimitris Kyriakou.

– Już kiedyś słyszałem, że jestem do niego podobny – mruknął drwiąco Dimitris. Przyzwyczaił się do bycia na świeczniku, taka była cena sławy, jednak dziś wieczorem nie miał ochoty na pogawędkę z barmanem. – Poproszę o butelkę szampana i kilka szklanek.

– Oczywiście, proszę pana. Jeśli jest pan gościem hotelowym, możemy dostarczyć alkohol do pańskiego pokoju.

– Nie ma takiej potrzeby, sam wszystko wezmę. Planuję niewielką niespodziankę. – Uśmiechem starał się zamaskować zniecierpliwienie.

– Czy świętuje pan coś szczególnego? – zagadał młody mężczyzna.

– Coś w tym rodzaju.

Zamierzał sprawdzić wierność narzeczonego swojej młodszej siostry. Dimitris już wcześniej przeprowadził dyskretne śledztwo i odkrył, że Matt Collier znany jest ze zdrad. Eleni obiecała zerwać zaręczyny, jeśli ich podejrzenia okażą się słuszne, co uważał za powód do świętowania.

Jego siostra zasługiwała na poślubienie kogoś, kto będzie ją kochał i kto będzie jej wierny. Obiecał sobie i jej, że odkryje prawdę. Uważał to wręcz za swój obowiązek, szczególnie po tragicznej śmierci ich rodziców, która sprawiła, że Eleni została sierotą, mając zaledwie dziesięć lat.

Dimitris sam był jeszcze dzieckiem, kiedy ich rodzice zginęli. Skończył dopiero czternaście lat. Jednak to Eleni doznała urazów, które na zawsze zmieniły jej życie. O dziwo, sam wyszedł z wypadku praktycznie bez szwanku. Spojrzał na swoje odbicie w znajdującym się za barem lustrze i dostrzegł wyblakłą już bliznę przebiegającą przez policzek, ukrytą częściowo pod ciemnym zarostem pokrywającym szczękę.

Choć blizna na twarzy wyblakła, to wspomnienia i poczucie winy w dalszym ciągu go prześladowały. Eleni przez większość swojego życia musiała używać wózka lub laski, mimo że w ciągu ostatnich osiemnastu lat przeszła niezliczoną ilość zabiegów i operacji. Nowatorska operacja, której jego siostra miała być poddana, miała jej pozwolić na samodzielne pójście do ołtarza. Ślub miał się odbyć za trzy tygodnie, pod warunkiem, że Dimitris nie znajdzie dowodów obciążających Colliera.

– Matt ostatnio dziwnie się zachowuje. Wiem, że nie powinnam, ale kiedy był w innym pokoju, zerknęłam na jego telefon i odkryłam, że ciągle rozmawia z kobietą zapisaną w kontaktach jako „S". Codziennie ze sobą piszą – opowiadała mu zapłakana Eleni. – Matt mówił mi, że wyjeżdża na weekend i będzie grał w golfa, ale z jego wiadomości wynika, że ma zamiar spotkać się z S w hotelu. Muszę wiedzieć, czy Matt mnie okłamuje, muszę znać prawdę. Pomożesz mi, Dimitrisie, prawda?

Dimitris nie mógł jej odmówić. Wybrał się więc do oddalonego o kilka mil od Londynu hotelu, który Matt wybrał na miejsce schadzki. Na parkingu zauważył jego samochód. Chciał przyłapać narzeczonego siostry z tajemniczą S podczas kolacji w hotelu, jednak kiedy plan A nie wypalił, musiał przejść do planu B. W wiadomościach, które Eleni wcześniej przeczytała, podany był numer pokoju, w którym Matt miał się spotkać z kochanką. Dlatego teraz wziął tacę z szampanem i udał się do windy.

– Wezmę szybki prysznic, skarbie. Nigdzie nie idź! – powiedział Matt, puszczając do Savannah oko.

Savannah nie mogła się na to zgodzić. Nie mogła przespać się z Mattem, choć była to ich trzecia randka, a każdy wiedział, że trzecia randka oznaczała seks. Był to jeden z powodów, dla których nigdy nie decydowała się na więcej niż dwa spotkania. Nie chciała się spieszyć, uważała seks za coś więcej niż zwykłe zaspokojenie potrzeb. Każdemu poprzedniemu mężczyźnie, z którym się spotykała, brakowało tego czegoś, tym razem wyczuwała jednak iskrę pożądania. Otwartość Matta pozwalała jej poczuć się swobodnie w jego towarzystwie. Zauroczył ją swoją osobowością.

Ciągle przypominała sobie, że ani ona, ani Matt nie byli w związkach, nie mieli zobowiązań, obydwoje wyrażali zgodę na to, by ich relacja poszła o krok dalej. Więc w czym tkwił problem? Bezosobowy wystrój pokoju tylko potęgował myśli Savannah o tym, że to, co miało się wydarzyć w tym hotelu, nie było nawet bliskie romantycznemu zbliżeniu. Może czułaby się lepiej, gdyby Matt zaprosił ją do swojego mieszkania? Mówił, że ma apartament w Canary Wharf, ale ze względu na remont panował tam straszny bałagan.

Matt zadbał o to, żeby zjedli kolację tylko we dwoje w hotelowym pokoju. Był to miły i przemyślany gest, jednak Savannah czuła się zbyt spięta na jedzenie. Teraz, gdy była sama, odczuwała ulgę, choć wiedziała, że był to chwilowy odpoczynek.

– Jesteś idiotką – pouczała samą siebie.

Starała się uspokoić, powtarzać sobie, że to normalny lęk spowodowany długą przerwą w kontaktach intymnych. Mogła policzyć swoich partnerów na palcach jednej ręki. Nie była doświadczona. Powtarzała sobie, że kiedy ona i Matt zaczną się do siebie zbliżać, wszystko się ułoży. Poniesie ich pożądanie i pasja.

Powinna zacząć od rozebrania się. Jej sukienka była obcisła. Nigdy nie nosiła czerwieni, ale tym razem postawiła na uwodzicielski odcień, by zwiększyć swoją pewność siebie. Niestety, tak się nie stało, kolor ubrania nie pomógł. Trzęsącymi się dłońmi rozpięła pasek, a boki sukienki rozchyliły się, ukazując koronkowy biustonosz.

Savannah wróciła myślami do dnia, w którym spotkała Matta Colliera po raz pierwszy. Poznali się w pracy. Savannah była fotografem żywności i miała za zadanie zrobić zdjęcia do kampanii promującej nowy bar tapas w Soho. To właśnie Matt był pomysłodawcą całej kampanii. Od razu oczarował ją swoją osobą. Po sesji poszli na kilka drinków, co pomogło jej zapomnieć o długach, które zostawił jej ojciec.

Podczas drugiej randki Matt opowiedział jej o zakończonym kilka miesięcy wcześniej związku. Savannah uspokojona opowieściami i ciesząca się jego towarzystwem, zgodziła się na sugestię spotkania w hotelu. Ostatnimi czasy nic w jej życiu nie układało się pomyślnie, dlatego tak bardzo ucieszyła się na odmianę, którą mógł wprowadzić nowy związek. Poza tym miała dwadzieścia osiem lat i nadszedł czas, by przestała uciekać przed życiem.

– W tych czasach nikt nie decyduje się na staromodne zaloty, Savannah – przypomniała sobie słowa swojej agentki i przyjaciółki, Bev. Zwierzyła jej się ze swoich rozważań o przeniesieniu związku z Mattem na wyższy poziom. – Jeśli lubisz tego faceta, idź na całość. Twój były narzeczony był palantem, a ty musisz w końcu ruszyć naprzód.

Lata temu Savannah rozstała się z Hugo, ponieważ zrozumiała, że nie darzyła go uczuciem na tyle silnym, by spędzić z nim resztę życia. Nie kochała go. Poza tym odkryła, że użył jej do swoich nikczemnych planów. Jednak to nie Hugo był mężczyzną, który złamał jej serce. Zaszczyt ten wciąż należał do mężczyzny, który dziesięć lat temu okrutnie ją porzucił. Samo myślenie o nim wywoływało w niej gniew i to właśnie ten gniew przyczynił się do podjęcia decyzji o daniu Mattowi szansy.

Jednak kiedy weszła do pokoju hotelowego i ujrzała łoże małżeńskie, nie miała pewności co do swojej decyzji. Była poddenerwowana i pełna wątpliwości. Może nadzieja na spotkanie mężczyzny, który sprawi, że jej serce zabije mocniej, wydawała się absurdalna, ale Savannah zdała sobie sprawę, że nie jest gotowa, by zadowolić się czymś innym. Usłyszała odgłosy prysznica i przez chwilę rozważała ucieczkę, ale Matt był miłym facetem i zasługiwał na wyjaśnienia. Powinien się dowiedzieć, że to nie w nim leżał problem.

Pukanie do drzwi wyrwało ją z rozmyślań. Miała nadzieję, że ktoś z obsługi chciał ich powiadomić o ewakuacji. To by ją uchroniło przed tłumaczeniem Mattowi, że między nimi do niczego nie dojdzie. Wiedziała jednak, że to tylko złudne marzenia. Pospiesznie otworzyła drzwi, zapominając, że rozwiązała sukienkę.

Winda zatrzymała się na czwartym piętrze, a Dimitris przeszedłszy korytarz, zapukał do pokoju numer czterysta dwa.

– Obsługa hotelowa – powiedział.

– Sekundę – odpowiedział mu kobiecy głosy. – Matt, zamawiałeś…? – Po chwili ciszy dodała sama do siebie: – Pewnie nie słyszy mnie z łazienki.

Kiedy drzwi się otworzyły, Dimitris ujrzał ubierającą się w pośpiechu kobietę. Spojrzał na jej blond włosy, po czym przejechał wzrokiem po smukłej sylwetce, długich nogach i szkarłatnych szpilach. Musiał przyznać, że dama w czerwieni była niezwykle seksowna. Perfumy, których użyła, przywoływały w umyśle Dimitrisa odległe wspomnienie, lecz w tamtym momencie pozostawało ono nieuchwytne.

– Postawię szampana na stole, dobrze? – Wszedł do pokoju, nie dając kobiecie szansy na odpowiedź. Był wściekły. Cieszył się, że Eleni została w domu, nie zniosłaby widoku swojego narzeczonego z kochanką u boku. Wiedział, że będzie zdruzgotana, kiedy wyzna jej prawdę, ale przynajmniej uchronił ją przed spotkaniem twarzą w twarz z tajemniczą S.

– Co ty tu robisz, do cholery? – zapytał Matt z nietęgą miną, kiedy wyszedł z łazienki. Ubrany był jedynie w szlafrok.

Dimitris nie był jednak w stanie odpowiedzieć, ponieważ w tym samym czasie kobieta podniosła wzrok, a on zdał sobie sprawę, dlaczego zapach jej perfum wydawał się taki znajomy. Ten zapach prześladował go przez lata, ona prześladowała go przez lata. Jej jasnozielone oczy rozszerzyły się z zaskoczenia, był pewien, że i ona go poznała.

– Dimitris?

– Savannah O'Neal – odpowiedział, starając się ukryć swój szok. Musiał przyznać, że ładna nastolatka, którą rzucił dziesięć lat temu, wyrosła na oszałamiająco piękną i seksowną kobietę – Minęło wiele lat.

Wpływ, jaki Dimitris miał na Savannah, był tak samo druzgocący jak wtedy, gdy miała osiemnaście lat. Serce mocno waliło jej w piersi, tyle razy widziała go w telewizji. Często prowadził programy kulinarne, był zapraszany jako gość do wielu programów rozrywkowych. Dimitris stał się gwiazdą, był niezwykle charyzmatyczny i przystojny. Jednak na żywo był spektakularny, jego urok i seksapil wychodziły poza wszelką skalę.

Savannah wiele razy wyobrażała sobie spotkanie z nim. Chciała być chłodna i wyrafinowana, zupełnie inna niż zakochana w nim po uszy nastolatka. Jednak teraz, kiedy stała z nim twarzą w twarz, znowu zamieniła się w tę dziwną dziewczynę u progu dorosłości, która marzyła tylko o tym, by ten grecki bóg ją zauważył. Jej pragnienia zamieniły się w rzeczywistość na jedenaście wspaniałych nocy. Mimo to nie było szczęśliwego zakończenia znanego z bajek, było za to złamane serce i lekcja dorosłości, dzięki której Savannah dojrzała.

Mający wówczas dwadzieścia dwa lat Dimitris, znacznie różnił się od chłopców w jej wieku. Śniada cera sprawiała, że wyglądał niemal egzotycznie. Savannah, która była wychowywana pod kloszem, była zupełnie nieprzygotowana na starcie z mężczyzną jego pokroju. Kiedy się śmiał, w jego oczach pojawiał się błysk, lecz twarz nie zdradzała żadnych uczuć. Wyglądał jak posąg, jak postać wykonana z marmuru. Był nieprzenikniony.

Choć już wtedy ciężko było się mu oprzeć, to teraz, kiedy skończył trzydzieści lat, wydawał się jeszcze atrakcyjniejszy. Blizna na policzku, która obecnie była prawie niewidoczna, dodawała mu zadziorności. Niebieskie oczy były otoczone czarnymi i gęstymi rzęsami. Jednakże tym, co przyciągało wzrok Savannah, były jego pełne usta. Doskonale pamiętała pełne namiętności pocałunki. Pocałunki, który wryły się w jej pamięć.

Przez lata powtarzała sobie, że Dimitris, łamacz tysiąca serc, na pewno nie będzie pamiętał ich namiętnych uniesień sprzed dekady, ale błysk w jego oczach sprawił, że zaczęła się zastanawiać, czy i on właśnie rozmyśla o spotkaniu w domku przy basenie w noc jej osiemnastych urodzin.

– To nie to, co myślisz. – Głos Matta przywrócił ją do rzeczywistości. Matt! – pomyślała z przerażeniem.

Czuła się winna, tak łatwo o nim zapomniała! A on jak zwykle okazał się wspaniałomyślny i zamówił dla nich szampana. Być może chciał w ten sposób uczcić ich pierwszą wspólną noc.

Jedna myśl nie dawała jej jednak spokoju – dlaczego, u licha, sławny szef kuchni i osobowość telewizyjna, Dimitris Kyriakou, dostarczył szampana do ich apartamentu? Była zdezorientowana, zastanawiała się, czy Matt zaaranżował wizytę celebryty, by ją zaskoczyć.

Spojrzała na Matta, a później znów na imponującego Greka, który zdawał się dominować swoją obecnością i niesamowitym wzrostem. Jedną z niewielu rzeczy, które jej o sobie powiedział, było to, że odziedziczył wzrost po angielskiej części swojej rodziny.

Mając osiemnaście lat, była naiwna i myślała, że mężczyźni pokroju Dimitrisa byli rzadkością. Teraz wiedziała, że każdy mężczyzna chował się w cień, gdy znajdował się w jego pobliżu.

– Co się dzieje? – Savannah zapytała Matta, jednak on nawet na nią nie spojrzał.

– Wiem, że to, że jestem w hotelu z kobietą, wygląda podejrzanie, ale Savannah to koleżanka z pracy. Chciała omówić projekt, nie miałem pojęcia, że wynajmie pokój i będzie próbowała namówić mnie do tego, żebym się z nią przespał.

Te słowa wprawiły Savannah w osłupienie.

– To nieprawda. Dobrze wiesz, że zapytałeś, czy spędzę z tobą noc – powiedziała oskarżycielskim tonem, lecz gdy Matt jej nie odpowiedział, zwróciła się do Dimitrisa. – Czy powiesz mi, proszę, dlaczego tu jesteś?

Dimitris przeniósł na nią przenikliwe spojrzenie i odpowiedział:

– Czy ty naprawdę myślisz, że uwierzę, że nie wiedziałaś, że ten facet jest zaręczony? – zapytał krótko.

– Nie miałam pojęcia. To musi być jakaś pomyłka, Matt nie jest z nikim zaręczony. Matt?

Zawstydzony wyraz twarzy mężczyzny mówił jednak coś innego. Savannah zrozumiała. Ogarnęła ją wściekłość, poczuła się upokorzona. Kretynka, pomyślała o samej sobie. Czy nigdy nie nauczy się, że wszyscy mężczyźni to kłamcy? Okłamał ją nawet własny ojciec.

Patrzyła na Matta i zastanawiała się, co by się stało, gdyby nikt im nie przerwał. Stał z włosami mokrymi po prysznicu, który wziął, by się z nią kochać. Czy gdyby powiedziała mu o swoich obawach, nadal namawiałby ją na seks? Czy zrobiłby to, wiedząc, że ożeni się z inną kobietą?

– Matt i ja nie jesteśmy kochankami – powiedziała Dimitrisowi, choć sądząc po jego minie, nie wierzył w ani jedno słowo. Nie patrzył jej w oczy, a kiedy prześledziła jego wzrok, zdała sobie sprawę, że wiązanie jej sukienki znowu się poluzowało, ukazując przy tym biustonosz. Poczuła jeszcze większe upokorzenie. Złapała za brzegi sukienki i zakryła dekolt.

– To prawda – szybko potwierdził Matt – Nigdy nie spałem z Savannah, ona nic dla mnie nie znaczy. To, że się z nią dziś spotkałem, było głupim błędem.

– Nie takie wrażenie odniosłam – odparła ostro. O ironio, a ona zastanawiała się nad pójściem z nim do łóżka! To, że ją upokorzył, było okropne, ale fakt, że zrobił to przed Dimitrisem, było jak policzek w twarz.

Matt zignorował ją po raz kolejny i zwrócił się do Dimitrisa:

– Słuchaj, stary, nie wiem, jak mnie znalazłeś, ale nie mów Eleni o tym, co tu zastałeś. Szczególnie, że do niczego nie doszło.

– Nie jestem twoim kumplem, Collier – głos Dimitrisa ociekał lodem. – Moja siostra przejrzała twój telefon i odkryła, że kłamiesz. Miałeś być na jakimś turnieju golfowym, tymczasem w wiadomościach przeczytała, że planujesz spotkać się z niejaką S. Zakładam, że tą osobą jest Savannah.

– Matt jest zaręczony z Eleni? – Teraz Savannah przynajmniej rozumiała, dlaczego Dimitris był taki wściekły. Zawsze był opiekuńczy w stosunku do swojej młodszej siostry. – Nie wiedziałam – wyszeptała.

Teraz te wszystkie małe rzeczy nabierały sensu. Matt żartował, że jej imię jest za długie, żeby zapisać je w całości, dlatego użył tylko inicjału. Uwierzyła mu, kiedy mówił o przerwie od social mediów, bo za bardzo pochłaniały jego wolny czas. Matt cały czas ją okłamywał, a ona ślepo się na te kłamstwa nabierała.

– Ślub jest odwołany, Collier. Moja siostra nie chce mieć z tobą nic wspólnego.

– Czy to naprawdę decyzja Eleni, czy to ty za nią zdecydowałeś, Kyriakou? Porozmawiam z nią i przekonam, żeby dała mi jeszcze jedną szansę – powiedział Matt, lecz jego odwaga skończyła się, gdy tylko Dimitris łypnął na niego spode łba.

– Trzymaj się z daleka od Eleni. Zrobię wszystko, żeby ochronić ją przed taką szumowiną jak ty.

Dimitris przeniósł zimne spojrzenie na Savannah.

– Czy twój kochanek wie, że jesteś mężatką? – Jego usta uniosły się w pełnym zadowolenia uśmiechu, gdy zauważył jej przepełnioną strachu minę. – Słyszałem, że niedługo po tym, jak opuściłem Londyn, zaręczyłaś się z angielskim arystokratą. Ty i Collier jesteście siebie warci.

Zanim Savannah zdążyła zebrać myśli i obronić się, Dimitris wyszedł z apartamentu.

– Nic nie mówiłaś, że jesteś mężatką. – Matt brzmiał na urażonego.

– Nie mam męża, byłam zaręczona, ale odwołałam ślub – wydukała.

– Cóż, wydaje się, że mój ślub też został odwołany. – Matt zdawał się bardziej zirytowany niż smutny. – Kyriakou nigdy nie popierał mojego związku z jego siostrą, a Eleni zrobi, co jej powie, bo brat za wszystko płaci. Za luksusowe mieszkanie w Canary Wharf, które miało być naszym prezentem ślubnym, również. Mam cholerny problem, bo już wynająłem moje mieszkanie komuś innemu. – Mówiąc to, przysunął się do Savannah i przejechał opuszkami palców po jej policzku. – Może mógłbym wprowadzić się do twojego dużego domu niedaleko Hampstead Heath, co o tym sądzisz? Otwórzmy szampana i wznieśmy toast za nowe początki, skarbie.

Savannah odsunęła się od niego z obrzydzeniem.

– Masz tupet! Mam nadzieję, że nie spotkam cię nigdy więcej. A dom należy do mojej matki.

Kobieta musiała jednak przyznać, że dom nie był również własnością jej rodzicielki. Na dokumencie notarialnym widniało nazwisko Richarda O'Neala. Tylko jego. A wierzyciele domagali się sprzedaży domu w celu spłaty długów jej ojca. Savannah przypomniała sobie, pod jak wielkim wrażeniem Matt był, gdy odwiózł ją do domu po ich drugiej randce. Wspomniał nawet o tym, że posiadłości w tej dzielnicy kosztowały fortunę. Dom, który należał do jej ojca, powinien wystarczyć, by spłacić wszystkie długi, jakie Richard zostawił po sobie, jednak wiedziała, że jego sprzedaż złamałaby serce jej matce.

– Spadaj, Matt. – Nie wiedziała, kogo nienawidziła bardziej, siebie, czy jego. – Dlaczego zacząłeś się ze mną spotykać, jeśli zamierzałeś ożenić się z kimś innym?

– Po pierwszym spotkaniu było jasne, że byłaś dostępna i zdesperowana. Myślałem, że Eleni o niczym się nie dowie. Każdy facet skorzystałby z okazji, gdyby tylko się nadarzyła. – Wzruszył ramionami. – Zresztą Kyriakou nie powinien ustanawiać żadnych praw moralnych. Sam jest znany z bycia kobieciarzem, wszystkie jego romanse są opisywane w gazetach.

Savannah widziała zdjęcia przedstawiające Dimitrisa otoczonego pięknymi kobietami. Jako szef kuchni, który zbił fortunę na sprzedaży książek kucharskich, niezliczonej liczbie występów telewizyjnych i sieci niezwykle popularnych greckich restauracji, Dimitris uważany był za najbardziej pożądanego kawalera na świecie. Nigdy jednak nie było wiadomości wskazujących na chęć zmiany stanu cywilnego ze strony gwiazdora.

To samo mówił jej dekadę temu, gdy podała mu swoje serce na dłoni. Gdy zdała sobie sprawę, że ciągle działał na nią tak samo jak wtedy, ogarnęło ją przerażenie. Przy nim czuła, że żyła.

– Skąd znasz Kyriakou? Dlaczego cię rozpoznał? – zapytał nadąsany Matt.

– Ja… znałam go wiele lat temu. – Jej krótki romans z Dimitrisem był intensywny i pełen pasji. Miała obsesję na jego punkcie, lecz tak naprawdę w ogóle go nie znała. Savanah zastanawiała się, czy kiedykolwiek jakaś kobieta zdołała przedrzeć się przez mur, który wzniósł wokół siebie.

Była zła, że Dimitris nie dał jej szansy na wytłumaczenie tego, jak Matt ją wykorzystał. Wcale się nie zastanawiała, co Grek o niej myśli, ale lata temu zaprzyjaźniła się z Eleni i chciała, żeby siostra Dimitrisa wiedziała, jak naprawdę wyglądała jej relacja z Mattem Collierem.

– Nie próbuj do mnie dzwonić – powiedziała, zbierając swoje rzeczy i resztki godności, które jej pozostały. Opuszczając pokój, zauważyła Dimitrisa wsiadającego do winy.

– Zaczekaj! – Savannah rzuciła się biegiem w stronę windy, w ostatniej chwili udało jej się ją zatrzymać.

Patrzyła teraz prosto na Dimitrisa, jej zmorę. Czarne włosy miał obcięte krócej niż kiedyś, jednak ciągle lekko się zawijały, tworząc delikatne loki. Był niezwykle przystojny, przypominał dzieło sztuki.

– Nie mam na to czasu, muszę jechać do siostry – rzucił z gniewem.

Savannah spojrzała na jego nadgarstek ozdobiony złotym zegarkiem. Podwinięte rękawy koszuli odsłaniały przedramiona. Czarne spodnie i koszula sprawiały, że wyglądał niczym anioł zemsty, zdeterminowany do obronienia siostry przed tym, co ona jej zrobiła. Savannah była nieświadomym uczestnikiem zdrady Matta, a to, że nie uprawiali seksu, nie zmieniało wcale tej sytuacji.

– Nie spałam z Mattem – powtórzyła. Jednak rysy twarzy mężczyzny wcale nie złagodniały – Proszę, nie mów Eleni, że widziałeś mnie z jej narzeczonym. Kiedyś, zanim straciłyśmy kontakt, byłyśmy przyjaciółkami, nigdy nie zrobiłabym nic, co mogłoby ją skrzywdzić.

Dimitris się nie odzywał, ale Savannah rozpoznała błysk świadomości w jego oczach. Gdy przeniosła rękę z powrotem na wiązanie sukienki, by sprawdzić, czy znowu się nie rozwiązała, drzwi windy zaczęły się zamykać. Przeklinając pod nosem, nacisnęła na guzik, jednak było już za późno. Winda zaczęła zjeżdżać w dół.

Savannah oparła się o ścianę, ciężko oddychając. Czuła się źle ze świadomością, że Dimitris nie chciał jej wysłuchać, że tak niesprawiedliwie ją ocenił. To, co bolało jednak najbardziej, to fakt, że uświadomiła sobie, że nigdy o nim nie zapomniała. Zawsze porównywała do niego każdego poznanego mężczyznę.

ROZDZIAŁ DRUGI

– Ładna jest?

– Kto? – Dimitris grał na czas. Chciał mieć pewność, że panuje nad emocjami.

– Ta kobieta – powiedziała Eleni, wycierając łzy.

– Nie zwracałem na nią większej uwagi. – Dimitris nienawidził kłamstw, lecz to jedno przyszło mu wyjątkowo łatwo. Nie chciał przyznać się przed Eleni, ani przed samym sobą, że gdy rozpoznał Savannah, serce zaczęło mu bić szybciej. Nie widział sensu w mówieniu siostrze o tym, że jej przyjaciółka z czasów szkolnych była kochanką jej byłego narzeczonego.

To nie był pierwszy raz, kiedy Dimitris widział Savannah od czasu zakończenia ich relacji. Billboardy z jej podobizną nie oddawały jednak jej piękna, intrygującego połączenia niewinności i seksapilu. Savannah miała regularne rysy twarzy i niesamowite piwne oczy. To właśnie one jako pierwsze zwróciły uwagę Dimitrisa w młodości.

Pamiętał, jak żarliwie Eleni broniła przyjaciółki. Często powtarzała mu, że Savannah nie jest tak pusta, jak reszta bogatych dziewczyn ze szkoły. On za to kilkukrotnie wyrażał swoje wątpliwości. Nie rozumiał, dlaczego córka zamożnego biznesmana chciałaby z własnej woli pracować wiele godzin za marne grosze. A jednak zaskoczyła go i poprosiła o pracę w ich rodzinnej podupadającej restauracji.

– Nigdy nie drwiła z tego, że korzystam ze stypendium dla ubogich uczniów, ani z tego, że poruszam się na wózku. Savannah to moja przyjaciółka, proszę, daj jej szansę – przekonywała go siostra.

Dimitris próbował odgonić wspomnienia nawiedzające jego umysł. Przypominał sobie jej niewinne uśmiechy, smukłą sylwetkę, apetyczne kształty i rumieńce na twarzy. Powtarzał sobie wtedy, że Savannah jest dla niego za młoda, że nie może wykorzystać jej naiwności. Nie mógł obiecać jej tego, o co prosiła – prawdziwego związku. Nie widzieli się jednak dziesięć lat, a czas zmieniał ludzi. Nie powinien być zatem zdziwiony tym, że zobaczył ją półnagą w hotelowym pokoju u boku narzeczonego Eleni. Ta kobieta nie była już słodką dziewczyną z przeszłości.

Kilka miesięcy po tym, jak zakończył ich romans, przeczytał artykuł o jej zaręczynach z synem arystokraty. Był zaskoczony i rozczarowany tym, że tak szybko ruszyła naprzód, że o nim zapomniała. Przypominał sobie jednak, że na nią nie zasługiwał. Nie zasługiwał na miłość po tym, jak zniszczył życie dwójce ukochanych osób. Domyślał się, że to ojciec Savannah zaaranżował jej małżeństwo.

– Strzelam, że dziewczyna Matta nie chodzi z laską – powiedziała Eleni. – Wiem, że miałeś co do niego wątpliwości. Powinnam była cię posłuchać... Zadzwonię teraz do organizatora ślubu i powiem, że przyjęcie jest odwołane.

– *Paidí mou,* wszystkim się zajmę. Idź do łóżka, spróbuj zasnąć – powiedział Dimitris, tuląc płaczącą siostrę.

Całe swoje dorosłe życie podporządkował opiece nad Eleni, ale teraz czuł się bezradny. Nie wiedział, jak jej pomóc. Obserwując, jak zrozpaczona siostra opuszcza pokój, miał ogromne poczucie winy. Nigdy nie wybaczył sobie spowodowania wypadku, który zniszczył ich rodzinę. Gdyby nie zdekoncentrował mamy, ich samochód nie wpadłby pod rozpędzoną ciężarówkę. Tego dnia rodzice podwozili Eleni na lekcję tańca. On powinien pojechać rowerem na trening piłki nożnej. Ale zaspał, a mama zgodziła się go podrzucić. W trakcie jazdy wywiązała się między nimi kłótnia. Dimitris nie miał ochoty pomagać w rodzinnej restauracji, kiedy wszyscy jego znajomi spotykali się na imprezie. Doskonale pamiętał rozmowę z mamą.

– Czy mógłbyś pomóc nam dziś wieczorem w restauracji, Dimitrisie? Jedna z kelnerek się przeziębiła – zapytała go wtedy mama.

– Jest sobota. Wszyscy spotykają się u Jacka – odpyskował.

– Możesz spotkać się ze znajomymi, ale musisz być w domu o jedenastej. Tata cię odbierze, żebyś nie wracał sam.

– Przestańcie traktować mnie jak dziecko! Czy mogę chociaż zostać do północy?

– Nie, to zdecydowanie za późno. Ciągle masz pracę domową do odrobienia. Nawet nie zacząłeś robić projektu na historię.

Kłótnia, która się między nimi wywiązała, sprawiła, że Eleni zalała się łzami. Rodzice zwrócili się w ich stronę, by ich uspokoić. To właśnie wtedy zjechali z drogi, a on, widząc nadjeżdżający z naprzeciwka pojazd, zdążył jedynie krzyknąć:

– Mamo, uważaj!

Wspomnienia wywoływały w nim ból, fizyczny i psychiczny.

– Chcę wrócić do Grecji – oznajmiła stojąca w drzwiach Eleni. – Co zrobisz z mieszkaniem w Canary Wharf?

– Wynajmę albo sprzedam – odparł. – Eleni, wiem, że ciężko ci w to teraz uwierzyć, ale pewnego dnia spotkasz osobę, która sprawi, że będziesz szczęśliwa.

– Ty nie spotkałeś – odpowiedziała zapłakana.

– Ale ja nigdy nie szukałem. Nie chcę się zakochać.

– Od kiedy niby można kontrolować uczucia? Miłość po prostu przychodzi, najczęściej wtedy, kiedy najmniej jej oczekujesz.

– Do mnie nie przyjdzie – zapewnił.

Decyzję o samotności podjął jako pogrążony w żałobie czternastolatek. Nie zasługiwał na nic, ani na zakochanie się, ani na miłość, ani na rodzinę.

– Pojedziesz ze mną na Rodos? – poprosiła Eleni. – Nie dam rady sama powiedzieć *Υιαγιά*, że mój ślub jest odwołany.

Ich babcia Hestia nawet w wieku dziewięćdziesięciu lat pozostawała nieugiętą głową rodziny.

– Nie mogę, muszę zostać w Londynie na sesję Philpota. Dołączę do ciebie, jak tylko skończę pracę – odpowiedział z żalem.

Gdy Dimitris został sam, postanowił sprawdzić szczegóły sesji. Zdecydował się na udział w sesji dla Philpot, największej sieci supermarketów w Wielkiej Brytanii, w zamian za wsparcie jego fundacji charytatywnej – Jedzenie dla wszystkich. Dimitris pragnął edukować młodych ludzi i uczyć ich zdrowego odżywiania.

Układ wydawał się idealny: on ugotuje kilka zdrowych dań, a w zamian Philpot opublikuje przepisy w swojej gazetce. Wszelkie szczegóły dotyczące sesji i współpracy pozostawił swoim agentom. Nie miał głowy do interesów, gdy jego siostra miała złamane serce. Teraz, gdy przeglądał dokumenty, uświadomił sobie, że popełnił ogromny błąd… Kobietą, z którą miał się spotkać na sesji zdjęciowej, była Savannah O'Neal…

Promienie słońca wpadające przez okno obudziły Savannah. Spojrzała na zegarek stojący na stoliku nocnym i od razu wiedziała, że zaspała. Szybko spakowała aparat i sprawdziła adres, pod który miała się udać.

– Cholera – przeklęła pod nosem.

Od przygotowań do wyjścia oderwał ją dzwoniący telefon. Była pewna, że dzwoni do niej agentka.

– Mam złe wiadomości – powiedziała Beverly Wright, właścicielka agencji fotograficznej.

– Co się znowu stało?

– Philpot odwołał sesję.

– Jak to odwołał? Przecież miała się odbyć dzisiaj. Przełożą ją? Wyślij mi szczegóły – poprosiła.

Jej kalendarz świecił pustkami, nie miała zbyt wielu zleceń. Kiedy rozpoczęła karierę fotografa, zrozumiała, że będzie musiała wyrobić sobie reputację. Cieszyła się, że wciąż miała choć trochę oszczędności z czasów, gdy była modelką. Pieniądze jednak zdawały się rozpływać, od kiedy jej ojciec został aresztowany.

– Sesja się odbędzie, po prostu Philpot poprosił o innego fotografa – powiedziała Bev. – Przykro mi, Savannah. Wczoraj w nocy zadzwonili do mnie i poprosili o zamianę. Wiesz, że to ważna sesja, bierze w niej udział Dimitris Kyriakou, nie mogłam odmówić.

Savannah nie mogła w to uwierzyć. Z jej ust wydobył się histeryczny śmiech.

– Och, nie powinnam była tego mówić – kontynuowała Bev. – Chcą utrzymać to w tajemnicy, dopóki kampania nie ruszy. Nie powiesz nikomu, prawda? Kyriakou woli pracować w swojej własnej kuchni, dlatego sesja odbędzie się w Richmond. Prawdopodobnie nie spodobało mu się twoje portfolio, ale uwierz mi, wszyscy z Philpot byli nim zachwyceni!

Ten dzień zapowiada się koszmarnie, pomyślała Savannah.

– Twoje miejsce zajmie Jason Bloomfield, a twoje prace wysłałam do edytora gazety. Wiem, że jesteś zawiedziona, ale w tym zawodzie czasami się to zdarza.

Savannah z całych sił powstrzymywała się przed rzuceniem telefonem w ścianę. Utrata zlecenia była dla niej porażką i zawodową, i finansową. Nie była tylko zawiedziona. Była wściekła z powodu tego, jak dziecinnie zachował się Dimitris. Nie zrobiła nic złego, choć czuła się winna, to nie ona stała za odwołaniem ślubu przyjaciółki z dzieciństwa.

Gdy Dimitris zdecydował się zakończyć ich relacje dziesięć lat temu, była załamana. Wtedy złamał jej serce, a teraz próbował zakończyć jej karierę. I była pewna, że zrobi, co w jego mocy, by pozbawić ją zleceń. Chyba że go przekona, że w całej tej sprawie z Mattem pozostawała niewinna…

Nie miała zbyt dużo czasu, sesja zaplanowana była na dziesiątą, ale cały zespół musiał pojawić się na planie znacznie wcześniej. Natychmiast opuściła mieszkanie i pobiegła w stronę samochodu. Po drodze spotkała jeszcze opiekunkę swojej mamy, która była jej potrzebna ze względu na pogłębiające się stwardnienie rozsiane.

– Czy mama już się obudziła? Jak spała? – zapytała.

– Dobrze, właśnie idę zrobić jej herbatę. Dołączysz? – Był to ich poranny zwyczaj.

– Nie mogę, muszę już lecieć. – Savannah spojrzała na mamę i zdała sobie sprawę, jak słabo wygląda.

Wszystko to, co przeszła w ostatnim czasie, odbiło się piętnem na jej zdrowiu fizycznym i psychicznym.

To, że jej stan się pogarszał, nie powinno być dla nikogo zaskoczeniem, w końcu musiała uporać się z aresztowaniem męża, jego śmiercią, a także z nagłą zmianą stylu życia. Choć Savannah starała się ukryć, jak dużo długów miały, to mama wiedziała, że jest źle. Podeszła do niej i dała jej całusa w policzek.

– Zaczynam dziś wcześnie pracę, mamo – powiedziała.

– Ach tak, to dziś jest sesja dla Philpot, prawda? Czy już znasz nazwisko sławy, którą będziesz fotografować?

– Nie powinnam mówić – odparła, starając się ukryć swoje rozgoryczenie – ale to Dimitris Kyriakou.

– Uważaj, kochanie. Pamiętasz, jak bardzo cię skrzywdził, kiedy byłaś młodsza? – zapytała z troską.

– Tak, podobał mi się, ale nie sądzę, żeby teraz w ogóle pamiętał, kim jestem. Będę tylko robiła zdjęcia jego potrawom, nie jemu. – Nie przyznała, że Dimitris postanowił zmienić fotografa.

Po krótkiej wymianie zdań ruszyła w drogę. Sesja miała się odbyć w oddalonym o trzydzieści minut jazdy Richomond upon Thames, dzielnicy zamieszkałej przez milionerów. Mijając kolejne uliczki, szukała domu Dimitrisa. Wcześniej widziała go tylko na zdjęciach. Ze względu na to, że Dimitris zawsze udzielał wywiadów ze swojego domu, jego wygląd był powszechnie znany. Kiedy tylko go rozpoznała, zaparkowała samochód, wzięła aparat i poszła w kierunku wejścia. Nie miała żadnego planu, liczyła się z tym, że Dimitris w ogóle nie będzie chciał z nią rozmawiać, ale miała nadzieję, że zdoła mu wszystko wytłumaczyć.

– Przyjechała pani na sesję zdjęciową, prawda? – zapytała pokojówka, która otworzyła jej drzwi. – Studio pana Kyriakoų jest w ogrodzie. Proszę trzymać się ścieżki, studio będzie na końcu trawnika, zaraz obok rzeczki.

Kiedy poznała Dimitrisa, mieszkał z rodziną i dziadkami w małym mieszkaniu nad restauracją. Teraz jego domem była willa z zapierającym dech w piersi ogrodem. Wszystkiego dorobił się sam. W internecie wyczytała, że to dziadek, grecki imigrant, nauczył go gotować. To również dziadek założył pierwszą rodzinną restaurację nazwaną na cześć jego żony – Hestia. Dimitris skończył prestiżową akademię kucharską i pomagał prowadzić rodzinny interes, zanim on, jego siostra i dziadkowie zdecydowali się nagle powrócić do Grecji. To właśnie tam stał się szefem kuchni w luksusowym hotelu, następnie pracował w znanej paryskiej restauracji, by w końcu wziąć udział w programie kulinarnym transmitowanym w Anglii. Oczywiście, wygrał go z łatwością.

„Adonis w kuchni" rozpoczął karierę Dimitrisa. To dzięki temu programowi został okrzyknięty kucharzem gwiazd i symbolem seksu. Jego rozbrajająca osobowość i atrakcyjny wygląd zapewniły mu miano Gorącego Szefa Kuchni.

Jego dom był dowodem tego, jak bardzo zdeterminowanym i pracowitym człowiekiem jest Dimitris. Savannah z podziwem patrzyła na ogródek ozdobiony niezliczoną liczbą kolorowych kwiatów, na starannie przycięty trawnik oraz na ścieżki wyłożone kamyczkami.

– Co ty tu robisz i dlaczego włamałaś się do mojego domu, Savannah? – zapytał mężczyzna znajdujący się za jej plecami.

Powoli odwróciła się i choć myślała, że była przygotowana na spotkanie Dimitrisa, to była w błędzie. Oddech uwiązł jej w gardle, gdy spojrzała w jego hipnotyzujące oczy.

Savannah zastanawiała się, jak długo Dimitris ją obserwował. Wyglądał apetycznie w wytartych dżinsach i białej koszulce, która otulała jego wyrzeźbiony tors.

– Nie powinno cię tu być – powiedział krótko. – Ktoś z Philpot miał cię zawiadomić i przysłać innego fotografa.

– Chciałam z tobą porozmawiać… – powiedziała.

Dimitris wszedł do studia, więc Savannah ruszyła za nim. Kuchnia była ogromna. Jej wystrój był elegancki i nowoczesny. W powietrzu unosił się zapach świeżo upieczonego chleba. Żołądek Savannah zaburczał z głodu, a jej policzki zaróżowiły się ze wstydu.

– Zadzwonię do Philpot i dowiem się, dlaczego nie wykonali moich poleceń.

Jeśli zadzwoni do Tary Brown, dyrektorki do spraw marketingu, Bev na pewno zostanie poinformowana, a to będzie miało nieprzyjemne konsekwencje. Savannah nie powinna przecież wiedzieć, gdzie odbywa się sesja.

– Nie przyjechałam ze względu na zdjęcia. Pozwól, że wyjaśnię…

– Nie mam ci nic do powiedzenia. – Jego ton doprowadził ją do wrzenia.

Savannah spojrzała na niego ze złością. Ich życia kompletnie się różniły. On opływał w luksusy, ona walczyła o spłatę długów. Jej praca była głównym źródłem dochodu, miała przecież na utrzymaniu mamę. Dimitris mógł zniszczyć jej karierę jednym telefonem.

– Nie chcę, żebyś mówił. Chcę, żebyś słuchał – odparła zaciekle.

Dimitris patrzył na nią z góry. Znacznie przewyższał ją wzrostem. Zaciągnęła się jego zapachem, nie mogła się powstrzymać. Nie chciała, żeby tak na nią działał.

– Nie jestem kochanką Matta Colliera. Poszłam z nim na kilka randek, powiedział mi, że nikogo nie ma. Nie wiedziałam, że był narzeczonym Eleni. Nie wiem, dlaczego łudziłam się, że nie kłamał – wyjaśniła Savannah. – Nigdy nie spotkałam mężczyzny, który mówiłby prawdę.

Na te słowa grymas Dimitrisa się powiększył, lecz Savannah nie miała zamiaru mu ulec. Całe życie ktoś ją okłamywał – ojciec, były narzeczony, Matt Collier, Dimitris, którego lata temu uznała za najważniejszą osobę w swoim życiu i postawiła na pierwszym miejscu.

– To nie twoja sprawa, ale nigdy nie byłam mężatką – kontynuowała. Spojrzenie Dimitrisa było nieodgadnione. Savannah pamiętała, że zawsze był dobry w kontrolowaniu emocji.

– Nigdy cię nie okłamałem.

– Och, błagam. Powiedziałeś, że zrywasz ze mną, żeby skoncentrować się na karierze, ale wiem, że mój ojciec dał ci pieniądze, żebyś mnie rzucił. Mówił mi, że nie wierzył w twoje szczere intencje, więc jako test zaproponował ci dwieście pięćdziesiąt tysięcy, żebyś ze mną zerwał.

Satysfakcja Savannah zmieszała się z rozczarowaniem, gdy w jego oczach dostrzegła poczucie winy. Dziesięć lat temu ten mężczyzna wybrał pieniądze, nie ją,

– Nie wiem, co było bardziej upokarzające: fakt, że wykorzystałeś mnie dla seksu, czy to, że wziąłeś pieniądze za zerwanie ze mną – powiedziała sarkastycznie. – W każdym razie nie jesteś lepszy niż Matt Collier. Nie bronię go, lecz Matt oszukał Eleni, a ty mnie.

– Nigdy nie wykorzystałem cię dla seksu. Ale z perspektywy czasu widzę, że w ogóle nie powinienem się z tobą zadawać. – Skrzywił się. – Byłaś młoda i niewinna, nie tylko dlatego, że byłaś dziewicą. Chciałaś historii jak z bajki, a ja nie mogłem ci tego dać.

Jej policzki zapłonęły.

– Gdy po raz pierwszy się kochaliśmy, byłeś taki czuły. Przez ciebie uwierzyłam, że możemy być parą.

Dimitris pokręcił głową i dodał:

– To był wytwór twojej wyobraźni. Miałem na głowie podupadającą restaurację, wiekowych dziadków i niepełnosprawną siostrę. Nie mogłem ci nic zaoferować. – Dimitris zawahał się. – Czy ojciec coś jeszcze ci mówił?

– Co masz na myśli? – Jej ojciec zataił przed nią wiele rzeczy. Całe ich życie było kłamstwem.

Z pozoru rodzina Savannah wydawała się idealna, lecz ona wiedziała, że ojciec jej nie kochał. Mimo wielu prób i chęci zyskania jego aprobaty, on nigdy nie obdarzył jej głębszym uczuciem. Do tej pory zastanawiała się, czy było z nią coś nie tak. To, że Dimitris ją odrzucił, tylko wzmogło poczucie bycia niekochaną.

Podczas procesu jej ojcu udowodniono wiele fałszerstw. Savannah była na siebie wściekła, bo pozwoliła takiej osobie decydować o swoim życiu. Teraz kolejny mężczyzna próbował zniszczyć jej życie, karierę i zarobek, którego tak bardzo potrzebowała, by móc zaopiekować się mamą.

Chwila napięcia została przerwana przez dźwięk telefonu Dimitrisa. Na wyświetlaczu Savannah zauważyła nazwisko Tary Brown, menedżerki Philpot. Nie zastanawiając się ani chwili, chwyciła urządzenie w dłoń i wrzuciła do stojącej na kuchennym blacie mikstury.

– Coś ty, do cholery, zrobiła? – zaklął Dimitris.

– Nie chciałam, żebyś doniósł na mnie do Tary Brown – wymamrotała Savannah. – Naprawdę potrzebuję tego zlecenia. – Wiedziała, że tym występkiem spaliła za sobą wszystkie mosty. Szybko zrozumiała, jak okropnie się zachowała.

Dimitris zacisnął szczękę, z wielkim trudem starał się utrzymać nerwy na wodzy. Savannah czuła się jak idiotka, chciała sprowokować go do reakcji, nawet jeśli miałby to być wybuch gniewu. Westchnęła, gdy nagle zacisnął dłoń wokół jej ręki, a jej ciałem wstrząsnął dreszcz. Modliła się, by Dimitris nie zauważył, jaki ma na nią wpływ.

Mężczyzna wepchnął jej rękę do misy z miksurą, a ona zacisnęła palce wokół telefonu.

– Oczekuję, że zwrócisz mi koszty za nowy telefon.

Savannah zdała sobie sprawę, że jego telefon kosztował fortunę, a jej nie było stać na kupno takiego sprzętu. Najrozważniej byłoby przeprosić i błagać o niepozywanie jej za wtargnięcie na teren jego posiadłości oraz zniszczenie własności. Ale słowo „przepraszam" nie chciało przejść jej przez gardło. Całe życie ukrywała emocje. Zmuszała ją do tego skomplikowana relacja z ojcem. Lecz teraz nie chciała się ukrywać. Była wściekła. Nie mówiąc nic, podniosła rękę i wytarła telefon w koszulkę Dimitrisa.

W oczach Greka zauważyła błysk ostrzeżenia, gdy ten wziął telefon z jej ręki i położył go na kuchennym blacie. Savannah przygotowała się na wybuch, jednak Dimitris zaskoczył ją, wykrzywiając usta w szyderczym uśmiechu.

– Jeśli chciałaś zobaczyć mnie nago, wystarczyło poprosić – powiedział i chwycił brzeg koszulki, zdejmując ją przez głowę. Savannah nie mogła oderwać od niego wzroku. Klatka piersiowa mężczyzny była pokryta drobnymi, ciemnymi włoskami, które ciągnęły się przez brzuch i chowały za ściągaczem spodni. Nie wiedziała, które z nich się przysunęło, ale stali teraz tak blisko siebie, że mogła wyczuć zapach jego płynu po goleniu.

– Ja … – chciała zaprzeczyć jego sugestiom, jednak nie potrafiła wydobyć z siebie ani jednego słowa. Patrzyła na niego i starała się zapamiętać każdy najmniejszy szczegół. Przez dekadę nawiedzał ją w snach, ale teraz to nie był sen. Dimitris był prawdziwy. Niewiele myśląc, wyciągnęła przed siebie dłoń i dotknęła jego nagiego ciała. Pod palcami wyczuła, że nie tylko jej serce biło w szalonym rytmie.

– Nie powinnaś tu przychodzić, Savannah – powiedział szorstko i złapał jej rękę, odciągając od swojego ciała. Zawstydzona swoim zachowaniem, chciała się odsunąć, lecz Dimitris z przekleństwem złapał ją w talii i przyciągnął tak blisko siebie, że jej piersi wbiły się w jego żebra. Gdy podniosła wzrok na jego twarz, odkryła, że ich usta dzieliły milimetry. Savannah czekała z niecierpliwością, aż Grek ją pocałuje.

Obniżył głowę, jego usta prawie napotkały jej wargi. Czuła jego gorący oddech na swojej skórze. Przez jej ciało przeszedł dreszcz, gdy udało jej się wyczuć delikatny zapach jego podniecenia. Czekała, aż Dimitris ją pocałuje, jednak on gwałtownie się odsunął.

– *Theós!* – rzucił. Jego oddech był ciężki, czuła, że jego samokontrola jest na granicy.

Odrzucenie bolało. Rozum podpowiadał, by oddaliła się jak najszybciej. Chciała zostać sama, lecz nie mogła się ruszyć. Patrzyli na siebie w ciszy.

– Dzień dobry. – Ich wymianę spojrzeń przerwał kobiecy głos. – Och przepraszam, nie chciałam przeszkodzić…

– Dzień dobry, Taro – odpowiedział Dimitris. – W niczym nie przeszkadzasz. Wylało mi się ciasto na naleśniki i panna O'Neal pomagała mi posprzątać ten bałagn.

– O'Neal? – zapytała zdziwiona kobieta. – Próbowałam się do ciebie dodzwonić, Dimitrisie. Mamy problem z sesją zdjęciową.

Savannah była przygotowana na nieprzyjemne konsekwencje jej występków, jednak ku jej zaskoczeniu Dimitris jej nie wydał.

– Upadł mi telefon i teraz nie działa. Daj mi chwilę na zmianę koszulki i porozmawiamy – powiedział i wyszedł ze studia, nie zaszczycając Savannah ani jednym spojrzeniem.

Zespół, który miał się zająć dzisiejszymi zdjęciami, zaczął się zbierać na miejscu. Studio powoli wypełniały odgłosy śmiechu i pogawędek. Savannah, była pełna obaw o swoją karierę, wiedziała, że Dimitris, prędzej czy później, powie Tarze, co zrobiła. I jeśli ma być szczera, to wcale mu się nie dziwiła. Nieźle narozrabiała.

Dimitris trzasnął drzwiami swojego biura i udał się do łazienki. W nerwach wrzucił koszulkę do kosza na pranie i oparł głowę o chłodną ścianę. Niech ją szlag, pomyślał. To, co zobaczył poprzedniego wieczoru, sprawiło, że nie chciał jej więcej widzieć. To właśnie dlatego poprosił o zmianę fotografa.

Wszyscy jego znajomi żartowali z przydomku Gorącego Szefa Kuchni nadanego mu przez media. Była to ironiczna ksywka, w życiu prywatnym znany był bowiem ze swojego opanowania. Nie było rzeczy, która wyprowadziłaby go z równowagi. Jednak spotkanie Savannah wywołało w nim prymitywne reakcje.

Przypomniał sobie, jak dobrze wyglądała w czarnych spodniach i luźnej bluzce, która pozwalała mu dojrzeć jej jędrny biust. Zeszłej nocy wyglądała jak uwodzicielka, dlatego od razu oskarżył ją o bycie kochanką Matta. Savannah zarzekała się jednak, że nie wiedziała o jego związku z Eleni. Pamiętał, że dziesięć lat temu była niesamowicie szczera, nigdy nie kłamała.

„Może mnie nie kochasz, ale nie możesz zmienić moich uczuć względem ciebie. Kocham cię, Dimitrisie" – wyznała mu pewnego wieczoru.

Nie chciał przypominać sobie związku z nastoletnią Savannah. Już wtedy wiedział, że nigdy nie powinno między nimi do niczego dojść. Jednak ta dziewczyna nadal działała na niego jak żadna inna kobieta. Podniecała go. To właśnie dlatego poprosił Philpot o przysłanie innego fotografa.

Dimitris nie wiedział, czy bardziej denerwowało go, że tak bardzo chciał ją pocałować, czy to, że w porę się opamiętał i tego nie zrobił. Widział w jej oczach zawód. Chciał chwycić ją w ramiona i nie dbać o konsekwencje. Tylko że Dimitris dobrze wiedział, jak to jest żyć z wyrzutami sumienia, jak to jest ponosić konsekwencje własnych czynów. Dźwigał ten ciężar od osiemnastu lat, od wypadku, w którym stracił rodziców.

„Jesteś pustą skorupą, fizycznie żyjesz, ale twoje wnętrze jest całkowicie puste" – rzuciła oskarżająco jedna z jego byłych kochanek, gdy zakończył ich trwający kilka tygodni związek. Kobiety zakochiwały się w nim, odkąd pamiętał, tym bardziej teraz, kiedy był bogaty. Co by powiedziały, gdyby przyznał im, że jest toksyczny? Co Savannah powiedziałaby, gdyby opowiedział jej o tym, jak zabił rodziców i zniszczył życie siostrze? Nigdy jej tego nie wyznał. Nigdy nie opowiedział nikomu, że wypadek miał miejsce z jego winy.

Dimitris zacisnął szczękę. Prawdopodobnie nigdy więcej nie zobaczy Savannah. Przez lata dryfowała gdzieś w odmętach jego świadomości. Sam siebie przekonywał, że pamiętał o niej tylko dlatego, że była jedyną dziewicą, z którą spał. Wolał, żeby jego partnerki były doświadczone, a związek, w który z nim wchodzą, bez zobowiązań.

Spróbował włączyć swój telefon, lecz ekran pozostał czarny. Skandaliczne zachowanie Savannah podniosło mu ciśnienie. Połączenie złości i nienawiści uwolniło jego temperament. Całe szczęście, że w porę się opamiętał i jej nie pocałował.

Młoda kobieta, którą znał lata temu, była słodka i nieśmiała, w pełni mu oddana. Dimitris był świadomy, że nie zasługiwał na jej podziw. Nowa Savannah miała charakterek, była zadziorna i wystawiała jego samokontrolę na próbę. Nigdy żadna kobieta nie wywoływała w nim takich uczuć.

Dimitris postanowił wziąć się w garść i zapomnieć o przeszłości. Wrócił do studia, w którym cała ekipa szykowała się do sesji, jednak Tara Brown wyglądała na zestresowaną.

– Agencja przysłała innego fotografa, tak jak prosiłeś – tłumaczyła. – Nie wiem, co robi tu Savannah O'Neal, ale fotograf, który miał ją zastąpić, uległ wypadkowi i został zabrany do szpitala. Staram się zorganizować zastępstwo, ale prawdopodobnie będziemy musieli przełożyć sesję zdjęciową.

Ten pomysł nie spodobał się Dimitrisowi. Jego siostra poleciała do Aten dziś rano, on sam chciał wrócić na Rodos i opowiedzieć babci o sytuacji z Mattem. Oczywiste wydawało się zasugerowanie, żeby to Savannah zrobiła zdjęcia, miał jednak przeczucie, że ta decyzja zmieni jego życie na zawsze. Spróbował zapanować nad sytuacją. Wcześniej był w szoku, nie pozwoli sobie więcej na zbliżenie do tej kobiety.

– Zamiast przekładać sesję, mogłabyś poprosić pannę O'Neal o zrobienie zdjęć do magazynu. Przeglądałem jeszcze raz jej portfolio i muszę przyznać, że podoba mi się jej styl – powiedział, a Tara nawet nie starła się ukryć ulgi, jaką te słowa wywołały.

– Widziałam, jak wychodziła ze studia kilka minut temu. Pójdę jej poszukać.

– Nie mogła odejść zbyt daleko. – Dimitris spojrzał na zegarek zdobiący jego nadgarstek. – Musimy zaczynać, już mamy opóźnienie.

Zastanawiał się, dlaczego Savannah tak bardzo walczyła o to zlecenie. Na pewno nie chodziło o względy finansowe. W wieku dwudziestu pięciu lat powinna dostać ogromną sumę pieniędzy wypłaconą z funduszu powierniczego zarządzanego przez jej ojca. Z rozgoryczeniem wspominał to, jak ojciec Savannah zaoferował mu łapówkę, by tylko z nią zerwał. Czuł się upokorzony i poniżony. Zgodził się z nią zerwać tylko dlatego, że O'Neal groził totalnym odcięciem Savannah od rodzinnej fortuny. Nie był dumny z przyjęcia pieniędzy, ale chciał uchronić Savannah przed jej ojcem.

To przeznaczenie z powrotem ich połączyło. Tylko jeden dzień i znowu odzyska kontrolę nad swoimi emocjami. Choć pulsowanie, które przeszyło jego ciało, gdy tylko Savannah przekroczyła próg studia, sugerowało coś innego.

ROZDZIAŁ TRZECI

– Panno O'Neal... – Savannah usłyszała głos Tary i odwróciła się w jej stronę. Opuściła studio, będąc w pełni przekonana, że Dimitris złożył pisemną skargę na jej zachowanie.

– Całe szczęście, nie odeszła jeszcze pani daleko. Chcielibyśmy, żeby została pani na sesję. – Tara Brown wyglądała na podenerwowaną. – Drugi fotograf nie da rady się dziś pojawić, prawdopodobnie złamał rękę.

– Pan Kyriakou nie będzie chciał ze mną pracować – odparła Savannah z przekonaniem. Nie przez to, że zepsuła mu telefon, ale przez to, że miał ochotę ją pocałować.

– To Dimitris wpadł na pomysł, by z powrotem panią zatrudnić.

Savannah zastanawiała się, czy drugi fotograf naprawdę uległ wypadkowi. Może Dimitris postanowił ją publicznie upokorzyć za nieprofesjonalne zachowanie. Jednak jeśli istniał choć cień szansy na uratowanie jej kariery, to nie miała zamiaru z tego zrezygnować. Łatwiej byłoby jej odejść i nie musieć znowu patrzeć na Dimitrisa, ale sytuacja finansowa przyparła ją do muru.

– Panno O'Neal? – popędzała Tara.

– Dobrze – odpowiedziała szybko. – Zostanę.

Serce jej waliło, gdy zmierzała w stronę studia. Pomieszczenie było pełne ludzi, a i tak Dimitris był jedyną osobą, którą widziała. Ich spojrzenia się spotkały. Kilka guzików jego koszuli pozostawało rozpiętych, ukazując przy tym oliwkowy odcień skóry. Przez sekundę zastanawiała się, czy nie uciec. Fotografowanie jedzenia wymagało pracy w pobliżu kucharza. Jak miałaby wtedy ukryć reakcje swojego zdradliwego ciała? Jak miałaby ukryć pożądanie, które Dimitris w niej rozpalał?

– Panno O'Neal. Savannah. Witaj w studiu River Retreat – przywitał ją Dimitris. Spojrzał na asystentów, głównie młode kobiety patrzące na niego z uwielbieniem. – Mamy napięty grafik, ale zanim zaczniemy, chciałbym zaprosić każdego na śniadanie, które przygotowałem. Częstujcie się greckimi naleśnikami z miodem i orzechami włoskimi. – Gdy zauważył zdziwiony wzrok Savannah, dodał: – Przygotowałem świeżą porcję ciasta.

Jedzenie wyglądało niesamowicie, naleśniki były puszyste, pokryte złocistym miodem. Jednak choć była głodna, to żołądek nie pozwalał jej jeść. Kiedy cała ekipa zajadała się śniadaniem, ona rozpakowywała swój sprzęt i czytała grafik dzisiejszej sesji. Omawiała również pomysły z dyrektorem artystycznym i stylistą jedzenia. Dimitris kręcił się w pobliżu, aż w końcu dołączył do ich rozmowy.

– Dziękuję za szansę na udział w sesji – wymamrotała, gdy stylista i dyrektor oddalili się.

– Skoro już tu jesteś, to możesz zrobić zdjęcia. Nie mam czasu na opóźnienia – odpowiedział twardo Dimitris. – Muszę lecieć do Grecji, by wesprzeć siostrę.

Savannah pamiętała, jaki był opiekuńczy względem Eleni. Przez pewien czas była nawet zazdrosna o to, że Dimitris potrafił kochać siostrę, a jej nie. Z tonu jego wypowiedzi wywnioskowała, że wciąż obwiniał ją o złamane serce Eleni. Nie mogła z nim współpracować, jeśli nadal się na nią złościł.

– Jak się czuje Eleni?

– A jak myślisz?

– Myślę, że Matt Collier zrobił z nas obu idiotki. Wydaje mi się też, że Eleni zasługuje na kogoś lepszego niż ten zdrajca – powiedziała, a w spojrzeniu Dimitrisa dostrzegła odrobinę łagodności. Miała nadzieję, że uwierzył, że została oszukana przez Matta.

– Opowiedz mi o swoich metodach na fotografowanie jedzenia – przerwał w końcu niezręczną ciszę. – Widzę, że używasz lustrzanki cyfrowej.

– Tak, lustrzanka pozwala mi zrobić szybko wiele zdjęć, dzięki temu mogę uchwycić każdy detal. Szybkość ma tu największe znaczenie – tłumaczyła Savannah, ciesząc się ze zmiany tematu. – Zdałam sobie sprawę, że wystarczą sekundy, by makaron stracił swój połysk i zaczął wyglądać na suchy. Chrupiąca sałata polana dressingiem również szybko traci swój apetyczny wygląd.

– Zgadzam się, jedzenie musi wyglądać tak realnie, żeby się zdawało, że wyskakuje ze strony. Kiedy czytelnik patrzy na zdjęcie, chcę, żeby wyobrażał sobie zapach potrawy, jej smak, teksturę. – Spojrzał na zegarek. – Dużo pracy przed nami. Mam nadzieję, że jesteś przygotowana na długi dzień.

Podeszła za Dimitrisem do blatu kuchennego i obserwowała, z jaką starannością przygotowywał wszystkie potrzebne składniki. Poruszał się z niesłychaną gracją i po raz kolejny Savannah była pod wrażeniem jego atrakcyjności. Nic dziwnego, że stał się symbolem seksu i miał rzeszę wiernych fanek. Savannah miała jednak zamiar ignorować pociąg, który do niego odczuwała i skupić się na swoich obowiązkach.

Praca oznaczała, że będzie mogła zadbać o mamę. Na myśl o niej łzy zebrały jej się w oczach. Mama była cudowna, delikatna i słowna. Kiedyś była malarką. Całe życie poświęciła pomocy innym, aż choroba zmusiła ją do zaprzestania prowadzenia terapii i odsunęła ją od malowania. Savannah zrobiłaby dla niej wszystko, nawet jeśli oznaczało to pracę z mężczyzną, który kiedyś złamał jej serce. W końcu po dzisiejszej sesji już nigdy ponownie go nie spotka.

Kilka godzin później Savannah przeciągnęła się, by rozciągnąć mięśnie zastałe od robienia zdjęć. Usiadła na stołku znajdującym się przy blacie i otworzyła laptopa, by pobrać pierwszą partię obrazów. Kilka dni będzie musiała zajmować się ich edycją. Dyrektor artystyczny i Dimitris zdecydują, czy jej prace ukażą się w magazynie.

Sesja była dynamiczna. Odkryła, że Dimitris podchodził do swojej pracy bardzo profesjonalnie. Savannah pracowała z wieloma szefami kuchni, którzy krzyczeli i wydawali setki poleceń swoim asystentom. Dimitris był zrelaksowany i czarujący. Cały dzień ciężko pracował. Nalegał, by zespół robił sobie przerwy i zjadał to, co ugotował. Savannah wypiła jednak tylko kilka kubków kawy. Była zbyt pochłonięta pracą, by móc pozwolić sobie na choćby kilka kęsów.

Niezręczność, którą odczuwała w towarzystwie Dimitrisa, zniknęła, gdy tylko rozpoczęli pracę.

– Szukam w fotografiach autentyczności – tłumaczył. – Jedzenie nie powinno być perfekcyjnie ułożone na talerzu. Prawdziwe jedzenie jest szczere i seksowne. Chcę zdjęć, które sprawią, że na ich widok ludziom będzie ciekła ślinka.

Dania, które przygotował, były ucztą dla wszystkich zmysłów. Był najenergiczniejszym szefem kuchni, z jakim Savannah kiedykolwiek pracowała. Zdjęcia, które wykonała, były, w jej oczach, bliskie perfekcji. Odwracając od nich wzrok, zdała sobie sprawę, że została sama. Cała ekipa zabrała już swoje rzeczy, a asystenci wyczyścili stertę naczyń.

Dimitris wyszedł z garderoby. Jego włosy były mokre po prysznicu. Stanął za Savannah i przez jej ramię spojrzał na ekran laptopa.

– Te zdjęcia są naprawdę dobre.

– Będą jeszcze lepsze po edycji. – Jej nozdrza wypełniły się zapachem cytryny i jego perfum. Poczuła ukłucie w podbrzuszu. – Nie wiedziałam, że już jest tak późno. Wiem, że chcesz odpocząć przed wyjazdem do Grecji. Eleni musi być zdruzgotana tym, że jej plany zamążpójścia zostały zniweczone.

– Przynajmniej zdała sobie sprawę, jaką gnidą jest Matt Collier, zanim za niego wyszła – powiedział Dimitris. – Eleni dzwoniła, by powiedzieć, że na kilka dni wybiera się na Santorini z przyjaciółkami. Nie muszę się spieszyć z powrotem na Rodos.

– Cóż, na pewno masz plany na wieczór.

Gazety rozpisywały się o tym, że Dimitris opuścił klub nocny z popularną aktorką. Savannah poczuła zazdrość. Pakowała swoje rzeczy, by jak najszybciej opuścić studio, gdy poczuła, jak nogi odmawiają jej posłuszeństwa.

Dimitris złapał ją za ramiona, chroniąc przed upadkiem.

– Wszystko w porządku? Nie jestem zdziwiony, że prawie zemdlałaś. Cały dzień nic nie jadłaś – powiedział z wyrzutem.

– Nic mi nie jest.

– Nie możesz prowadzić, jeśli ciągle czujesz się słabo. Lepiej zostań na kolację. – Dimitris nie brzmiał ani trochę entuzjastycznie.

– Trzy osoby to za dużo. Domyślam się, że jesteś umówiony na randkę – odpowiedziała, na co on uniósł brew.

– Nie jestem – odpowiedział oschle.

Odwróciła wzrok od jego tajemniczego spojrzenia i zauważyła plamę na swojej białej bluzce. Musiała się wybrudzić podczas robienia zdjęć.

– Możesz odświeżyć się w domu. Poza tym musimy omówić, co masz zamiar zrobić w związku z moim zniszczonym telefonem. – Podniósł jej torbę. – Możesz iść, czy jest ci słabo?

– Naprawdę nic mi nie jest. – Zdrowy rozsądek kazał jej odrzucić zaproszenie, ale gotowiec ze sklepu czekający na nią w domu wypadał blado w porównaniu z jedzeniem przygotowanym przez Dimitrisa.

– Moja gosposia Mary i jej mąż John dbają o dom i ogród – wyjaśnił Dimitris, gdy szli wzdłuż alejek przyozdobionych różami i lawendą. Zapach kwiatów był odurzający. – John jest również moim szoferem, kiedy tego potrzebuję. Zaparkowałaś na ulicy? – Savannah odpowiedziała kiwnięciem głowy. – Daj mi kluczyki, John przestawi twój samochód na podjazd.

Poprowadził ją przez eleganckie pomieszczenie wypełnione oknami francuskimi.

– Kiedy poprzedni właściciele odnawiali dom, zostawili w nim wiele oryginalnych elementów ze stylu wiktoriańskiego – tłumaczył.

– Masz piękny dom i niesamowitą karierę. Czy kiedykolwiek wyobrażałeś sobie taką przyszłość? Wyobrażałeś sobie, że będziesz sławnym szefem kuchni i będziesz mieszkał w ekskluzywnej części Londynu?

– Tak. – Jego twarz nie wyrażała żadnych emocji. – Zawsze byłem ambitny i wiedziałam, dokąd chcę dojść. Nigdy nie traciłem wiary w swój sukces.

Dimitris przedłożył sukces ponad wszystko inne, włączając ją samą. Savannah zawsze to wiedziała, ale jego wyznanie sprawiło jej ból. Podejrzewała, że wykorzystał pieniądze, które dał mu jej ojciec, na otwarcie pierwszej restauracji.

Prawda była taka, że w wieku osiemnastu lat była za młoda na związek. Szukała uczucia, którego nie dał jej ojciec. Teraz była jednak dorosła, a spotkanie Dimitrisa pozwoliło jej zrozumieć, że nie był księciem z bajki, tylko normalnym mężczyzną posiadającym wady i zalety. Miała nadzieję, że w końcu będzie w stanie o nim zapomnieć.

Kobieta, która rano otworzyła jej drzwi do posiadłości Dimitrisa, wyszła z kuchni.

– Mary – przywitał się Dimitris. – Czy mogłabyś pokazać pannie O'Neal łazienkę dla gości? Zostanie na kolację, zjemy na tarasie.

Kilka minut później Savannah patrzyła w swoje odbicie w lustrze. Musiała poprawić makijaż, który jej spłynął, bo w studiu było bardzo gorąco. W torebce zawsze miała kilka kosmetyków, które w sytuacjach awaryjnych pomagały poprawić wygląd.

– Panno O'Neal, przyniosłam pani ubrania. – Savannah otworzyła drzwi i ujrzała gosposię trzymającą stos kolorowych tkanin. – Dimitris często organizuje imprezy nad basenem. Te sukienki służą żeńskiej części gości do okrycia się po pływaniu – wyjaśniła Mary. – Mówił, że może będzie się pani chciała przebrać i oddać swoje rzeczy do prania.

Savannah pamiętała artykuł z gazety opisujący słynne imprezy przy basenie. Na każdym zdjęciu Dimitris otoczony był wianuszkiem półnagich pięknych kobiet. Miały na sobie tylko skąpe bikini, po sukienkach nie było ani śladu.

Ona jednak zdecydowała się na okrycie wykonane z jedwabiu. Tkanina była w odcieniach złota i pięknie mieniła się przy każdym ruchu. Zawiązała pasek wokół talii i zdjęła buty. Wolała pójść na kolację boso. Nadgarstki i szyję spryskała ulubionymi perfumami. Ich zapach przywoływał wspomnienia z jej osiemnastych urodzin.

Impreza odbyła się przy basenie. Savannah pamiętała śmiech i taniec. Wydawało się, że świetnie się bawiła. Jednak godziny mijały, a Dimitris nadal się nie pojawiał. Była tak zawiedziona, że prawie się popłakała.

– Mój brat pracuje dziś wieczorem – odpowiedziała Eleni na jej pytanie dotyczące Dimitrisa. – Ktoś zrobił rezerwację w ostatniej chwili. Hestia jest zazwyczaj zamknięta w niedziele, ale dziadek mówił, że potrzebujemy pieniędzy, więc Dimitris musi dziś gotować.

Impreza skończyła się dosyć wcześnie. Savannah cieszyła się z takiego obrotu spraw, zrzuciła buty na wysokim obcasie i zanurzyła stopy w basenie.

– Wszystkiego najlepszego, Savannah – usłyszała za sobą głęboki głos.

– Przyszedłeś.

– Przecież obiecałem – obdarzył ją uśmiechem. – Lepiej późno niż wcale.

To, że Dimitris się pojawił, było dla niej najlepszym prezentem. Uśmiechnęła się do niego. Do tej pory spotykali się tylko w restauracji. Po raz pierwszy byli sami.

– Wyglądasz dziś przepięknie – powiedział Dimitris, który nigdy wcześniej nie widział jej ubranej w nic innego niż pracowniczy mundurek. Miała nadzieję, że sukienka, którą miała na sobie tego dnia, sprawi, że dostrzeże w niej kobietę. – To dla ciebie.

Savannah wzięła paczuszkę i rozerwała papier. W środku znalazła buteleczkę bardzo drogich perfum.

– Dziękuję, ale nie musiałeś… – Zarumieniła się, gdy zdała sobie sprawę, jak źle mogły zabrzmieć jej słowa.

– Nie będę wiecznie biedny – odparł. – Pozwól mi. – Odpakował perfumy i spryskał sobie nimi palce. – Przesuń włosy.

Oczarowana Grekiem, zebrała włosy i pozwoliła, by dotknął palcami wrażliwego punktu za jej uchem. Serce jej waliło, gdy Dimitris przesuwał opuszkami palców po jej szyi, obojczykach, aż w końcu dotarł do dekoltu sukienki.

– Od tygodni doprowadzałaś mnie do szaleństwa. – To wyznanie sprawiło, że zapłonęła z pożądania. – Chcę się dziś z tobą kochać, *mátia mou*.

Mocniej wtuliła się w niego, gotowa, by stać się kobietą. By oddać się mężczyźnie, który zdobył jej serce.

– Też tego chcę.

Savannah wróciła myślami do teraźniejszości. Dziesięć lat temu była młoda i zakochana. Naiwnie wierzyła, że Dimitris też darzy ją uczuciami, choć nigdy nie powiedział, że ją kocha.

Kiedy opuściła toaletę, dostrzegła pokojówkę czekającą, by zaprowadzić ją do ogrodu. Dimitris był na tarasie. Częściowo zwrócony był w stronę rzeki. Podziwiając jego profil, zrozumiała to, czego nie potrafiła pojąć w wieku osiemnastu lat. Był piękny, ale nieosiągalny.

Była na siebie zła za to, że ciągle tak na niego reagowała. Dalej używała tych samych perfum, które podarował jej na osiemnaste urodziny. Czuła się żałośnie. Miała dwadzieścia osiem lat, a on był jedynym mężczyzną, z którym spała. Tkwiła w przeszłości, w swoich nastoletnich uczuciach. Nastał czas, by ruszyć naprzód i zapomnieć o playboyu, który prawdopodobnie nie pomyślał o niej nawet przez sekundę od czasu ich rozstania.

ROZDZIAŁ CZWARTY

Dimitris wyczuł obecność Savannah, chociaż nie wydała z siebie żadnego dźwięku. Zapach, którego użyła, przywoływał wspomnienia. W ciągu ostatniej dekady przyłapywał się na tym, że gdy wyczuwał te perfumy, od razu przenosił się wspomnieniami do wydarzeń z jej osiemnastych urodzin.

Kończąc tego dnia pracę, był pewien, że przyjęcie dobiegło końca. Gdyby tylko użył rozumu, to nie wskoczyłby na motocykl i nie pojechał do niej jak wariat. Gdyby tylko użył rozumu, to nie wydałby większości swoich oszczędności na prezent dla niej.

Całe lato zachwycał się uśmiechem Savannah. Przy niej czuł, że może stać się lepszym człowiekiem, że pewnego dnia wybaczy sobie to, co zrobił. To lato było dla niego trudne. Martwił się pogarszającym się stanem zdrowia dziadka i operacjami siostry. Savannah odrywała go od wszystkich obowiązków, od poczucia winy, które na nim ciążyło. Była jedyną przyjaciółką, która nie opuściła Eleni, mimo jej niepełnosprawności.

Dimitris wiedział, że jest nim zainteresowana. Nie pierwszy raz mu się to przydarzyło, ale zwykle odmawiał. Nie powinien się z nią kochać, nie po tym, jak przyznała, że była dziewicą.

Próbował zapomnieć o przeszłości, ale kiedy spojrzał na Savannah, zrozumiał, że niebezpieczeństwo czaiło się również tuż przed nim. Miał ochotę przeczesać palcami jej piękne blond włosy. Cały dzień czuł jej bliskość, podziwiał jej figurę podkreśloną obcisłymi ubraniami.

Odsunął dla niej krzesło i poczuł, że prąd przeszył ich ciała. Sądząc po jej reakcji, ona też to poczuła.

– Twój samochód nie chciał zapalić – powiedział. – John podejrzewa, że będziesz musiała wymienić akumulator. Zorganizuje lawetę, która zabierze go do mechanika. – Otworzył wino. – Przynajmniej możesz się napić. John odwiezie cię później do domu.

– Czemu nie. To był ciężki dzień – odpowiedziała.

– Za nieprzewidziane spotkania – powiedział Dimitris, unosząc w jej kierunku kieliszek.

– Wszystko wygląda przepysznie – wymruczała, widząc jedzenie, które przygotował.

Stół zdobiły kolorowe sałatki, greckie *dolmades*, grillowany ser i oliwki.

– *Mezze* to mój ulubiony posiłek – przyznał. – Kojarzy mi się z prawdziwym jedzeniem przygotowanym z prostych składników, lecz stworzonym z pasji. Dzielenie się jedzeniem z przyjaciółmi to wielka frajda.

Gotowanie było dla niego czymś więcej niż pracą, było jego pasją. Savannah była podekscytowana możliwością zajrzenia w jego życie.

– Wszystko jest takie pyszne – powiedziała, maczając pitę w humusie. – Nigdy nie umiałam jeść rękoma – dodała, gdy zmuszona była zlizać pastę z palców.

Krew zawrzała mu w uszach. Wyobraził sobie, że go dotyka, od nowa uczy się jego ciała. Poczuł nieodpartą chęć przyciągnięcia jej do siebie i wylizania humusu z kącika jej ust, spróbowania smaku wina z jej języka. Wszystkie te myśli sprowadzały się do utraty kontroli, na którą nie mógł sobie pozwolić. Musiał przestać myśleć o Savannah w ten sposób.

Nie mógł pozwolić sobie na nieodpowiednie zachowanie, tym bardziej, że już zdecydował – nigdy więcej się nie spotkają. Był jednak jej ciekawy, tego, jak ułożyło się jej życie.

– Co sprawiło, że zamieniłaś zawód modelki na zawód fotografa? – zapytał, chcąc zmienić temat.

– Cóż, nigdy nie chciałam pozować. Po studiach zaczęłam pracować w firmie projektującej strony internetowe – wyznała.

– Pamiętam, że chciałaś studiować sztukę. – Pamiętał o niej wszystko, każdy szczegół, którym się z nim podzieliła.

– Zmieniłam plany i uczyłam się fotografii na wydziale sztuk pięknych. Projektowanie stron nigdy mnie nie interesowało, więc kiedy zauważyła mnie agencja modelek, podpisałam kontrakt. Ten zawód pozwolił mi na podróże i poznawanie nowych osób.

– Dlaczego zmieniłaś pracę?

– Moja mama zachorowała, wprowadziłam się z powrotem do domu, żeby móc się nią opiekować. – Savannah upiła łyk wina. – Kiedy u mamy stwierdzono stwardnienie rozsiane, była nadal sprawna, pracowała w ogrodzie. Dla zabawy zaczęłam robić zdjęcia warzywom, które hodowała, i posiłkom, które z nich przygotowywałyśmy. Zrobione zdjęcia zamieniłam w kalendarz, który później sprzedałam na rzecz fundacji pomagającym osobom ze stwardnieniem rozsianym. Tak zaczęła się moja przygoda z fotografowaniem jedzenia. Dzięki tej pracy mogę być przy mamie zawsze, kiedy jej opiekunka ma dzień wolny. – Westchnęła – Minus jest taki, że nie zarabiam regularnie i sporo czasu zajmuje mi złapanie zlecenia. Mam nadzieję, że naprawa mojego samochodu nie będzie zbyt droga, bo nie mogę pozwolić sobie na duży rachunek… ani na odkupienie twojego telefonu.

Dimitris był zirytowany tym, że musiał wymienić telefon, bo Savannah go zniszczyła, ale to, co zdenerwowało go bardziej to fakt, że tak bezczelnie kłamała.

– Musiałaś prowadzić ekstrawaganckie życie, skoro wydałaś fortunę, którą miałaś dostać od ojca – rzucił.

– Skąd wiesz, że miałam otrzymać pieniądze? Kiedy się znaliśmy, nie wiedziałam nic o tym funduszu. – Savannah wyglądała na rozbitą.

Dimitris przeklął pod nosem. Wygadał się.

– Mówiłaś, że powinnaś dostać pieniądze. Dlaczego ich nie otrzymałaś?

Savannah podniosła kieliszek i upiła więcej wina.

– Trzy lata temu mój ojciec został aresztowany za nadużycia finansowe. Został skazany za poważną defraudację. Wszystkie jego fundusze zostały zajęte, łącznie z funduszem, który dla mnie założył. Tak naprawdę to fundusz nie był dla mnie, służył ojcu do prania brudnych pieniędzy. Dwa miesiące temu mój ojciec zmarł, pozostawiając dług o wartości kilku milionów funtów. Wszystko musi zostać spłacone poprzez jego nieruchomości, więc mama niedługo zostanie bez dachu nad głową.

Dimitris był zszokowany śmiercią Richarda O'Neala. Podejrzewał, że nigdy nie powiedział jej o tym, że nie był jej biologicznym ojcem. Nie miał zamiaru wyjawiać jej tego sekretu, to nie było stosowane. Richard zabrał szczegóły ich rozmowy do grobu.

– *Theós!* A co z domem? – zapytał.

– Zostanie sprzedany, żeby pokryć długi ojca. Nie powiedziałam jeszcze mamie, tak bardzo kocha ten dom. Zrobiłabym wszystko, żeby go dla niej zachować, ale nie mam tylu pieniędzy. Wszystkie moje zarobki pokrywają utrzymanie domu i opiekę nad mamą. – Savannah zaśmiała się z goryczą. – Szkoda, że nie wyszłam za Hugo Roxwella, kiedy miałam szansę. Miałabym teraz kupę kasy po rozwodzie.

Gdy Dimitris ujrzał zdjęcie Savannah uśmiechającej się do jej angielskiego narzeczonego i pokazującej diament na palcu, poczuł mdłości. Przez trzy dni pił na umór, by w końcu zdać sobie sprawę, że niszczy sobie życie. Musiał wytrzeźwieć i zbudować swoją karierę. A kiedy od czasu do czasu wyobrażał sobie szczęśliwą

Savannah z mężem i gromadką dzieci, przypominał sobie, że on nie zasługiwał na własną rodzinę. Zastanawiał się, dlaczego koniec końców nie wyszła za mąż.

– Podejrzewam, że prawdziwa miłość szybko się skończyła. Nie traciłaś czasu po naszym rozstaniu. Szybko przyjęłaś oświadczyny od arystokraty.

– Myślę, że można mi wybaczyć to, że cieszyłam się z sympatii Hugo po tym, jak mnie potraktowałeś. Zerwałeś ze mną przed moim wyjazdem, a kiedy wróciłam do domu, restauracja twoich dziadków była całkowicie zamknięta. Sąsiedzi powiedzieli mi o waszej przeprowadzce do Grecji – mówiła niepewnym głosem. – Eleni była moją najlepszą przyjaciółką, a ty nie pozwoliłeś mi się nawet z nią pożegnać. Wysłała mi wiadomość, w której napisała, że zakazałeś jej kontaktów ze mną. To było podłe, Dimitrisie. Mogłeś mnie nienawidzić, ale nie musiałeś niszczyć tego, co łączyło mnie i twoją siostrę.

– Nie nienawidziłem cię – wyszeptał Dimitris. Nie mógł wyjaśnić, czym nękał go Richard O'Neal. – Pewnie ojcu spodobał się twój narzeczony.

– Tak, ojciec miał obsesję na punkcie arystokracji. Chciał piąć się wyżej wśród socjety. Ojciec nalegał na ten ślub, zainwestował w galerię zarządzaną przez Hugo. Nawet kazał mi zrobić sobie rok przerwy w nauce i pracować w tej galerii. Hugo był czarujący, lecz zdałam sobie sprawę, że nic do niego nie czuję. Chciałam podnieść się po naszym zerwaniu i myślałam, że on mi w tym pomoże. Wściekł się, gdy zaproponowałam odroczenie ślubu o rok czy dwa – mówiła. – Okazało się, że spieszyło mu się, ponieważ chciał odziedziczyć fortunę po babci. Warunek był jeden: musiał być żonaty.

Oczy Savannah rozbłysnęły gniewem.

– Hugo chciał tylko pieniędzy, nigdy mnie nie kochał. Zdaje się, że przyciągam mężczyzn, którzy mają mnie gdzieś. Ty miałeś mnie gdzieś.

Dziesięć lat temu Dimitris zaczął się w niej zakochiwać i to go przeraziło. Miłość była obowiązkiem, a on go nie chciał. Psychicznie wciąż był pogrążonym w żałobie dzieciakiem. Co, gdyby spowodował wypadek, w którym Savannah zginęłaby, tak jak jego rodzice? Nie zniósłby śmierci kolejnej bliskiej osoby. Już jako nastolatek zdecydował, że będzie bezpieczniejszy, jeśli nie wpuści miłości do swojego życia.

Savannah zasługiwała na wyjaśnienia.

– Przyjąłem pieniądze od twojego ojca, bo mój dziadek był bardzo chory i koniecznie chciał wrócić na Rodos. Dziadkowie wydali wszystkie pieniądze, jakie mieli, na opiekę nade mną i Eleni po śmierci naszych rodziców. Pieniądze pozwoliły mi kupić dom w wiosce, w której urodził się mój dziadek i w którym dziadkowie mogli zamieszkać na emeryturze. To tam dziadek zmarł dwa lata później.

Savannah wstała. Przez kilka chwil obserwowała rzekę, po czym oparła się o barierkę i popatrzyła na Dimitrisa. Grek nie mógł oderwać od niej wzroku. Gdzieś w oddali słyszał odgłosy zbliżającej się burzy.

– Gdy miałam osiemnaście lat, sprawiłeś, że poczułam się bezwartościowa. Byłam dla ciebie tylko łatwą drogą do pieniędzy. Zdeptałeś moją dumę i moje serce.

Na dźwięk bólu w jej głosie, zacisnął szczękę. Czuł się winny, nie chciał jej skrzywdzić, ale nie mógł wyjawić, że przyjął pieniądze od Richarda, żeby zadbać o jej bezpieczeństwo finansowe. Cóż za ironia… Choć miał dobre intencje, to i tak ona i jej matka nie miały ani grosza.

– Rozumiem, że chciałeś pomóc dziadkowi. Łatwo było ci przyjąć pieniądze od mojego ojca, bo nigdy mnie nie kochałeś – powiedziała głosem, który wbił mu się w serce jak nóż. – Ale jest coś, czego ode mnie chcesz, Dimitrisie, prawda?

Chciał zaprzeczyć, lecz przeszył go wstrząs, gdy Savannah zaczęła rozwiązywać sukienkę.

– Co robisz? – spytał.

Nie odpowiedziała, za to przeciągnęła materiał przez głowę i rzuciła go na podłogę. Różowa bielizna, którą miała na sobie, nie była wymyślna, ale i tak sprawiała, że wyglądała niewiarygodnie seksownie.

– Ubierz się natychmiast – zażądał, nie patrząc na nią. Wyobraźnia podsuwała mu jednak pomysł, by zdjąć z niej majtki. Starał się nie patrzeć na jej na wpół nagie ciało. – Robisz z siebie idiotkę.

– Byłam przez ciebie idiotką przez wiele lat. O wiele lat za długo.

Krew zawrzała mu w żyłach i spłynęła do lędźwi, gdy skierował wzrok na sutki widoczne spod biustonosza. Odchylił się do tyłu na swoim krześle, gdy stanęła przed nim. Była piękna niczym Afrodyta. Czuł, że każdy nerw drga w jego ciele, gdy starał się z całych sił kontrolować swoje pożądanie.

– Jak myślisz, czego od ciebie chcę?

Pochyliła się i oprała ręce na jego barkach. Jej pierś wysunęła się i musiał zacisnąć pięści, by powstrzymać dłonie przed dotknięciem ich.

– Tego – wyszeptała przy jego ustach.

Boże, dopomóż. Miała rację. Była jedyną kobietą, która dostała się za szczelny mur, który zbudował wokół siebie. Nie mógł zaryzykować i zbliżyć się do niej po raz kolejny.

Była taką kretynką. Powinna wiedzieć, że próba uwiedzenia Dimitrisa zakończy się upokorzeniem. Jego dłonie pozostawały mocno zaciśnięte, usta były ułożone w cienką linię. Tylko ciężkie unoszenie się jego klatki piersiowej zdradzało, że nie była mu obojętna.

Pragnąc jego reakcji, przygryzła dolną wargę. Mężczyzna otworzył oczy pełne pożądania. Przeklął i złapał ją za tył głowy, przyciągając do pełnego pasji pocałunku. W końcu.

Choć to Savannah zapoczątkowała pocałunek, Dimitris miał nad nim kontrolę. Nagły grzmot spowodował, że wstał i przytrzymał ją w talii. Był od niej o wiele wyższy, więc uniosła głowę, gdy kontynuowali pocałunek. Dimitris całował ją z taką pasją, że zaczęła się zastanawiać, czy może i on nie tęsknił za nią przez te wszystkie lata. Wiedziała, że to nieprawda, że reagował na jej zaczepki w taki sam sposób, w jaki zareagowałby każdy inny zdrowy mężczyzna.

Deszcz padał coraz mocniej, więc Dimitris złapał ją za dłoń i poprowadził w stronę domu. Zapalone w salonie światło przywróciło ją do rzeczywistości. Savannah zaczęła czuć, że boli ją głowa. Pewnie wypiła za dużo wina. Jednak Dimitris chwycił ją w ramiona i znowu zapomniała o wszystkim. Skupiła się tylko na ogromnym pragnieniu, które czuła.

Dimitris trzymał ją w objęciach i całował z pasją. Jego oczy były nieprzeniknione.

– Czego ode mnie chcesz, Savannah?

– Jednej nocy, bez zobowiązań. Po wszystkim pójdziemy swoimi drogami, bez płaczu i żalu – powiedziała zaskakująco pewnym głosem. Jeśli się z nim prześpi, przekona się, że ich związek nie był odmieniającym życie doświadczeniem, w co wierzyła przez dziesięć lat.

Wyraz jego twarzy pozostawał zagadkowy, jak zawsze, ale ręce złapały ją mocniej w talii. Wyczuła w nim jakąś prymitywną potrzebę.

– Dlaczego?

– Sprawy między nami nie są zamknięte. Gdybyś został w Londynie, prawdopodobnie po jakimś czasie byśmy się rozstali. Ale ty odszedłeś nagle i nie dałeś mi szansy o sobie zapomnieć. Wszedłeś pod moją skórę jak drzazga, a ja chcę się od ciebie uwolnić.

Na te słowa Dimitris uniósł brew.

– Po raz pierwszy ktoś porównał mnie do drzazgi – powiedział głębokim głosem. – Zgadzam się, musimy zakończyć naszą relację. – Odsunął się od niej i wyciągnął dłoń. – Pójdziesz ze mną?

Częściowo chciała, żeby Dimitris nie pozostawił jej wyboru. Gdyby wziął ją w ramiona i zaniósł do łóżka, byłoby jej łatwiej. Savannah wiedziała jednak, że to musi być jej decyzja. Ułożyła swoją dłoń w jego i dostrzegła żar pożądania w oczach Greka. Pod pozorem spokoju skrywał płomień. Bez słowa pociągnął ją w stronę pokoju.

Była zdenerwowana, starała się nie myśleć o tym, ile kobiet musiało być z nim w tym łóżku. Jego sypialnia była męska, stojące na środku ogromne łóżko przyozdobione było skórzanym zagłówkiem. Nie mogła uwierzyć, że znowu będzie uprawiała seks z Dimitrisem, a jednocześnie nie mogła się tego doczekać. Gdy spojrzała na lustro umocowane na suficie, oblała się rumieńcem. Wyobrażała sobie, jak to będzie, patrzeć na ich nagie i połączone ciała.

– Savannah? – wypowiedział jej imię w formie pytania. Może myślał, że zmieniła zdanie.

Drżącymi palcami zaczęła rozpinać mu koszulę. Nie chciała, żeby Dimitris zauważył, jak mało miała doświadczenia.

– Powinieneś zdjąć mokre ubrania, nie chcemy, żebyś się przeziębił.

– Nie ma szans, jestem rozpalony – odparł, gdy zdjęła mu koszulę.

Jego skóra była jak satyna, a włosy na klatce piersiowej grubsze, niż zapamiętała. Zawsze był przystojny, lecz teraz zapierał dech w piersiach. Był duży i męski, a do tego… podniecony. Gdy położyli się na łóżku, poczuła wybrzuszenie jego erekcji wbijające się jej w biodro.

Znowu ją pocałował, a ona nie mogła przestać drżeć z powodu doznań. Czy powinna mu wyznać, że od dziesięciu lat nie uprawiała seksu? Jeśli się przyzna, może ją odrzucić. Pamiętała wielkość jego członka i to wspomnienie odrobinę ją przerażało. Miała się z nim przespać, żeby się uwolnić, i tej myśli postanowiła się trzymać. Oddała pocałunek z zaangażowaniem i przylgnęła do niego.

– Jesteś chętna, ja też – wychrypiał. – Taka piękna.

Dłońmi przejechał po jej ciele, co w dziwny sposób ją uspokoiło. Przycisnęła policzek do klatki piersiowej Dimitrisa, a mocne bicie jego serca sprawiło, że poczuła się bezpiecznie w jego ramionach.

To był błąd. Dimitris jednak z całych sił odpychał tę myśl. Włosy Savannah były niczym złote nici rozpostarte na poduszce, a jej usta – takie kuszące. Dotknął jej piersi i poczuł pod palcem twardy sutek. Pożądanie wybuchło w jego brzuchu, erekcja boleśnie napierała na spodnie.

Rozum podpowiadał mu, że nie powinien zabierać jej do swojej sypialni. Powinien być silniejszy, powinien to zatrzymać. Nie mógł sobie przypomnieć, kiedy ostatnio tak mocno kogoś pragnął. Pomyślał, że dziesięć lat temu, gdy pragnął tej samej kobiety. Wówczas pod uwodzicielską sukienką kryła się niewinna dziewczyna, która zasługiwała na kogoś lepszego niż on. Samolubnie cieszył się uwielbieniem z jej strony, choć wiedział, że nigdy nie będą razem.

Teraz sytuacja była inna. Savannah była bardziej doświadczona, doroślejsza. *Theós,* zaproponowała mu seks bez zobowiązań. Zgodził się, ponieważ przez ostatnią dekadę nie mógł uwolnić się od wspomnień związanych z nią. Zawsze czuli do siebie niewyobrażalną chemię, dlatego też tak bardzo wkurzył go widok Savannah z Mattem w hotelu.

Dlaczego miałby nie skorzystać z tego, co mu oferuje? Nie był już napędzanym hormonami dwudziestodwulatkiem. Miał niezliczoną ilość kochanek i przy żadnej nie tracił kontroli. Obiecał sobie, że z Savannah będzie tak samo.

ROZDZIAŁ PIĄTY

Savannah otworzyła oczy i ujrzała swoje odbicie w lustrze wiszącym na suficie. Dimitris leżał obok niej, nie widziała jego twarzy. Przeciągnęła spojrzeniem wzdłuż jego ciała i ujrzała szare dresy.

Gdy zajrzała pod kołdrę, zauważyła, że ciągle miała na sobie bieliznę. Wspomnienia z zeszłej nocy wróciły do niej jak bumerang i z przerażeniem stwierdziła, że do niczego nie doszło. Jest jedyną kobietą na świecie, która zasypia, zanim do czegokolwiek dojdzie. Nie osiągnęła nic poza tym, że znowu zrobiła z siebie kretynkę.

Spojrzała na zegarek ustawiony na szafce nocnej. Druga nad ranem. Gdy przeniosła wzrok na Dimitrisa, zobaczyła, że na nią patrzy.

– Czy my…? – musiała się upewnić.

– Naprawdę myślisz, że wykorzystałbym wstawioną kobietę?

Jego głos był opanowany, ale Savannah zdała sobie sprawę, że był zły.

– Nie, nie wykorzystałbyś mnie – zapewniła go. Nie widziała go od wielu lat, ale zawsze czuła się w jego towarzystwie bezpiecznie.

– Cieszę się – odparł. – Gdybyśmy się kochali, na pewno byś o tym wiedziała.

Jego arogancja powinna ją oburzyć, ale zamiast tego pozazdrościła mu pewności siebie. Pociągał ją.

– Wino sprawia, że robię się śpiąca – wyjaśniła. – Ale nie byłam pijana, gdy zaproponowałam seks bez zobowiązań. Wiem, o co pytałam. Dziękuję, że próbowałeś oszczędzić mi wstydu, zwalając winę na alkohol. Ale możesz śmiało powiedzieć, że nie chcesz się ze mną kochać.

Dimitris szybko zmienił ich pozycję. Teraz opierał się na przedramionach nad jej ciałem.

– Uważasz, że cię nie chcę? – warknął i przycisnął do niej swoje ciało.

Z trudem złapała oddech, gdy poczuła twardą erekcję wbijającą się w jej ciało. Dimitris powoli zatoczył koło biodrami, sprawiając, że poczuła własne podniecenie. Poczuła, że robi się mokra.

– Musisz być tego pewna. Jeśli zmieniłaś zdanie…? – zapytał.

– Nie zmieniłam.

– Dobrze – powiedział z satysfakcją i szybko położył się obok niej. Dłońmi zaczął gładzić jej ciało, od obojczyków aż do bioder. Savannah wzięła głęboki wdech, gdy palcem zahaczył o twardy sutek.

– Zawsze byłaś taka wrażliwa – szepnął.

Wszystko odczuwała w dole ciała. Nie mogła powstrzymać narastającej przyjemności, gdy Dimitris wziął w usta jej sutek i zaczął go ssać. Chciała więcej i więcej. Była gotowa na to, by ją wziął.

Ten stosunek miał być kluczem do jej wolności, do wolności od wszelkich uczuć wobec Dimitrisa. Jednak kiedy włożył palec w jej rozgrzane wnętrze, natychmiast zagubiła się w jego dotyku. Usłyszała greckie słowa i poczuła, że zdejmuje jej majtki. Powstrzymywała się od współżycia z innymi mężczyznami, nawet z Hugo, ponieważ czuła, że jej ciało należy do Dimitrisa. Ta noc miała zakończyć ich relację raz na zawsze.

Taki był plan, lecz gdy włożył palec głębiej, natychmiast zagubiła się w jego magicznym dotyku. Wysunęła biodra w jego stronę. Była wygłodniała, pragnęła poczuć wszystko, co mógł jej dać podczas intymnych pieszczot. Wydała z siebie jęk zawodu, gdy wyjął palec i się od niej odsunął.

– Cierpliwości – wymruczał i zdjął spodnie, ukazując swoje muskularne, podniecone ciało. Włożył prezerwatywę na nabrzmiały członek. Umiejscowił się między jej nogami. Rozpłynęła się w cieple jego ciała, instynkt wziął nad nią górę i dłońmi objęła jego plecy, nakłaniając do ruchu. Między nogami poczuła nacisk, który prawie doprowadził ją do orgazmu. Czuła się tak, jak za pierwszym razem.

Dimitris spiął się i zapytał:

– Chcesz przestać?

– Nie. – Nie mogła tego przerwać, musiała zapomnieć o przeszłości. Savannah zdała sobie sprawę, że

Dimitris powstrzymuje się, tak samo jak powstrzymywał się, gdy byli młodsi. Dla niego był to tylko seks,. Musiała teraz udowodnić sobie, że może się z nim przespać bez emocji.

Pocałował ją, językiem starając się zapamiętać jej smak. Podczas gdy ich usta poznawały się na nowo, zaczął powoli wchodzić w nią, centymetr po centymetrze, czekając, aż jej mięśnie się zrelaksują. Uczucie było niesamowite, o wiele lepsze, niż pamiętała. Zastanawiała się, czy ta noc rzeczywiście pozwoli jej ruszyć dalej. Jak seks z kimś innym mógłby być lepszy od tego?

Gdy zaczął się w niej poruszać, doznania tylko się wzmocniły. Dimitris utrzymywał stały rytm, wchodził w nią i wychodził. Czuła się tak, jak lata temu. Uniosła biodra, by móc odpowiedzieć na każde pchnięcie. Poruszali się w synchronizowanym tańcu, perfekcyjnej harmonii.

Był głupcem, wiedział o tym, ale nie mógł myśleć o uczuciach, gdy był tak głęboko w jej wnętrzu. Nie chciał słuchać rozsądku, nie, gdy było mu tak dobrze. Niepokoiła go jedynie zaborczość, którą odczuwał względem Savannah. Jest moja… moja, myślał.

Nie spodziewał się, że jeszcze kiedyś ją spotka, a tym bardziej, że będzie mógł się z nią kochać. Była taka ciasna, że z trudem nad sobą panował. Zastanawiał się, ilu miała kochanków. W głębi duszy czuł, że niewielu. Sprawiło mu to radość, choć wiedział, że nie powinno.

Skupił się na dawaniu jej przyjemności. Uwielbiał jej jęki, reakcje jej ciała. Wiedział, że miała wyjątkowo wrażliwe piersi, dlatego starał się jak najczęściej drażnić je językiem. W nagrodę Savannah wydawała z siebie cudowne dźwięki i wbijała paznokcie w jego plecy. Wchodził w nią głębokimi pchnięciami.

Zszokowany zdał sobie sprawę, że niedługo dojdzie. Zacisnął zęby, starając się powstrzymać zbliżające się spełnienie. Nigdy mu się to nie przydarzyło. Uwielbiał seks, ale zawsze się kontrolował. Nigdy nie zdarzyło mu się dojść przedwcześnie. Zatrzymał się, musiał ochłonąć.

Savannah była taka piękna, jej policzki były zaróżowione, a usta opuchnięte od pocałunków. Gdy na niego spojrzała, serce mu się ścisnęło.

– Proszę – wyszeptała i objęła jego biodra nogami, jakby się bała, że ją zostawi.

– Sprawię ci przyjemność, *mátia mou.* – Wycofał się prawie całkowicie, po czym z całą mocą pchnął w nią biodrami. Wyjęczała jego imię. Dimitris nie mógł się już dłużej powstrzymywać. Przyjemność wstrząsnęła jego ciałem, gdy również on osiągnął upragnione spełnienie. Savannah była niesamowita, miał tylko nadzieję, że rozumiała, że poza seksem nie mógł jej nic dać.

Savannah obudziła się, a wspomnienia z poprzedniej nocy sprawiły, że jej ciało znowu się rozpaliło. Kochali się trzy razy, cała ta noc była niesamowicie przyjemna.

Ostrożnie odwróciła głowę w jego stronę. Dimitris ciągle spał. Choć seks był wspaniały, to był to tylko seks i musiała o tym pamiętać. Grek był czarujący i charyzmatyczny, łatwo się było w nim zakochać. Nawet gdy leżeli splątani po kolejnym rozdzierającym orgazmie, musiała pamiętać, że uczucie połączenia było tylko wytworem jej wyobraźni.

Gdy miała osiemnaście lat, wmawiała sobie, że czułość, którą jej okazywał, była oznaką miłości. Prowadzone przez niego programy kulinarne, dowodziły jednak, że taką miał osobowość. Nie dziwiła się, że każda kobieta się w nim zakochiwała.

Chciała obudzić go pocałunkiem, sprawić, by znów ją wziął, ale umówili się na jedną noc. Teraz był już poranek, a jej klatka się otworzyła. Była wolna i mogła ruszyć dalej.

Delikatnie zsunęła się z łóżka, nie chcąc obudzić Dimitrisa. Założyła bieliznę i koszulę Dimitrisa znalezioną na podłodze. Gdy opuściła sypialnię, zauważyła swoje wyprane ubrania ułożone w korytarzu. Szybko się ubrała, wzięła torbę z laptopem i zbiegła po schodach.

– Dziś znowu spróbowałem odpalić pani samochód i udało się – powiedział John stojący w korytarzu. – Ale lepiej, żeby się pani wybrała do mechanika i to sprawdziła.

– Dziękuję, na pewno to zrobię.

Choć obiecała, że odda samochód do naprawy, to wiedziała, że jej na to nie stać. Pieniądze zarobione na sesji dla Philpot były jej bardzo potrzebne.

Dimitris opuścił gości, z którymi rozmawiał. Szczęka bolała go od sztucznego uśmiechu. W ciągu ostatnich sześciu miesięcy spotkania społeczne sprawiały mu niezwykłą trudność. Jego nastrój był słaby ze względu na śmierć ukochanej babci. Był pogrążony w żałobie po stracie drogiej *Γιαγιά*. Choć nie był to jedyny powód jego niepokoju.

Podszedł do okien wychodzących na centrum Londynu. Widok z dwudziestego drugiego piętra był spektakularny, szczególnie nocą. Ledwo jednak zauważał piękno miasta, cały czas spoglądał na drzwi z nadzieją, że zobaczy tam Savannah. Tara Brown zapewniała go, że przyjęła zaproszenie i pojawi się na przyjęciu zorganizowanym z okazji opublikowania efektów współpracy Dimitrisa z siecią supermarketów.

Gdy obudził się po ich niesamowitej, wspólnej nocy, nie zastał jej w łóżku. Wmawiał sobie, że tak było lepiej, ale przez ostatnie tygodnie nie mógł przestać o niej myśleć. Mógł do niej zadzwonić, nie miało to jednak sensu. Nie mógł mieć z nią romansu. Dziesięć lat temu coś do niej czuł, a i tak ją skrzywdził. Niszczył ludzi, o których się troszczył. Boże, nawet jego siostra spędza większość życia na wózku.

Spojrzał na swoje odbicie w lustrze i nachmurzył się. Poleciał na Rodos dzień po upojnej nocy spędzonej z Savannah. Większość czasu wykorzystał na stworzenie przepisów do swojej nowej książki kucharskiej. Po raz pierwszy nie miał jednak natchnienia, nie potrafił też znaleźć ukojenia w pięknych widokach na greckiej wyspie.

Jeszcze raz zerknął w stronę drzwi i jego serce zabiło mocniej. Savannah weszła do pomieszczenia. Wyglądała oszałamiająco w czarnej sukience podkreślającej jej apetyczne kształty i perfekcyjne piersi. Włosy związała w eleganckiego koka, a jego aż zaświerzbiły ręce, by ich dotknąć.

Wydawało się, że wcale go nie zauważyła, uśmiechnęła się do mężczyzny, który podczas sesji zdjęciowej zajmował się oświetleniem, i pogrążyła się w rozmowie z nim. Starał się powtarzać sobie, że cieszy go brak niezręcznej sytuacji po ich wspólnej nocy, choć nie mógł znieść tego, że rozmawiała z innymi mężczyznami. Ewidentnie ruszyła naprzód, on również.

Jednak czterdzieści minut później stracił cierpliwość. Patrzył, jak Savannah flirtuje z otaczającymi ją mężczyznami. Śmiała się, przyciągając męską uwagę. Zauważył, że coś się w niej zmieniło. Zyskała pewność siebie, której nie miała ani w wieku osiemnastu lat, ani sześć tygodni temu.

Ruszył w jej stronę, chcąc przegonić wszystkich adoratorów. Ku jego irytacji serce mu waliło, kiedy przed nią stanął.

– Spóźniłaś się. Już myślałem, że cię nie będzie. – Starał się brzmieć swobodnie, ale w środku walczył z chęcią przerzucenia jej przez ramię i zabrania gdzieś, gdzie mogliby być tylko we dwoje.

Jej oczy powiększyły się, a przez Dimitrisa przeszedł cień satysfakcji, że nie potrafiła ukryć reakcji swojego ciała.

– Jestem zaskoczona, że mnie zauważyłeś. Przez większość wieczoru otaczał cię wianuszek atrakcyjnych kobiet. – Te słowa sprawiły, że zapragnął jej jeszcze bardziej.

– Ty też byłaś otoczona mężczyznami – powiedział z zazdrością.

Savannah obdarzyła go tajemniczym uśmiechem.

– Cieszę się moją wolnością. Spóźniłam się, bo zepsuł mi się samochód i musiałam przyjechać autobusem.

– Odwiozę cię do domu.

– Nie trzeba. Alex obiecał mi podwózkę.

– Jeśli facet, który ciągle za tobą łazi, to Alex, to wiedz, że dziś sporo wypił.

– Nie łazi za mną. – Oczy Savannah błysnęły.

– Nie mów mi, że to twój chłopak – odparował.

– To nie twoja sprawa.

– *Theós!* Sypiasz z nim?

– Nie. – Złość uwidoczniła się na jej twarzy – Jeśli już musisz wiedzieć, to jesteś jedynym mężczyzną, z którym się kochałam.

– Od naszego ostatniego spotkania, tak?

– Kiedykolwiek. – Odwróciła się od niego, lecz nie odeszła daleko. Nie mógł jej na to pozwolić. Wziął ją za rękę i wyprowadził z pomieszczenia.

To, co mu wyznała, wydawało się niemożliwe, ale jej wierzył. Zalało go poczucie winy, gdy przypomniał sobie jej lekkie zawahanie zaraz po tym, jak zabrał ją do łóżka.

– Jak to możliwe, że jestem twoim jedynym kochankiem? – Dimitris zażądał odpowiedzi, choć czuł się z tą informacją zaskakująco dobrze. Zaborczość była mu dotychczas nieznana. – Jesteś piękną, niezależną kobietą. Każdy mężczyzna na tej imprezie chciałby cię mieć.

– Mówiłam ci, dlaczego. Nie mogłam o tobie zapomnieć, ale teraz…

– Teraz? – zapytał niebezpiecznym tonem.

– Teraz w końcu jestem wolna, mogę wejść w inne relacje. Nasza wspólna noc pokazała mi inną perspektywę. Seks był świetny. Oczywiście nie jestem ekspertem, na pewno twoim zdaniem to nie było nic szczególnego.

– Mylisz się. – To była najlepsza noc w jego życiu, ale nie miał zamiaru się do tego przyznać. – Pod względem seksualnym jesteśmy do siebie dopasowani idealnie. – Na te słowa Savannah wzruszyła ramionami.

– Pewnie spałeś z mnóstwem kobiet.

– Gazety nie są zbyt dobrym źródłem informacji – powiedział, a ona odsunęła się od niego.

– Dimitrisie, ja tego nie chcę. Nie chcę ciebie.

– Kłamczucha. – Zrobił krok w jej stronę.

– Dzwonię po taksówkę.

– Mówiłem, że cię odwiozę.

Chwilę później kierowali się w stronę podziemnego parkingu. Kłótnia z Dimitrisem nie miała najmniejszego sensu. Otworzył przed nią drzwi swojej czarnej limuzyny. Savannah wsiadła, a jej sukienka podniosła się, ukazując mu kawałek uda. Ogarnęło go pożądanie.

Ich ostatnie zbliżenie nie wystarczyło, by zaspokoić jego głód.

W ciszy pokonywali drogę przez miasto. Dimitris był zaskoczony tym, jak niewiele zmieniło się w okolicy, w której dorastał. Ulica, przy której mieszkał jako dziecko, była tak samo zaniedbana, jak kiedyś. Zaledwie kilka kilometrów dalej krajobraz całkowicie się zmieniał. Domy były duże i wytworne, na podjazdach stały luksusowe samochody.

Na pierwszy rzut oka dom Savannah wyglądał tak jak kiedyś. Jednak krzewy w ogrodzie były zaniedbane, a niegdyś błyszczące ogrodzenie było zardzewiałe. Zaparkował samochód na podjeździe i wyłączył silnik. Był świadomy obecności Savannah. Chciał pocałować jej szyję i poczuć bicie jej serca.

– Moja babcia niedawno zmarła – wyznał.

– Tak mi przykro – odpowiedziała głosem wypełnionym współczuciem. – Była miła, oddana twojemu dziadkowi. Ciężko pracowała.

– Moi dziadkowie byli niesamowici. Babcia zmarła spokojnie we śnie. Myślę, że cieszyła się ze spotkania z dziadkiem. – Uderzył palcami w kierownicę, zastanawiając się, co skłoniło go do wyznania tego Savannah.

– Masz ochotę na kawę?

– Jasne.

– Dom został sprzedany – wyjaśniła, otwierając drzwi wejściowe. Korytarz wypełniony był kartonami. – Na szczęście nowi właściciele zostawią sporą część mebli, ale wciąż jest wiele rzeczy, o które musimy zadbać.

– Znalazłaś jakieś mieszkanie dla siebie i dla mamy? – Na to pytanie Savannah odwróciła wzrok, ale i tak zdołał zauważyć w jej oczach łzy.

– Mama ze względu na swoją chorobę chce się wprowadzić do domu opieki. Tam będzie miała pomoc przez całą dobę. Znalazłam piękne miejsce w Windsorze. Jest drogie, ale dam radę. Policzyłam, że po spłaceniu długów ojca wciąż zostanie nam trochę pieniędzy na pokrycie kilku rachunków. Będę musiała dobrze zarabiać, żeby pokryć resztę kosztów.

– Co z tobą? Gdzie zamieszkasz?

– Nie wiem. Wielu znajomych zaoferowało mi swoje kanapy – rzuciła żartobliwie.

Dimitris zwrócił się w stronę nadjeżdżającej na wózku kobiety. Choroba i wiek odbiły się na twarzy matki Savannah.

– Mamo, myślałam, że już śpisz – powiedziała Savannah i pochyliła się, żeby ją ucałować. – Zepsuł mi się samochód i Dimitris mnie podwiózł.

– Miło mi panią poznać. Moja siostra chodziła na zajęcia prowadzone przez panią na oddziale rehabilitacji.

– Pamiętam Eleni, to takie kochane dziecko. Słyszałam, że jesteś teraz szefem kuchni, Dimitrisie. Rodzice byliby z ciebie dumni. – powiedziała Evelyn łagodnie.

– Dziękuję.

Do pomieszczenia weszła również inna kobieta. Dimitris podejrzewał, że była to pielęgniarka zajmująca się Evelyn.

– Mamy tylko kawę rozpuszczalną – mówiła Savannah, prowadząc wszystkich w stronę kuchni.

– Rozpuszczalna będzie w porządku. – Oglądając interakcję między Savannah i jej matką, poczuł niewyobrażalny żal. Nie mógł ujrzeć pełnego dumy uśmiechu swojej mamy. Nie mógł również przygotować z tatą tradycyjnego greckiego chleba. Doskonale pamiętał, z jaką starannością go piekł. Wrócił też wspomnieniami do wydarzeń sprzed dziesięciu lat. Każdego wieczoru, po zamknięciu restauracji, wsiadał na motor i jechał do Savannah na złamanie karku. Przez jedenaście nocy dzielili łóżko i kochali się bez ustanku. Była mu bliższa niż jakakolwiek inna kobieta.

Wiedział, że ten związek nie miał szans na przetrwanie. Rodzice Savannah wrócili z wycieczki do Nowego Jorku i jeszcze tego samego wieczoru Richard O'Neal czekał na niego pod restauracją. Nigdy nie zapomniał jego słów, tego, co o nim sądził. Chciał mu udowodnić, że się mylił. Dlatego tak ciężko pracował.

Savannah i jej matka były ofiarami Richarda, tak samo jak ludzie, których oszukał, pomyślał Dimitris. Nie miały ani grosza, a teraz zostały też bez domu. Widział, z jaką desperacją Savannah walczy, żeby pomóc mamie. Sam był tak samo zdesperowany, by pomóc dziadkom. Nie było powodu, by mieszał się w jej problemy, ale nie chciał zostawić jej z tym wszystkim samej. Raz ją zranił, teraz mógł jej chociaż pomóc. Nie mógł pozbyć się poczucia winy wynikającego z utraty rodziców, ale mógł chociaż pomóc Savannah i Evelyn.

– Mam dla ciebie propozycję – powiedział nagle.

– Jaką propozycję? – zapytała z nutką przerażenia w głosie.

– Potrzebuję fotografa, który zrobi zdjęcia do mojej kolejnej książki kucharskiej. Proponuję ci pracę. Co ty na to?

ROZDZIAŁ SZÓSTY

– Nie. To znaczy, dziękuję za taką możliwość, ale... – Policzki Savannah oblały się rumieńcem.

– Ale co? Praca nad moją książką przyniesie ci sławę.

Racja, jego książki sprzedawały się w milionach egzemplarzy na całym świecie. Był jednym z najpopularniejszych autorów w Wielkiej Brytanii. Współpraca z kimś pokroju Dimitrisa, pomogłaby jej rozwinąć karierę. Rozsądek podpowiadał jednak, że nie powinna przyjąć tej oferty.

Była pewna, że po wspólnej nocy wyrzuciła go ze swojej głowy, lecz co noc nachodził ją w snach. Był wspaniałym kochankiem, dzięki niemu czuła się cudownie. Lecz musiała pamiętać, że to był tylko seks.

Od czasu ich wspólnej nocy była zajęta. Zajmowała się spłatą długów ojca i organizacją domu opieki dla mamy. Starała się o nim nie myśleć. Dziś, gdy ujrzała go na przyjęciu, serce zabiło jej mocniej. Za wszelką cenę starała się go unikać, była świadoma, w jaki sposób na nią działał. Nie mogła ryzykować i przebywać w jego towarzystwie tyle czasu.

– Dlaczego potrzebujesz fotografa? Przecież Ian Clarke robi dla ciebie zdjęcia. – Zawsze patrzyła na tył książki, żeby sprawdzić, kto był autorem zdjęć. Nie inaczej było w przypadku pozycji napisanych przez Dimitrisa.

– Ian przeszedł na emeryturę po mojej ostatniej książce. Podobają mi się efekty naszej współpracy. Chciałbym, żebyś zrobiła kolejne fotografie. – Dimitris upił łyk kawy i się skrzywił. – Obiecuję, że będę robił ci lepszą kawę. Ale tak na poważnie, dostaniesz zaliczkę, a później procent od sprzedaży, kiedy książka trafi do sklepów. Ponad dwieście przepisów, sześć tygodni zdjęć. Zamieszkasz w mojej willi na Rodos.

Savannah wiedziała, że to nietypowe, by fotograf dostawał procent od sprzedaży. Jej zarobki byłyby ogromne i nie musiałaby się martwić o rachunki za dom opieki. Dimitris składał jej propozycję jedną na milion.

– Myślałam, że sesja będzie w twoim studiu w Richmond – powiedziała z zawahaniem.

– Lubię zdjęcia wykonane w naturalnym oświetleniu. W Anglii jesienią dni są krótsze. Poza tym chcę, żeby sceneria współgrała z tytułem, „Śródziemnomorski romans z Dimitrisem".

– Nie mogę zostawić mamy i pojechać do Grecji.

– Mogę zaczekać tydzień, aż pomożesz jej przenieść się do domu opieki. To propozycja biznesowa, nic więcej, Savannah – dodał, jakby chciał uciąć wszelkie wyobrażenia, które mogły się zrodzić w jej głowie.

Może praca w jego domu pomoże jej dostrzec prawdziwego Dimitrisa? A poza tym udowodni sobie, że nic do niego nie czuje.

– Dla mnie jest to też kwestia osobista. Chcę pomóc twojej mamie. Była niesamowitym wsparciem dla Eleni po wypadku. – Spojrzał jej w oczy – Chciałbym opłacać rachunki za dom opieki, ale wiem, że mi nie pozwolisz.

– Mama jest moją odpowiedzialnością. – Nie chciała, żeby ktoś znowu mógł decydować o jej życiu, a już na pewno nie Dimitris.

– W takim razie bierz aparat i widzimy się na Rodos.

Savannah patrzyła na wyspę widoczną z okna samolotu. Według przewodnika, Rodos było największą z archipelagu Dodekanezu.

Po wylądowaniu chwyciła walizkę i ruszyła w kierunku hali przylotów. Dimitris obiecał, że ktoś będzie tam na nią czekał. Nie spodziewała się, że będzie to on sam.

Kiedy go dostrzegła, przeszedł ją dreszcz podniecenia. Nie była jedyną kobietą zwracającą na niego uwagę. Ubrany był w jasne dżinsy i ciemną koszulkę polo. Wyglądał niczym model.

Oddychaj, rozkazała sama sobie i ruszyła w jego stronę.

– Savannah – przywitał ją głębokim głosem. – Jak lot?

– Dobrze. Co prawda było opóźnienie, ale mam nadzieję, że nie czekałeś za długo.

– Sprawdziłem lot i widziałem, że był opóźniony. Mogłaś przyjąć moją ofertę i przylecieć prywatnym odrzutowcem.

Przygryzła wargę. Nie chciała od Dimitrisa niczego poza tym, co mogła zarobić z sesji zdjęciowej. Przez sześć kolejnych tygodni chciała utrzymywać z nim wyłącznie profesjonalne stosunki.

Opuścili lotnisko i ruszyli w stronę czerwonego ferrari.

– To moje nowe dziecko. Piękne, prawda? – zapytał, otwierając dla niej drzwi pasażera.

– Piękne, ale niezbyt praktyczna – wytknęła, ponieważ bagażnik był zdecydowanie za mały na zmieszczenie jej walizki i torby z aparatem.

– Może i nie, ale to miłość mojego życia – powiedział z łobuzerskim uśmiechem. – Kiedy byłem mały, wielu chłopców marzyło o takim samochodzie. Chciałem przekuć marzenia w rzeczywistość.

Jechali wzdłuż wybrzeża, podziwiając złote plaże. Widoki zapierały jej dech w piersi. Na niebie nie było ani jednej chmurki, a morze błyszczało od promieni słonecznych. Savannah odetchnęła głęboko.

– To właśnie tak czuję się za każdym razem po powrocie na Rodos – powiedział. – Tu mogę oddychać. Podejrzewam, że poprzedni tydzień był dla ciebie trudny. Udało ci się przeprowadzić mamę?

– Tak. – Głos miała przepełniony emocjami. Będzie tęskniła za domem, w którym się wychowała. Zawsze podziwiała ojca, był jej wzorem do naśladowania. Ufała mu, choć nie okazywał jej uczuć. Kiedy dowiedziała się o oszustwach i o tym, że dom kupiony był za ukradzione pieniądze, przestała postrzegać go jako ideał. Teraz mogła być wolna. Zaczynała nowy rozdział w życiu, choć choroba mamy niezwykle ją martwiła. Wytarła łzę i zesztywniała, kiedy Dimitris złapał ją za dłoń.

– Wiem, że ciężko patrzy się na cierpienie ukochanej osoby.

– Dziękuję za pomoc, za zaaranżowanie przejazdu karetką.

– Czy Evelyn mówi o twoim ojcu? – zapytał.

– Ledwie go wspominała, od czasu jego śmierci. Bardzo przeżyła jego proces. Z zewnątrz wyglądaliśmy na szczęśliwą rodzinę, ale było między nami sporo napięcia. Moja relacja z tatą była skomplikowana. Nigdy nie byłam dla niego wystarczająco dobra.

Dimitris skrzywił się na tę myśl. Gdyby tylko mógł wyznać jej prawdę…

– Rozmawiałaś o tym z mamą?

– Mama zawsze go usprawiedliwiała. Mówiła, że ciężko pracuje, żebyśmy mogli godnie żyć.

Dimitris odchrząknął i chciał coś odpowiedzieć, lecz odpuścił. Reszta ich podróży przebiegła w ciszy. Nie chciał komentować jej słów i wyznać czegoś, czego nie powinien.

Willa Dimirisa była ogromna. Znajdowała się na klifie, skąd rozciągał się przepiękny widok na morze. Cała posiadłość przyozdobiona była kolorowymi kwiatami rozsiewającymi niesamowity zapach. Wszystko było wspaniałe, czuła się jak we śnie. Z zachwytem podążała za Dimitrisem, który wniósł jej walizkę do chłodnego przedpokoju.

– Witaj w moim domu, Savannah.

Dom. Gula zebrała jej się w gardle – ona go nie miała, była bezdomna. Nie miała czasu na szukanie mieszkania przed przyjazdem na Rodos. Wiedziała, że nie będzie jej stać na nic w okolicach domu opieki. Pozostanie z Dimitrisem przez sześć tygodni dawało jej czas na znalezienie czegoś przez internet. Miała nadzieję, że wszystko się ułoży i da sobie radę.

Nie rozumiała samej siebie, nie wiedziała, dlaczego opowiedziała mu o skomplikowanej relacji z ojcem. Nigdy o tym nie mówiła. Od teraz jednak musiała trzymać się granic. Obróciła się i zauważyła, że stał obok niej. Jego zapach pobudzał jej wyobraźnię. W jego oczach widziała cień pożądania i ucieszyła się, gdy chwilę napięcia przerwał wchodzący do przedpokoju mężczyzna.

– To mój asystent Stefanos. Zaniesie walizkę do twojego pokoju i oprowadzi cię po willi – powiedział. Rysy jego twarzy były nieprzeniknione.

Willa była urządzona w gustowny sposób. Ściany były białe, a wnętrza zdobiły rzeźby pasujące do całości. Nic jednak nie wskazywało na charakter jej właściciela. Pokój gościnny, w którym miała zamieszkać, był uroczy, choć uważała, że brakowało w nim koloru. Z zachwytem wyszła na balkon, ciesząc się krajobrazem. Gdy wyjeżdżała z Londynu, padał deszcz, na Rodos było za to gorąco i słonecznie. Rozpakowała swoje rzeczy i przebrała się w lnianą sukienkę.

Wyglądając przez okno, zauważyła Dimitrisa w towarzystwie kobiety. Obejmował ją ze swobodą, a ich język ciała wskazywał na to, że byli sobie bliscy. Nie widziała jej twarzy, lecz zastanawiała się, kim mogła być. Kochanką?

Czy naprawdę Dimitris pozwoliłby jej zamieszkać pod jednym dachem ze swoją kochanką? Była zazdrosna o piękność z długimi kręconymi włosami.

– Savannah, tu jesteś – powiedział Dimitris, gdy wyszła do ogrodu. Szok nią wstrząsnął, gdy rozpoznała atrakcyjną kobietę.

– Eleni?

– Savannah, jak dobrze znów cię widzieć. – Ruszyła w jej stronę. – Wcale się nie zmieniłaś. Dimitris opowiadał mi o tym, że będziecie współpracować – powiedziała, przytulając ją.

– Gdzie twój wózek? – zapytała, przytulając również szkolną przyjaciółkę. – Nie poznałam cię!

– Przeszłam operację, dzięki której mogę chodzić. Niestety, jutro wylatuję do Azji w sprawach biznesowych. Zajmuję się sprzedażą biżuterii i muszę wziąć udział w targach. Mamy cały dzisiejszy wieczór na nadrobienie ostatnich dziesięciu lat.

– Zostawię was. Kolację zjemy na tarasie za pół godziny – powiedział Dimitris.

Savannah zaczekała, aż Dimitris się oddali, i wzięła głęboki wdech.

– Eleni, muszę ci coś powiedzieć. Byłam na kilku randkach z Mattem Collierem. Mówił, że nikogo nie ma. Nie miałam pojęcia, że byliście zaręczeni. Dimitris zastał nas w hotelu i wyjawił mi prawdę. Do niczego między nami nie doszło.

– Dimitris wszystko mi wytłumaczył – odparła z żalem – Ciągle jestem zła na Matta, że mnie okłamywał. Ciebie też oszukał. Wiem, że nigdy byś się z nim nie umówiła, gdybyś wiedziała, że jest zaręczony. W szkole byłyśmy najlepszymi przyjaciółkami. Pamiętam, jak mi pomagałaś, gdy inni mi dokuczali ze względu na moją niepełnosprawność.

– Twój brat był wściekły.

– Jest zbyt opiekuńczy, zawsze taki był. Wydaje mi się, że obwinia się za wypadek rodziców i moje obrażenia.

– Przecież to nie jego wina…

– Nie pamiętam wypadku, a Dimitris nie chce o tym rozmawiać. Całe to zdarzenie wywołało w nim traumę. Wiem jednak, że toczy wewnętrzną walkę. Opiekował się mną przez cały ten czas. Zapłacił nawet za operację, zrobił wszystko, żeby postawić mnie na nogi.

Eleni poprowadziła ją w stronę tarasu przyozdobionego krzewem winnym.

– Opowiedz mi coś o sobie. Byłaś zaręczona, prawda? Pamiętam, że Dimitris był w złym nastroju, kiedy o tym usłyszał. – Eleni nie kryła swojej ciekawości. – Wiem, że spotykaliście się dawno temu, kiedy jeszcze mieszkaliśmy w Londynie. Dimitris wygrał mnóstwo pieniędzy na loterii i kupił dla nas dom na Rodos. Nasza przeprowadzka była nagła. Mam nadzieję, że wszystko między wami w porządku. Że nic złego się nie wydarzyło.

Dimitris na pewno nie powiedział jej, że kupił dom na Rodos za pieniądze od jej ojca. Wygrana na loterii była świetną wymówką. Zastanawiała się, czy zainteresował się nią dlatego, że pochodziła z bogatej rodziny.

Miała obsesję na punkcie Dimitrisa, a fakt, że mimo upływu lat nadal wywoływał w niej skrajne uczucia, przerażał ją. Wiedziała, że ostatnia wspólna noc nie pozwoliła jej o nim zapomnieć. Była jednak pewna, że Dimitris jej nie pokocha. Chciała, żeby ktoś obdarzył ją miłością bezwarunkową. W dzieciństwie robiła wszystko, by tata ją pokochał. Nie mogła popełnić tego samego błędu i starać się zdobyć względy Dimitrisa.

Może powinna założyć konto na aplikacji randkowej? Po powrocie do Londynu powinna zacząć więcej wychodzić, spotykać się z ludźmi. Nie mogła pozwolić, żeby złe doświadczenie z Mattem Collierem zaprzepaściło jej szansę na znalezienie partnera. Cały czas zastanawiała się, czy problem leżał w niej. Czy to przez nią ani ojciec, ani Dimitris nie potrafili jej pokochać.

Usłyszała jakiś dźwięk za plecami i natychmiast wyczuła nadchodzącego Dimitrisa. Jej zdradzieckie ciało budziło się do życia, gdy tylko był w pobliżu. Gdy spojrzała mu w oczy, rozpoznała w nich iskrę pożądania. Radosny głos Eleni przerwał jednak tę pełną napięcia chwilę.

– Co my tu mamy? Mmm, *pastisio* – powiedziała, gdy Dimitris położył tacę na stole. – Grecka wersja lasagne – wyjaśniła.

– Twoje ulubione danie, *paidí mou.* – Dimitris zwracał się do siostry z czułością, której nigdy u niego nie słyszała. Ze wstydem musiała przyznać, że była zazdrosna. Po tym, jak ją porzucił, wmawiała sobie, że był kreaturą bez serca, teraz jednak miała żywy dowód na to, że to nie prawda. Miał serce, potrafił obdarzyć inne osoby uczuciami. Po prostu jej nie pokochał.

Po raz kolejny zalała ją fala niepewności. Gdy była modelką, mężczyźni podziwiali jej wygląd. Również Dimitris dziesięć lat temu chciał uprawiać z nią seks, ale nie chciał się z nią wiązać. Teraz miała spędzić z nim sześć tygodni, pracować z nim i dzielić dom. Nie pozwoli mu się jednak owinąć wokół palca, będzie silna.

Dimitris otworzył drzwi do studia i głęboko zaciągnął się zapachem morza. To było jego ulubione miejsce, jego sanktuarium. Pracownia, tak samo jak dom, znajdowała się na klifie, z którego w łatwy sposób można się było dostać na plażę.

Widok ze studia był wspaniały. Kawałek raju na własność. Był dumny z faktu, że mógł sobie pozwolić na zakup tej posiadłości. Dorastał w jednej z najgorszych dzielnic Londynu. Ze względu na słabą sytuację finansową rodziny musiał pomagać w restauracji, przez co oblewał większość egzaminów w szkole.

Miał pieniądze, dwa piękne domy, samochody – wszystkie oznaki sukcesu. Wewnątrz odczuwał jednak pustkę. Rzeczy materialne nie mogły wypełnić poczucia winy, które ciążyło na nim od lat. Rozpraszał swoją uwagę przelotnymi romansami, relacjami bez znaczenia. Jednak od nocy spędzonej z Savannah był niespokojny. Nie miał chęci na seks z innymi kobietami. Ostatnie randki kończył, odwożąc kobiety do domu, zaraz po kolacji.

Sytuacja stała się jeszcze gorsza teraz, kiedy Savannah mieszkała w jego willi. Wiedział, że jest w pobliżu, i nie mógł poradzić sobie z narastającym pożądaniem. Czuł się jak nastolatek buzujący od hormonów. Wmawiał sobie, że to normalna reakcja na seksowną kobietę i w normalnych okolicznościach chciałby nawiązać z nią romans, lecz powstrzymywał się od zbliżenia. Nie chciał złamać jej serca, tak jak to zrobił dziesięć lat temu.

Przeczesał włosy palcami. Zazwyczaj uspokajała go praca, ale tym razem był niespokojny. Ostatnie dwa tygodnie spędzał z Savannah całe godziny. Razem pracowali nad książką: on gotował, a ona robiła zdjęcia. Nie zatrudnił nikogo poza nią.

Kiedy Savannah robiła zdjęcia jego posiłkom, często musiała pochylać się w jego kierunku, by złapać jak najlepsze ujęcie. Puls szalejący na jej szyi zdradzał mu, że ona również była ofiarą seksualnego napięcia między nimi.

Został jeszcze miesiąc i miał nadzieję, że przez ten czas zdoła utrzymać kontrolę. Nie mógł uprawiać z nią seksu. Podobał jej się, ale Savannah szukała związku, a on go nie chciał. Seks był jedyną rzeczą, której od niej potrzebował. Zranił już zbyt wiele osób, włączając w tę grupę Savannah, i nie chciał mieć nic więcej na sumieniu.

Nozdrza mu się rozszerzyły, gdy obserwował jej długie nogi i pełne piersi. Siedziała na stołku barowym i pracowała na swoim laptopie. Tak jak on, miała na sobie krótkie dżinsowe spodenki. Nie założyła biustonosza. Wyobraził sobie, że dotyka jej biustu. Była taka seksowna. Obserwował, jak jej piersi podskakują, gdy zbliżała się do niego. Zacisnął szczęki, musiał się opanować.

– Jestem gotowa – powiedziała, zawieszając aparat na ramieniu. – Przyznam, że fajnie będzie zrobić zdjęcia owocom morza na plaży. Kiedy powiedziałeś mi, że chcesz gotować nad morzem, pomyślałam, że zwariowałeś, ale to naprawdę świetny pomysł. – Na te słowa Dimitris pokiwał głową.

– Łatwo byłoby zrobić zdjęcie plaży i użyć go jako tła, ale chcę, żeby czytelnicy, patrząc na zdjęcia, czuli, jakby tu z nami byli. Żeby poczuli zapach sosu pomidorowego i przypraw.

– Przez ciebie robię się głodna – powiedziała z szerokim uśmiechem.

Ty działasz na mnie w taki sam sposób, pomyślał.

Dimitris wydał z siebie cichy jęk i wziął plecak ze składnikami i naczyniami.

– Pójdę pierwszy. Schody są strome, ale wystarczy iść ostrożnie i wszystko będzie w porządku. – Spojrzał przez ramię na przerażoną Savannah.

– Mam lęk wysokości – wyznała nagle. Była osłupiała i nie wiedziała, co powinna zrobić.

– Dlaczego mi nie powiedziałaś? – zaklął.

– Chciałam być profesjonalna i zrobić zdjęcia, o które prosiłeś. Dam radę, schodźmy.

– Zawracamy. Wymyślimy coś innego.

– Nie, dam radę – powiedziała z głębokim wydechem.

Dimitris nie wiedział, czy powinien podziwiać jej determinację, czy wściekać się na jej zawziętość. Podszedł do niej, chcąc pomóc.

– Złap mnie za rękę, nie pozwolę ci spaść. Zejdziemy razem.

Chwyciła jego dłoń bez wahania. Dimitris był zaskoczony tym, jak bardzo mu ufała. Czy zrobiłaby to, gdyby wiedziała, że odpowiadał za śmierć rodziców? Chciał jej o tym powiedzieć, choć nie wyznał tego nawet siostrze. Jej dzieciństwo i lata nastoletnie były zrujnowane przez niego. To, co mógł teraz dla niej zrobić, to zadbać, by jej życie było jak najlepsze.

Dimitris i Savannah schodzili powoli i ostrożnie, pokonywali stopień za stopniem, a gdy znaleźli się na dole, Savannah wypuściła oddech z głębokim świstem. Na jej twarz powrócił kolor, ale Dimitris nie mógł zapomnieć, jak bardzo była przerażona.

– Jaka piękna plaża. Warto było się męczyć. – Pobiegła do morza. – Woda jest taka ciepła! Szkoda, że nie wzięłam stroju kąpielowego. Czy można tu pływać?

– Tak, nie ma tu silnych prądów.

Dimitris rozstawił przenośną kuchenkę i podszedł do Savannah. Patrzyła na fale uderzające o brzeg.

– Dlaczego boisz się wysokości? – zapytał.

– To głupie. Zwykłe wspomnienie z dzieciństwa.

Natychmiast przypomniał sobie, jak podczas jazdy przeraził się nadjeżdżającą ciężarówką. Całą siłą woli powstrzymał się od naciśnięcia na pedał hamulca.

– Nasze dzieciństwo ma wpływ na dorosłe życie – odparł.

– To nic takiego, naprawdę. Po prostu spadłam z konia, kiedy miałam trzynaście lat. Ojciec nalegał, żebym nauczyła się jazdy, jak wszystkie osoby pochodzące z wyższych sfer. Merlin był dla mnie za duży i za silny, nie mogłam nad nim zapanować. Podczas zawodów nie chciał skoczyć przez płotek, zatrzymał się i przeleciałam nad jego głową. Kiedy byłam w powietrzu widziałam ziemię i wiedziałam, że kiedy spadnę, będzie bolało.

– Byłaś ranna?

– Miałam tylko kilka siniaków. Leżałam na ziemi i płakałam, a ojciec podbiegł do mnie i nakrzyczał, że jestem głupia i zrobiłam z niego durnia. – Savannah przygryzła dolną wargę. – Zawsze czułam, że go zawodzę, że nie jestem w niczym dobra. Stojąc na klifie, wyobraziłam sobie, że spadnę i znowu ktoś na mnie nakrzyczy.

– Gdybym wiedział, nie proponowałbym ci tej sesji – westchnął. – Kiedy byliśmy młodsi, wydawało mi się, że byliście sobie bliscy. Często mówiłaś, jak wspaniałym był ojcem. Myślałem, że byłaś córeczką tatusia.

– Udawałam, że jest kochającym ojcem. Zawsze pragnęłam, żeby taki był. Miałam nadzieję, że jak będę sobie wyobrażała te uczucia, to w końcu staną się prawdziwe. – Savannah posłała Dimitrisowi kwaśny uśmiech. – Wmawiałam sobie też, że ty mnie kochasz, bo szukałam miłości, której nigdy nie dostałam od mężczyzny.

Dimitris przeklął cicho. Richard O'Neal obciążył go sekretem, którego nie mógł jej wyznać. Tylko matka mogła to zrobić. Skoro nie zrobiła tego do tej pory, to prawdopodobnie miała swoje powody.

– Richard nie żyje, nie musisz teraz zmagać się z przeszłością. Może łatwiej będzie ci porozmawiać z mamą o tym, jak się czułaś w dzieciństwie.

– To nie ma większego sensu. Mama musi najpierw pogodzić się z faktem, że jej mąż był przestępcą.

Dimitris wstał z piasku i wyciągnął dłoń do Savannah, by pomóc jej się podnieść. To nie jego sprawa, z jakimi problemami zmaga się ta kobieta. Po zakończeniu zdjęć Savannah wróci do Anglii i prawdopodobnie nigdy więcej się nie zobaczą. Serce mu zamarło na tę myśl.

Kiedy Savannah położyła swoje palce na jego, przypomniał sobie, jak mu ufała, schodząc z klifu. Był oszołomiony zaufaniem, jakim go obdarzyła. Wstała z gracją, a jego owionął jej zapach. Te perfumy... Dimitris był pewien, że poczuła, jak nagle atmosfera między nimi uległa zmianie. Serce mu waliło, nie mógł się od niej odsunąć. Rozum podpowiadał mu, żeby się opanował, lecz nie mógł odwrócić od niej wzroku.

Tylko jeden pocałunek. Tyle chciał. Wiedział, że sam siebie okłamywał, miał ochotę zrobić o wiele więcej. Chciał posiąść ją na tej plaży. Szybko odsunął się od kobiety, a na jej twarzy ujrzał wstyd odrzucenia.

Dopiero co powiedziała mu, że to przez ojca szuka czułości. Była zbyt krucha, by mógł ją wykorzystać.

– Powinniśmy zrobić zdjęcia, dopóki światło jest korzystne – powiedział.

Zaklął, gdy się zorientował, że zapomniał zapakować oliwy.

– Muszę wrócić do studia po oliwę. Zaraz będę. Zacznij rozstawiać aparat.

Kiedy był na górze, pozwolił oczom na chwilę powędrować w jej kierunku. Zaschło mu w ustach. Savannah wbiegała nago do wody. Nie miała na sobie bielizny, jej piersi podskakiwały rytmicznie. Na ten widok serce prawie wyrwało mu się z piersi. *Theós!* Uwiodłaby nawet świętego. Zasługiwała na kogoś lepszego niż on.

ROZDZIAŁ SIÓDMY

– Jutro jest otwarcie mojej nowej restauracji na Krecie. Chciałbym, żebyś mi towarzyszyła na imprezie.

Savannah podniosła wzrok znad laptopa na wchodzącego do pokoju Dimitrisa. Pracowała cały wieczór w odosobnieniu, żeby go uniknąć. Musiała po tym, jak prawie ją pocałował.

Twarz ją paliła na to wspomnienie. To nie pierwszy raz, kiedy ją odrzucił, ale przysięgła sobie, że ostatni. Dlatego też po każdej wspólnej kolacji szła prosto do biura. Na jej nieszczęście, z okien gabinetu było widać basen, w którym Dimitris pływał co wieczór. Ten widok pobudzał jej wyobraźnię i rozpalał ciało. Był nie tylko przystojny, ale również umięśniony. Wyglądał jak grecki bóg. Mięśnie jego ciała były wtedy wyjątkowo dobrze wyeksponowane. Sama siebie torturowała, przychodząc do gabinetu każdego wieczoru.

Dimitrs dał jej jasno do zrozumienia, że nie jest nią zainteresowany, dlatego nie zamierzała już nigdy więcej zaproponować mu seksu. Jej plan o zapomnieniu o nim nie wypalił. Pozostały jej trzy tygodnie współpracy, podczas których zamierzała go unikać. Co będzie trudne, jeśli pójdzie z nim na przyjęcie.

– Na pewno masz fotografa, który robi ci zdjęcia podczas każdego z publicznych wyjść. – Savannah skupiła się z powrotem na ekranie komputera. Dimitris wyglądał apetycznie w dżinsach i jasnej koszuli. Modliła się, by nie zauważył, jaki ma na nią wpływ.

– Mój zespół będzie robił zdjęcia. Chcę wykorzystać tę imprezę do wypromowania mojej nowej książki kucharskiej. Mam zamiar udzielić kilku wywiadów. Chcę, żebyś opowiedziała o tym, w jaki sposób fotografowałaś moje dania, jakich technik używałaś.

Szybko przeszedł przez pokój i obrócił jej krzesło, tak by znaleźli się twarzą w twarz.

– Nie musisz edytować zdjęć do późna, co wieczór. Idziemy zgodnie z harmonogramem. Ta impreza to dobra okazja na pokazanie twojej pracy szerszej publiczności. Restauracja na Krecie będzie moją dziesiątą.

– Czy użyłeś pieniędzy od mojego ojca, żeby rozpocząć działalność? – Nie mogła ukryć goryczy w głosie. Musiała pamiętać, że już raz złamał jej serce. Łatwo byłoby ulec jego czarowi, był seksowny, inteligentny i zabawny. Opowiadał jej przeróżne historie, a ona śmiała się do rozpuku. Lubienie go stanowiło ogromne zagrożenie dla jej biednego serca.

– Nie. Wydałem je na dom dla dziadków i leczenie dla siostry. Wszystko, co osiągnąłem, to wynik mojej ciężkiej pracy. Wielu godzin spędzonych na gotowaniu i ciągłym ulepszaniu techniki. Miałem w życiu sporo szczęścia, ale to praca doprowadziła mnie do sukcesu.

Savannah przygryzała wargę.

– Nie mam się w co ubrać. – To jedyna wymówka, na którą wpadła.

– Załatwię to. Jutro dostaniesz sukienkę.

– Ja nie… – chciała zaprotestować.

– Masz mi towarzyszyć, zero dyskusji – przerwał jej. – To część twojej pracy – dodał niecierpliwie.

Kolejnego dnia, po skończonej pracy, Savannah udała się do swojego pokoju, w którym znalazła ogromne pudło leżące na łóżku. W środku była suknia, która z całą pewnością kosztowała fortunę. Nigdy nie byłoby jej na nią stać.

Wzięła prysznic, ułożyła włosy w luźny kok i założyła oliwkową sukienkę. Kreacja sięgała jej do kostek. Pasowała jak ulał, była prosta, ale zachwycająca. Wycięcie w dekolcie i cienkie ramiączka sprawiły, że Savannah zdecydowała się nie zakładać biustonosza. Całość dopełniły srebrne buty na wysokim obcasie i torebka w tym samym kolorze. Dimitris zatroszczył się o każdy szczegół.

Czy będzie mu się podobała w tej sukience? Chciałaby nie przejmować się jego opinią, ale serce waliło jej na myśl o ich spotkaniu. Schodząc po schodach, dostrzegła go. Na jej widok zacisnął mocno szczękę.

– Wyglądasz zachwycająco – powiedział, a w jego oczach zaiskrzyło. Savannah była skołowana. Myślała, że już jej nie pożąda. Nie wiedziała, co ma o tym myśleć. Dimitris również wyglądał oszałamiająco w czarnym garniturze. Ułożył włosy, które i tak delikatnie się kręciły, dokładnie przyciął też brodę. – Chodź do salonu, mam coś dla ciebie.

Dimitris zachęcającym ruchem dłoni zaprosił ją do dużego pokoju. Podał jej małe pudełeczko, w którym znajdowały się naszyjnik i para kolczyków. Savannah szybko zamknęła wieczko i oddała mu zestaw.

– Biżuteria jest piękna, ale nie stać mnie na nią. Już sama sukienka musiała kosztować fortunę.

– Nie oczekuję, że zapłacisz za suknię czy za biżuterię. Zaprosiłem cię na przyjęcie, dlatego kwestia twojego ubioru leży po mojej stronie.

– Ale ja nie mogę tego przyjąć – nalegała.

– Większość kobiet będzie się dziś chwaliła swoimi diamentami. – Dimitris otworzył pudełeczko, wziął naszyjnik w dłoń i zapiął go na jej szyi. – Miej go dziś na uroczystości. Później, jeśli chcesz, możesz mi go zwrócić.

Nie mogła odmówić. Podeszła do lustra i założyła kolczyki. Dimitris przyglądał jej się z podziwem. Kiedy się jednak zorientował, że Savannah to widzi, szybko odwrócił wzrok i zabrał jej torbę z aparatem. Utrzymujące się między nimi napięcie tylko naruszyło jej i tak zachwiany spokój.

Na Kretę, gdzie znajdowała się nowa restauracja Dimitrisa, polecieli prywatnym odrzutowcem. Hestia położona była w pobliżu uroczego portu. Kiedy tam dotarli, słońce zaczęło zachodzić, nadając niebu piękny złoty kolor. Poza nimi, na miejsce zaczęli przybywać również pozostali goście. Na dachu restauracji wylądował nawet prywatny helikopter.

Dimitris ostrzegał ją, że lista gości była starannie zaplanowana. Wśród tłumu udało jej się rozpoznać kilku celebrytów. Kiedy była modelką, brała udział w wytwornych przyjęciach, żadne jednak nie było tak duże jak to. Paparazzi zgromadzili się przed wejściem do budynku, by móc zrobić gościom jak najlepsze zdjęcia.

Savannah zdziwiła się, gdy Grek położył rękę na jej talii i poprowadził ją przed rzeszę fotografów. Liczne ujęcia z dzisiejszego wieczoru miały zachęcić klientów do odwiedzenia Hestii. Dimitris był gwiazdą wieczoru.

– Uśmiechnij się i zrelaksuj – instruował, gdy dostrzegł, jak jest spięta. – Ostatnio ciężko pracowaliśmy, należy nam się trochę rozrywki.

Serce Savannah podskoczyło na ten wyraz troski. Gdy powitał swoich gości, postanowił udzielić kilku wywiadów, podczas których opisał ją jako jednego z najlepszych fotografów na świecie.

– Pozwól, że pokażę ci kuchnię – powiedział i chwycił ją za dłoń, ciągnąc do swojego królestwa.

Pomieszczenie było gwarne i pełne chaosu. Cała załoga była zachwycona możliwością spotkania z Dimitrisem. Szef kuchni wyjaśnił Savannah, że część zespołu to młodzi kucharze, którzy dostali wsparcie od jego organizacji charytatywnej. Pomógł im wybić się z biednych dzielnic i spełnić marzenia.

Jasne było, że wszyscy go szanowali. Rozmawiał i żartował z każdym z nim.

– Wszyscy ci młodzi ludzie chcą być sławni jak szef kuchni Dimitris – wyjaśnił jej. – Zainspirowała ich jego historia. Kiedy wymyślał przepisy do menu, przychodził tutaj i gotował. Pytał tych młodych ludzi o ich pomysły i rady. Dodawał im wiary w siebie. Stał się gwiazdą, ale nigdy nie zapomniał, że sam kiedyś był biedny.

Kolacja składająca się z pięciu dań była przepyszna. Myśli Savannah ciągle jednak wracały do Dimitrisa i jej ojca. Dlaczego przyjął łapówkę i ją zostawił?

– Poddałem twojego chłopaka testowi – przypomniała sobie słowa ojca. – Gdyby naprawdę coś do ciebie czuł, nigdy nie przyjąłby pieniędzy, które mu zaproponowałem. Wziął je, nie kocha cię.

Dimitris użył pieniędzy, by pomóc dziadkom i siostrze. Obwiniał się o to, że dziadkowie musieli się nimi zajmować i że siostra stała się niepełnosprawna. Ciężko pracował na sukces, nie tak jak jej ojciec, który dorobił się na oszustwach i przestępstwach. Richard zostawił swoją żonę bez grosza przy duszy. Dimitris zrobił wszystko, by zapewnić bliskim jak najlepsze warunki. Westchnęła. Byłoby łatwiej, gdyby mogła postrzegać Dimitrisa w kategorii czarnego charakteru. On był jednak złożoną osobą, pełną niespodzianek i skrywanych tajemnic. Szukała w nim wszystkiego, czego nigdy nie dostała od swojego ojca.

– Nie smakuje ci jedzenie? – Pytanie Dimitrisa wyrwało ją z zamyślenia. *Kataifi*, które spożywali, składało się z orzechów włoskich, cynamonu i chrupiącego ciasta.

– Jest przepyszne, ale zjadłam już za dużo – powiedziała przepraszająco. – Będę musiała trochę poćwiczyć, żeby zrzucić kilogramy, które przybrałam.

– Możesz popływać w basenie, zamiast siedzieć przed komputerem i mnie podglądać – powiedział oskarżającym tonem, na co Savannah zareagowała przerażeniem. Wiedział, że go podglądała! – Zastanawiałem się, czy mnie unikasz.

– Codziennie przecież pracujemy razem.

– Ale nie chcesz spędzać ze mną czasu po pracy?

Savannah zastanawiała się, dokąd zmierza tą rozmową. Czego od niej chciał?

– Z powodu tego, co miało miejsce na plaży, myślałam, że wolisz pozostać na stopie służbowej. – Jego niebieskie oczy były nieprzeniknione. Dostrzegła jednak nerw drgający mu na policzku.

– Czy tego chcesz, Savannah?

Już miała zamiar zapewnić go o tym, że nie chce, by ich relacja wykroczyła poza koleżeński układ, ale zdała sobie sprawę, że dawno nie czuła się tak dobrze jak u jego boku.

– Nie wiem – odpowiedziała szczerze.

Podczas kolacji zespół grał spokojną muzykę, teraz jednak trochę przyspieszyli, a goście ruszyli na parkiet. Dimitris wstał i wyciągnął do Savannah dłoń.

– Zatańczysz?

Wiedziała, że to nie był najlepszy pomysł, ale zauroczenie jego osobą wygrało. Wzięła głęboki wdech i podała mu rękę. Dimitris zaprowadził ją na parkiet, ułożył dłonie na jej talii i zaczął poruszać się w rytm muzyki. Ich ciała co jakiś czas się dotykały, co Savannah odczuwała z pełną intensywnością.

Kiedy goście opuścili restaurację, była niemal północ. Dimitris zebrał cały zespół, kucharzy oraz obsługę, i podziękował im za ciężką pracę.

– Szef kuchni mówił mi o twojej fundacji i o tym, że pomagasz młodym ludziom nauczyć się gotować – powiedziała Savannah, wchodząc do helikoptera.

– Tak, mnie nauczył gotować dziadek, ale wiele dzieciaków nie ma takiego szczęścia. Szczególnie jeśli pochodzą z biednych greckich rodzin. Cieszę się, że mogę wykorzystać mój sukces i pomóc innym.

– Musisz być dumny ze wszystkiego, co udało ci się osiągnąć.

– Muszę? – zapytał ponurym głosem i odwrócił od niej wzrok. Nie rozumiała nagłej zmiany nastroju. W restauracji był czarujący, podczas tańca flirtował z nią. Teraz stał się cichy.

Resztę podróży spędzili w milczeniu. Savannah nigdy wcześniej nie leciała helikopterem, była więc zachwycona tym, jak magicznie wyglądało niebo przyozdobione migoczącymi gwiazdami.

Gdy wylądowali, poczuła, że napięcie opuściło ciało Dimitrisa. Szli wzdłuż oświetlonego basenu, a jej puls podskoczył na samo wspomnienie tego, jak Grek wyglądał, gdy w nim pływał.

– Co powiesz na kilka rundek w basenie, w ramach ćwiczeń, o których mówiłaś? – zapytał z wielkim uśmiechem. Savannah zarumieniła się w odpowiedzi.

Jego propozycja przywiodła na myśl wiele erotycznych myśli.

– Późno już, lepiej idźmy prosto do łóżka. – Nie chciała, żeby zrozumiał ją dwuznacznie. – Sami, oczywiście. Miałam na myśli spanie w oddzielnych łóżkach – tłumaczyła.

Dimitris zatrzymał się i obrócił ją w swoją stronę. Złapał ją za policzek i przechylił jej głowę tak, by na niego spojrzała.

– Myślę, że to była freudowska pomyła – powiedział z humorem. Z niebywałą czułością pogłaskał ją po twarzy. – Chcę się z tobą kochać, Savannah, i wiem, że ty też tego chcesz. – Ten mężczyzna grał na jej uczuciach, gdy była młodsza, więc teraz, choć starsza i mądrzejsza, wciąż się obawiała, że żądza znowu przejmie nad nią władzę.

Dimitris uniósł drugą dłoń i przejechał palcem wzdłuż jej gardła, aż do piersi. Nie mogła ukryć szybkiego unoszenia się jej klatki piersiowej. Złapał jej dłoń i delikatnie dotknął jej ustami. Całował jej palce, dłoń nadgarstek. Jej serce szalało. Jego dotyk był delikatny, uwodzicielski.

Drugą ręką objął jej policzek i powiódł palcami aż do ucha. Jego dotyk był delikatny, praktycznie niewyczuwalny. Savannah jednak topiła się pod jego palcami. Dimitris pochylił się i dotknął ustami jej policzka. Uczucie twardej brody na jej delikatnej skórze sprawiło, że chciała odchylić się i dać mu dostęp do swoich ust. Przez to, jak na nią patrzył, czuła się słaba. Wiedziała, że mu ulegnie.

– Jedna noc nam nie wystarczyła, prawda, Savannah? – Głos Dimitrisa przerwał czar.

– Ile nocy byłoby potrzebnych, żebyś powiedział „dość”? – zapytała. – Pięć, dziesięć? Do mojego wyjazdu pozostały dwadzieścia dwie noce. Czy do tego czasu znudzisz się mną? – Odsunęła się od niego. Chciała ukryć emocje, które nią targały.

– Czy musimy podkreślać, ile czasu zostało naszemu związkowi? Oboje chcemy być kochankami, więc dlaczego nie możemy cieszyć się tą relacją każdego dnia, dzień po dniu?

– Związek! – oburzyła się. – Mówiłeś w mediach, że nie chcesz obowiązku i relacji, a ja tego chcę. Chcę, żeby to było coś więcej niż seks.

Dimitris zmarszczył brwi, więc Savannah dodała szybko:

– Nie zaprzeczam, pociągasz mnie. Nie mogę tego ukryć, ale seks to dla mnie coś więcej niż tylko zaspokojenie potrzeb.

– *Theós!* – wybuchł. – Kiedy dałem ci odczuć, że kochanie się z tobą to tylko zaspokojenie instynktu? Staliśmy się sobie bliscy w ciągu ostatnich tygodni.

– Mamy więc zostać przyjaciółmi, którzy uprawiają seks? Dimitrisie, powiedziałeś mi, że samochód jest miłością twojego życia. Tak, dobrze się dogadywaliśmy, pracując razem, ale nikomu nie pozwalasz zbliżyć się do siebie emocjonalnie, mam rację? Mnie w szczególności.

– Tego chcesz? Żebym opowiadał ci o swoich uczuciach? – zapytał przez zaciśnięte zęby.

– A masz w ogóle jakieś głębokie uczucia?

– Co z poczuciem winy i samowstrętem? Czy to dla ciebie wystarczające wyznania? – Przeczesał włosy dłonią, jego oczy wypełnione były złością i… czymś jeszcze. Bólem. Savannah zdała sobie sprawę, że cierpiał.

– Dimitrisie… Nie musisz… – Szybko zrozumiała jednak, że otworzyła puszkę Pandory. Chciała ją natychmiast zamknąć, żeby nie wyglądał na tak udręczonego. Był człowiekiem z krwi i kości i tak samo jak inni cierpiał.

– Ty to zaczęłaś, więc mnie wysłuchasz – powiedział oschle.

– Zabiłem rodziców – Usłyszał, że siedząca obok niego Savannah gwałtownie wciągnęła powietrze. Zasługiwał na spojrzenie pełne szoku i przerażenia. – Nie dosłownie, ale to ja spowodowałem wypadek, w którym zginęli.

Czy masz jakiejś głębokie uczucia? – przypomniał sobie pytanie Savannah, które otworzyło w jego umyśle powódź. Było już za późno, nie mógł się zatrzymać. Dusił w sobie tyle uczuć, że nie był w stanie sobie z nimi poradzić. Wiele razy wchodził w nic nieznaczące romanse, by móc utrzymać swój wizerunek beztroskiego playboya. Zdawał sobie sprawę z tego, że po części zawdzięczał sukces swojemu wyglądowi. Kobiety chciały mieć gorącego kucharza, greckiego boga w kuchni. Żadna z nich nigdy nie starała się odkryć, kim tak naprawdę był. Żadna poza Savannah.

Savannah patrzyła na niego z mieszanką ciekawości i zmartwienia.

– Jak miałbyś spowodować wypadek? Ile miałeś lat? Czternaście? Piętnaście? Nie mogłeś wtedy prowadzić.

– Moi rodzice zawozili Eleni na lekcję baletu – westchnął ciężko. – Ja miałem pojechać na trening piłki nożnej rowerem, ale zaspałem i przekonałem mamę, żeby mnie też podrzuciła.

Gdyby tylko obudził się wcześniej, jego rodzice ciągle by żyli. Nie mógł sobie wybaczyć tego głupiego błędu.

– Moja mama prowadziła – opowiadał złamanym głosem. Można powiedzieć, że wyznanie Savannah prawdy przynosiło mu ulgę, choć wiedział, że go za to znienawidzi. – W szkole wpadłem w złe towarzystwo. Zachowywałem się jak dureń. Byłem niemiły dla rodziców, w trakcie jazdy pokłóciliśmy się. Eleni zaczęła płakać, tata kazał mi przeprosić, ale byłem dla niego niegrzeczny. Mama obejrzała się przez ramię, odwróciła wzrok od jezdni. – Dimitris przełknął gulę w gardle. – W ciągu tych kliku sekund nasz samochód zjechał na przeciwległy pas. Widziałem nadjeżdżającą ciężarówkę, krzyknąłem, ale było już za późno. Tata złapał za kierownicę, ale nie dał rady uniknąć zderzenia.

– Boże, to musiało być straszne – powiedziała łagodnym głosem. Dimitris nie rozumiał, dlaczego nie patrzyła na niego z obrzydzeniem. – Ale to nie twoja wina.

– Oczywiście, że moja – uniósł się. – To ja rozproszyłem uwagę mamy. Ostatnie, co mi powiedziała, to że martwią się o mnie... i mnie kochają.

Złożył zeznania na policji, opowiedział o tym, że mama na chwilę straciła koncentrację. Później dowiedział się również, że kierowca ciężarówki przeżył. Dimitris spodziewał się, że zostanie aresztowany za spowodowanie wypadku i choć tak się nie stało, to nadal czuł się winny. Wiedział, co zrobił. Savannah również.

– Och, Dimitrisie, to był wypadek. – Zrozumiał, że Savannah mu współczuje.

– Nawet nie próbuj mówić, że nie powinienem się obwiniać. Przeze mnie Eleni spędziła kilka lat na wózku. – Nie rozumiał, dlaczego ona nie widzi jego winy. – Jak myślisz, że by zareagowała, gdybym jej powiedział, co się stało?

– Myślę, że powinieneś porozmawiać z nią o wypadku – powiedziała, a Dimitris odwrócił się, próbując zyskać panowanie nad swoim ciałem i duszą. To właśnie dlatego unikał emocji. Tak było łatwiej. – Mówiła mi, że sama próbowała, ale unikałeś tematu.

– Znienawidzi mnie. Eleni była wszystkim, co miałem od momentu wypadku. Oczywiście, byli też dziadkowie, ale oni byli zrozpaczeni po utracie córki. Ich cierpienie tylko pogłębiało moje poczucie winy. Nie mogłem znieść myśli, że Eleni będzie mnie obwiniać o to, że została sierotą na wózku. Przysiągłem sobie, że o nią zadbam i zapewnię jej wszystko, co najlepsze.

Savannah położyła mu rękę na ramieniu.

– Ona cię kocha. Jestem pewna, że nigdy, by cię nie obwiniła. Uwielbia cię. Na pewno chciałaby, żebyś przestał się obwiniać.

Dimitris pokręcił głową. Nosił w sobie winę tak długo, że słowa Savannah nie przynosiły mu żadnej ulgi. Był na nią zły za samo sugerowanie, że powinien odpuścić. Był teraz tak wrażliwy, że nawet uczucie jej dłoni na jego ciele rozpalało w nim płomień. Miał ochotę rozpłakać się jak dziecko.

– Muszę się napić. – Zrzucił jej dłoń i poszedł w stronę barku. Słyszał, że poszła za nim. – Idź spać, Savannah.

Tracił nad sobą kontrolę, miał ochotę podwinąć jej sukienkę i wziąć ją na podłodze. Twarda erekcja wbijała mu się w spodnie, tak bardzo chciał zanurzyć się w jej ciepłym wnętrzu. Chciał się z nią kochać, aż w końcu o wszystkim zapomni, a w jego umyśle zapanuje błoga cisza.

– Idź! Miałaś rację, nie dam ci tego, czego chcesz. – Nie czekał, aż mu odpowie. Odszedł, a ona tym razem za nim nie poszła.

ROZDZIAŁ ÓSMY

Savannah stała w swoim pokoju i podglądała Dimitrisa przez okno. Pływał w basenie bez ustanku, nie robił sobie żadnych przerw, tak jakby chciał sprawdzić granice możliwości. Czyżby chciał się ukarać? Czuła, że właśnie to próbował zrobić.

To jej wina. Poczucie winy wzbierało w niej z każdą mijającą sekundą. Jego ból i potrzeba zmęczenia fizycznego były sposobem na radzenie sobie z bolesnymi emocjami, które ona wywołała. Tak bardzo się myliła, była dla niego taka okrutna. Czuła, że prawdziwy Dimitris jest dużo bardziej złożoną postacią niż seksowny i beztroski kucharz zaprezentowany światu.

Prawda o nim była druzgocąca. Od kiedy skończył czternaście lat, był przekonany, że stał za śmiercią rodziców i niepełnosprawnością siostry. Nastolatki w jego wieku były beztroskie, cieszyły się każdą chwilą, nie musiały czuć na sobie takiego ciężaru. A on przez osiemnaście lat dźwigał to brzemię i radził sobie z nim absolutnie sam. Nikomu nie zdradził swojego sekretu.

Dopiero kiedy Savannah zmusiła go do tego, wyznał, jaki ból nosił w sobie.

Wyznanie to jednak nie przyniosło mu pocieszenia. Nie udało jej się przekonać go, że wypadek nie był spowodowany z jego winy. Odrzucił jej współczucie, odrzucił ją. Dzisiejszej nocy przyznał, że pociągała go, ale zachowała się jak głupia nastolatka, która wierzy w baśnie i szczęśliwe zakończenia. Dimitris nie był księciem z bajki, był mężczyzną z krwi i kości. Tyle rzeczy mogła w nim pokochać... Dobroć za zaoferowanie pracy, cierpliwość i zrozumienie, a nawet chęć niesienia pomocy innym.

Dimitris był prawdziwym człowiekiem, a ona sprawiła mu przykrość. Savannah zamknęła oczy. Nienawidziła siebie za bycie tak ślepą. Dimitris nie był zdystansowany przez brak uczuć. Był taki, ponieważ chciał ukryć poczucie winy i żałobę.

Jak powinna wybrnąć z tej sytuacji? Na pewno powinna zacząć od przyznania, że ona też chciała się z nim znowu kochać... Spojrzała z powrotem na basen i wstrzymała oddech na widok Dimitrisa wynurzającego się z wody. Nago wyglądał jak prawdziwy grecki bóg. Stał na brzegu, a woda skapywała mu z czarnych włosów i klatki piersiowej.

Ciepło zgromadziło się w dole jej brzucha, czuła głód. Musiała się nauczyć, że życie jest nieprzewidywalne i powinna czerpać z niego garściami. Powinna żyć chwilą. Dimitris nie chciał wiązać się na stałe, ale mogła wejść z nim w romans, zaakceptować jego zasady. Przecież nie mógł złamać jej serca, jeśli mu go nie da.

Jego sypialnia znajdowała się na tym samym piętrze co pokój gościnny, w którym przebywała. Wiedząc, że ciągle musi być na dole, chwyciła za klamkę i weszła do jego królestwa. Na widok wielkiego łóżka stojącego na środku pomieszczenia, zaczęła czekać na Dimitrisa z niecierpliwością. Pozwolił jej zajrzeć pod swoją maskę, teraz jej kolej na pokazanie mu, jak bardzo go pragnie.

Bryza poruszyła firanką osłaniającą drzwi prowadzące na balkon. Dźwięk fal dochodzący z zewnątrz uspokajał Savannah. Cieszyła się, że przyroda pomaga jej ukoić nerwy. Szczególnie, że kilka minut później usłyszała upragnione kliknięcie i drzwi do pokoju otworzyły się.

Dimitris zamarł i zmrużył oczy. Miał na sobie tylko ręcznik przewiązany w biodrach. Teraz mogła obserwować z bliska krople wody spływające po jego wysportowanym ciele.

– Czego chcesz, Savannah?

– Ciebie.

Brak reakcji z jego strony nie zaskoczył jej. Bez wątpienia żałował, że opowiedział jej o swoich uczuciach. Ukrywał je przecież przez całe swoje dorosłe życie.

Był tylko jeden sposób, by udowodnić, że mówiła poważnie. Włożyła palec pod ramiączko sukienki i ściągnęła je, pozwalając materiałowi zsunąć się z jej ciała. Stała przed nim z gołymi piersiami, osłaniały ją tylko czarne stringi.

Dimitris nadal nic nie mówił, lecz jego klatka piersiowa zaczęła się szybko unosić i opadać. Tak jakby oddychanie było dla niego wyzwaniem. Powoli podszedł do niej.

– Jedna noc nie była wystarczająca również dla mnie – powiedziała. – Nie obchodzi mnie, jak długo będzie trwał nasz romans. – Na potwierdzenie swych słów wyciągnęła przed siebie dłoń i złapała za ręcznik na jego biodrach. Dimitris jednak powstrzymał ją.

– Oferujesz mi seks z litości? – zapytał zdenerwowany. – Z jakiegoś powodu jest ci mnie szkoda, więc zdecydowałaś się ze mną przespać?

Pokręciła głową. To nie miało nic wspólnego z litością. Jej serce zabiło mocniej na myśl o żalu, który Dimitris nosił w sobie od tak wielu lat.

– Nie jest mi ciebie szkoda, chcę się z tobą kochać. – Zsunęła mu ręcznik i ujęła w dłoń jego twardy członek. – Wiem, że ty też tego chcesz, ale upewnię się…

Serce waliło jej jak młotem, kiedy klękała przed nim. Nigdy wcześniej tego nie robiła, ale bardzo pragnęła pokazać mu, że jest jego. Miała zamiar należeć do niego, dopóki żar między nimi nie wygaśnie.

– Savannah? – powiedział z ostrzeżeniem lub z prośbą, nie potrafiła rozpoznać, ale gdy przejechała językiem po jego męskości, wyrwał mu się jęk.

Wymruczał coś niezrozumiałego po grecku i zanurzył palce w jej włosach, zachowywał się tak, jakby chciał odciągnąć jej głowę od swojej męskości. Jakby chciał zabronić jej sprawiania mu przyjemności. Miała nadzieję, że to, co robiła, sprawiało mu przyjemność…

Nie miała doświadczenia, kierowała się instynktem. Była zafascynowana tym, jaki był twardy, a jednocześnie delikatny. Z zainteresowaniem badała go językiem, a on wydawał z siebie jęki zadowolenia.

– Co ja mam z tobą zrobić, *mátia mou*? – zapytał z czułością.

Savannah usiadła na swoich stopach i spojrzała na niego. Oczy Greka wypełnione były głodem, który odczuwała pomiędzy nogami. Jak ta relacja mogła być zła, skoro czuła się fantastycznie?

– Mam nadzieję, że coś wymyślisz – odparła z łagodnym uśmiechem.

Theós! Ten uśmiech. Ależ ona była piękna. Dimitris zadrżał, kiedy znowu zaczęła używać języka. Był pewien, że nie uda mu się o niej zapomnieć.

Kiedy zobaczył ją w swoim pokoju, serce uderzyło mu o żebra. W zielonej sukience wyglądała jak bogini. Materiał idealnie otulał jej krągłości i kobiece ciało. Wcześniej powtarzał sobie, że zamówienie tej sukienki było rozsądną decyzją. Miała przecież promować z nim książkę, musiała dobrze wyglądać na imprezie. Teraz uświadomił sobie jednak, że po prostu chciał ją w niej zobaczyć.

Przez cały wieczór wpatrywał się w nią z głodem. Wyglądała niesamowicie, nie mógł oderwać od niej oczu. Wyglądała tak seksownie, że całe przyjęcie spędził na patrzeniu na nią. Rozumiał, dlaczego zaczęła go atakować, kiedy zaproponował jej seks. Chciała się przed nim obronić, ukryć to, jak na nią działał.

Nie rozumiał, jak mogła uśmiechać się do niego po tym, co jej powiedział... Był przecież odpowiedzialny za tragedię, która zniszczyła całą jego rodzinę. Eleni spędziła lata na wózku tylko dlatego, że był niewdzięcznym, rozwydrzonym nastolatkiem. Nie zasługiwał na miłość rodziców. Nie zasługiwał na miłość w ogóle. Do końca swoich dni powinien być samotny.

Dimitris się spiął. Nie mógł logicznie myśleć, kiedy Savannah zajmowała się jego członkiem. Zdał sobie sprawę, że był sekundy od ośmieszenia się i sprawienia jej zawodu. Nigdy nie stracił kontroli podczas seksu. Prawda była taka, że żadna inna kobieta nie testowała jego samokontroli, tak jak robiła to Savannah. Sprawiała, że czuł, że wszystkie szufladki z emocjami, które do tej pory trzymał zamknięte, otwierały się. Musiał wziąć się w garść i znowu je ukryć. Był w tym dobry. Złapał Savannah za ramiona i pomógł jej wstać. Była tak blisko, że czuł jej ciało przyklejone do swojego.

Jej zniewalające oczy otworzyły się szeroko, gdy erekcją naparł na jej udo.

– Chcę cię – powiedział zachrypniętym głosem. Chciał być głęboko w jej wnętrzu i zapomnieć choć na chwilę o tym, kim naprawdę był, co zrobił, i o tym, że nigdy nie będzie dla niej wystarczająco dobry.

Wziął ją w ramiona i zaniósł na łóżko. Była lekka jak piórko. Serce zabiło mu mocno, gdy przerzuciła ramiona przez jego szyję, a jej piersi naparły na jego klatkę.

– Jesteś pewna, że tego chcesz? – zapytał i położył ją na łóżku. – Nie mogę dać ci… – Savannah przyłożyła palec do jego ust.

– Wszystko, czego chcę, to kochać się z tobą.

Podobały mu się reakcje jej ciała na jego dotyk. Gdy usunął ciemny materiał spomiędzy jej nóg, jej ciałem wstrząsnął dreszcz. A gdy rozchylił jej nogi, wydała z siebie ciche westchnienie. Zahipnotyzowany odpowiedziami jej ciała, opuścił głowę i polizał ją. Tak bardzo chciał zanurzyć się w jej wnętrzu i odnaleźć spełnienie, którego potrzebował.

Ta noc miała jednak należeć do Savannah i chciał jej to pokazać, używając dłoni, języka i ust, sprawiając jej przyjemność. Savannah wynagradzała go jękami i westchnieniami.

– Proszę, Dimitrisie. Chcę cię teraz… – wyjęczała, a on zrozumiał, że potrzebowali siebie nawzajem tak samo mocno. Zatrzymał się więc i chwycił prezerwatywę z szafki nocnej. Wciągnął ją i wszedł w Savannah jednym, mocnym pchnięciem. Jęknęła i otoczyła jego biodra nogami. Czuł się jak w domu. Myśl o tym, że Savannah choć przez tych kilka chwil należy do niego, sprawiła, że niemal doszedł zbyt wcześnie.

Zmusił się do wolniejszych ruchów. Spojrzał jej głęboko w oczy i poczuł nić porozumienia. Był wobec niej tak czuły, że aż go to przerażało. Coś w nim pękło, gdy Savannah się do niego uśmiechnęła. Poczuł pierwsze fale jej orgazmu i postanowił wejść w jej mokre wnętrze jeszcze mocniej. Jej wnętrze zacisnęło się na jego erekcji, sprawiając mu ogromną przyjemność. Z jękiem doszedł razem z nią.

Savannah obudziła się o świcie. Nie była w swoim pokoju. Wspomnienia z poprzedniej nocy zaczęły nawiedzać jej umysł. Szybko odwróciła głowę i zobaczyła Dimitrisa leżącego obok niej. Przyglądała się jego przystojnej twarzy, długim rzęsom i łagodniejszym niż zwykle rysom twarzy. Zarost na brodzie odrobinę zgęstniał przez noc, a jego usta… och, jego usta… Uderzyła w nią fala gorąca, gdy przypomniała sobie, jak sprawiał jej nimi przyjemność, jak używał języka, by pieścić jej piersi.

Z westchnieniem zdała sobie sprawę, że wskoczyła w ogień, ale nie żałowała wspólnej nocy. Wiedziała, że poza świetnym seksem nie mógł jej nic zaoferować. Miała nadzieję, że jeśli pozostaną kochankami na czas ich wspólnej sesji zdjęciowej, w końcu się sobą znudzą i będzie mogła o nim zapomnieć.

Dimitris poruszył głową. Wciąż spał, ale z jego ust wyrwał się cichy okrzyk. Dłońmi nakrył twarz.

– Nie… Nie! – krzyczał w cierpieniu. Ból w jego głosie był tak przeraźliwy, że Savannah zachciało się płakać – Czy moi rodzice żyją? A siostra? Nie…

– Dimtrisie! – Savannah dotknęła jego ramienia. – Obudź się, to tylko zły sen.

Dimitris zerwał się nagle i usiadł, ciężko oddychając. Spojrzał na nią z pustką w oczach, tak jakby jej nie rozpoznał.

– Eleni…?

– W porządku, uspokój się, Dimitrisie. – Na te słowa obudził się z transu i strząsnął jej rękę. Savannah z całych sił starała się ukryć przykrość, jaką sprawił jej tym gestem.

– Uspokój się? Jak mogę się uspokoić czy zapomnieć, skoro to moja wina?

– Często masz takie koszmary? – zapytała Dimitrisa, który ciągle zdawał się uwięziony w swoim śnie.

– Kilka koszmarów to nic w porównaniu z tym, co moja siostra musiała przejść po wypadku – odpowiedział i trzęsącymi się dłońmi odgarnął włosy ze spoconego czoła.

– Powinieneś porozmawiać z Eleni – powiedziała łagodnie. – To na pewno ci pomoże. Może uda ci się dzięki temu pogodzić z tym, co wydarzyło się w przeszłości. Eleni przysłała mi wiadomość. Napisała, że wróci na Rodos, zanim poleci do Stanów. Wykorzystaj tę okazję na rozmowę z nią.

– Leci do Bostonu na ostatnią wizytę po operacji kręgosłupa. – Dimitris zacisnął zęby. – Wiem, że powinienem z nią porozmawiać i wyjaśnić, co się wtedy wydarzyło. Boję się, że ona nigdy mi tego nie wybaczy, tak jak ja nigdy sobie tego nie wybaczyłem. – Odrzucił na bok kołdrę i wstał. – Przepraszam, że nie mogłaś przeze mnie spać, Savannah. Wciąż jest jeszcze wcześnie, idź do swojego pokoju i spróbuj zasnąć – dodał.

Serce Dimitrisa waliło jak młotem, umysł wypełniała masa okropnych obrazów. Przód samochodu był ledwo widoczny, cały praktycznie zgniótł się przez uderzenie w nadjeżdżającą z naprzeciwka ciężarówkę. Obok leżała cała sterta metalu. Prawdziwym cudem można określić fakt, że został wyciągnięty z wnętrza wraku bez większych obrażeń. Nikt nie powiedział mu, że rodzice zginęli w wypadku. Dopiero dziadek wyznał mu prawdę, gdy wracali ze szpitala po odwiedzinach u Eleni.

Jak mógł zapomnieć? Jak miał odpuścić i przestać czuć się winny? Szybkim krokiem wszedł do łazienki i zamknął za sobą drzwi. Potrzebował samotności, choć umysł podpowiadał mu, by poddał się i wrócił po pocieszenie od Savannah. Nie zasługiwał ani na jej sympatię, ani na współczucie. Stał pod prysznicem, a lodowata woda lała się na niego strumieniami. Chciał się ukarać, choć wiedział, że nigdy nie uda mu się zmyć wstrętu do siebie samego.

W końcu wyszedł spod wody i wysuszył ciało ręcznikiem. Zamarł na widok Savannah śpiącej w jego łóżku. Kołdra okrywała jej talię, lecz piersi pozostawały nagie. Dimitris z uwielbieniem patrzył na różowe sutki i idealny biust. Poranne słońce przebijające się przez zasłony oświetlało jej potargane blond włosy i smukłe kończyny.

Była piękna, zarówno na zewnątrz, jak i w środku. Poczuł uścisk w piersi, gdy przypomniał sobie, z jaką żarliwością przekonywała go, że nie powinien obarczać się winą za wypadek.

Ból w niektórych miejscach ciała przypominał mu, że wczorajszej nocy kochał się z nią dwa razy. Obydwa zbliżenia były intensywne. Byli do siebie idealnie dopasowani, tak jakby zostali dla siebie stworzeni. Oczywiście powtarzał sobie, że to tylko głupie wrażenie. Dobry seks, choć ten był nawet wspaniały, pozostawał tylko seksem.

Ubiegła noc była niesamowita, ale teraz był już poranek i Dimitris musiał ustawić od nowa granice, które przekroczył, gdy wyznał jej prawdę. Do końca sesji pozostały im trzy tygodnie. Po tym czasie książka będzie gotowa, a on wyruszy do Australii, by ją promować. Cokolwiek czuł do Savannah, pójdzie w zapomnienie. Znowu zacznie żyć swoim życiem.

Nie był gotowy na rozmowę z nią, ciągle targały nim emocje. Pozwolił jej więc spać, a sam ruszył do kuchni. Zaparzył kawę i przygotował miski pełne jogurtu greckiego, miodu i pulchnych fig.

Po drodze wyszedł do ogrodu po kilka listków mięty. Nie miał pojęcia, dlaczego pod wpływem impulsu zerwał również jasnoróżową różę i położył ją na tacy. Gdy wrócił do pokoju, zastał Savannah siedzącą na łóżku. Patrzyła na niego ostrożnie, gdy stawiał tacę ze śniadaniem na stoliku nocnym.

– Przepraszam, musiałam zasnąć. Czy wszystko… w porządku? – zapytała.

– Tak. – Żałował, że widziała go w chwili słabości. To się już więcej nie powtórzy.

– Miałam zamiar iść do siebie, ale byłam zmęczona po… – przerwała i oblała się rumieńcem.

Dimitris nie mógł sobie przypomnieć, kiedy ostatnio jakaś kobieta się przy nim rumieniła. To tylko utwierdziło go w przekonaniu, że Savannah nie była jak inne kobiety. Była wrażliwsza niż jego kochanki z przeszłości, które nie miały wobec niego żadnych oczekiwań.

– Dobrze się bawiłem zeszłej nocy. Podejrzewam, że ty też – wychrypiał. Nie chciał, by pomyślała, że dzielenie łóżka wykraczało poza ramy ich związku bez zobowiązań.

Oddech Savannah przyspieszył, gdy usiadł na krawędzi materaca i ściągnął kołdrę z jej piersi.

– Powinniśmy wstać i zabrać się do pracy – powiedziała bez przekonania.

– Zapomniałaś, że jest weekend?

Dimitris ściągnął z niej przykrycie i poczuł podniecenie na widok jej nagiego ciała. Znów miał ochotę się z nią kochać, zanurzyć się w jej ciepłym wnętrzu i zapomnieć o koszmarze.

Dimitris zdjął spodnie dresowe i położył się obok Savannah na łóżku. Następnie wsparł się na ramionach i zawisł nad jej ciałem. Twarda erekcja wbijała jej się w uda.

– Weekendy są od odpoczynku i relaksu – wymruczał. Nozdrza zafalowały mu, gdy poczuł, że otoczyła dłonią jego członek.

– Nie wyglądasz mi na zrelaksowanego. Powiedziałabym wręcz, że jesteś zestresowany – dokuczała mu łagodnie.

– Wiedźma – zażartował. Nie wiedział, co o niej myśleć. Sprawiała, że się śmiał. Boże, niemal doprowadziła go do łez. Savannah sprawiała, że pozwalał sobie na uczucia, których do tej pory się bał. Wmawiał sobie, że to pożądanie, bo bał się określić te emocje.

Zanurzył się więc w niej i przywarł ustami do jej warg. Dziki i gorący pocałunek zamienił się w powolny i zmysłowy. Całował ją z nieskrywaną łagodnością, którą Savannah w nim odkryła. Poruszał się w jej wnętrzu, a ona wychodziła mu naprzeciw, podnosząc biodra za każdym razem, gdy wchodził w nią równymi pchnięciami.

Dimitris wiedział, że to nie potrwa długo. Savannah jęczała i drżała pod nim. Czuł, jak mocno zaciska wokół niego mięśnie. Kilka chwil później on również osiągnął spełnienie. Znużenie wzięło górę nad jego ciałem, położył się więc na plecach i pociągnął ją za sobą. Chciał, by była blisko, by wtuliła się w jego ciało.

Jakiś czas później Dimitris wyplątał się z uścisku i podał jej śniadanie do łóżka. Savannah przyłożyła listek mięty do ust i zlizała go językiem, a on nie mógł się powstrzymać. Musiał posmakować mięty i miodu z jej warg.

– Opowiedz mi o swoim ojcu – poprosił i oparł się wygodnie o wezgłowie łóżka. – Pewnie byłaś bardzo zaskoczona oskarżeniem o korupcję.

– Tak. Wydawało mi się, że to tylko zły sen. Chociaż nie miałam z tatą najlepszych relacji, szanowałam go. Oskarżenia wszystko zmieniły. Choroba mamy mocno postępowała przez stres związany z rozprawą.

Dimitris przyglądał się jej twarzy. Szukał choć maleńkiej oznaki tego, że znała prawdę o Richardzie

O'Nealu. Miał nadzieję, że kiedyś pozna sekret, którym jej ojciec obciążył go dziesięć lat temu.

– Czy twoi rodzice byli szczęśliwi?

– Nigdy nie słyszałam, żeby się kłócili, ale prowadzili osobne życia. Tata cały czas pracował, a mama zajmowała się swoją sztuką. Nie wydaje mi się, żeby byli blisko. – Savannah zawahała się. – Kilka lat temu, kiedy sortowałam listy i dokumenty w biurze mamy, zauważyłam zdjęcie młodego mężczyzny. Zapytałam, kim był, ale zdenerwowała się na mnie. Zastanawiam się, czy była w nim zakochana, czy wydarzyło się coś, co ich rozdzieliło, i dlatego zamiast związać się z nim, wyszła za mojego ojca.

Dimitris wyszedł z łóżka i poszedł na balkon. Czy mężczyzna ze zdjęcia mógł być prawdziwym ojcem Savannah? Czuł się winny, że musiał skrywać przed nią tę tajemnicę. Nie mógł jej powiedzieć, że Richard O'Neal nie był jej ojcem. Jedyną osobą, która mogła to zrobić, była jej matka.

– Dimitrisie? – Głos Savannah był łagodny, wypełniony troską. Chwilę później dołączyła do niego na balkonie, a jej spojrzenie roztopiło lód chroniący jego serce. – Wiem, że boisz się rozmowy z Eleni, ale ona ma prawo wiedzieć, co się wydarzyło. Może pozwoli ci to zapomnieć o przeszłości.

– Dlaczego tak się przejmujesz? – zapytał szorstko. – Skrzywdziłem cię w przeszłości.

– Chciałabym, żebyś już dziesięć lat temu mi się zwierzył, zaufał mi. Byłam jednak głupią nastolatką, która sama potrzebowała księcia ratującego ją z opresji.

Żałuję, że nie spróbowałam porozmawiać z tobą o twoich rodzicach.

Dimitris poczuł ból w klatce piersiowej, przypominając sobie, jak ufna była w wieku osiemnastu lat. Teraz była w niej obawa i strach, za które on sam był odpowiedzialny. To on spotęgował w niej uczucie niepewności i lęku. Chciałby być inny i dać jej zakończenie jak z bajki, tymczasem jedyne, co mógł zrobić, to pozwolić jej znaleźć kogoś, kto będzie jej księciem. Całym sobą nienawidził tego, że Savannah będzie szczęśliwa u boku innego mężczyzny, był zrozpaczony tym, jak puste będzie jego życie po jej odejściu.

Nie chciał się dłużej zadręczać. Wiedział, że tak po prostu musiało być. Nie był przecież wart jej miłości. Postanowił odłożyć swoje ponure myśli na bok i zmienić temat ich rozmowy.

– Pomyślałem, że po śniadaniu moglibyśmy opłynąć dwie wyspy, Symi i Halki. Obydwie są piękne – powiedział z uśmiechem.

– Cudownie! – Oddech uwiązł jej w gardle, gdy podniósł ją i przytulił. – Już zjedliśmy śniadanie. Idziemy? – przypomniała mu, gdy niósł ją w kierunku łóżka. – Idziemy?

– Nie mówiłem przecież, że wypłyniemy od razu po śniadaniu, *mátia mou* – wyszczerzył się w uśmiechu. – Wydaje mi się, że trochę nam się zejdzie.

ROZDZIAŁ DZIEWIĄTY

Dimitris włożył ręce w kieszenie i odwrócił spojrzenie od okna wychodzącego na plażę. Eleni podniosła wzrok znad książki.

– Usiądź. Odkąd przyjechałam, nie możesz znaleźć sobie miejsca.

Podszedł do niej i usiadł na kanapie. Umysł podsuwał mu głos Savannah zachęcający do otwarcia się przed siostrą.

– Chciałbym porozmawiać z tobą o… o wypadku. – Wciągnął głęboko powietrze. – A raczej o tym, dlaczego do niego doszło.

– Wiem, jak do niego doszło – odparła Eleni, zamykając książkę.

– Rozmawiałaś z Savannah?

– Nie o wypadku, ale gdy powiedziałam jej, że chciałabym znać szczegóły, zasugerowała, żebym poszukała starych dokumentów. Nie wiem, dlaczego sama nie wpadłam na ten pomysł. Rozeznałam się trochę i znalazłam artykuł w starej gazecie, w którym było napisane, że w ciężarówce pękła opona, przez co jej kierowca stracił panowanie nad pojazdem. – Łza zakręciła jej się w oku. – Nasi rodzice nie mieli szans.

– To nie było tak. – Dimitris aż podskoczył i spojrzał na siostrę. Nigdy nie czytał żadnych raportów o wypadku, bo nie chciał, by przypominały mu o najgorszym dniu jego życia. Poza tym dobrze wiedział, co się wydarzyło. – To moja wina. Byłem niegrzeczny, przeze mnie się popłakałaś, a rodzice skupili całą uwagę na nas, nie na drodze. To przeze mnie zginęli, przeze mnie ty byłaś ranna.

Widząc, jak przejęty i zrozpaczony jest Dimitris, Eleni wstała i podeszła do niego sztywno.

– W artykule napisane było, że wypadek wydarzył się ze względu na pękniętą oponę. Ciężarówka była odpowiednio sprawdzona przed wyjazdem. Kierowca o nią dbał, pojazd był sprawny. Nie było winnego. To był tragiczny wypadek. – Przytuliła go. – Może i zrobiłeś coś głupiego, ale to nie ty jesteś odpowiedzialny za śmierć rodziców.

– To moja wina – powiedział z udręką. Jego myśli krążyły wokół ostatnich chwil przed wypadkiem. Wydawało mu się, że mamie udało się zmienić tor jazdy, ale wszystko wydarzyło się na tyle szybko, że nie był pewien. Jeśli w ciężarówce pękła opona, a jej kierowca stracił panowanie nad pojazdem, to mogło to za sobą pociągnąć cały łańcuch zdarzeń. – Gdybym nie zachowywał się jak dureń, mama mogłaby się skupić na jeździe. Przeze mnie nie mogłaś chodzić i musiałaś przejść nieskończoną ilość zabiegów.

– Znowu mogę się poruszać, bo zapłaciłeś fortunę za moją operację. Dimitrisie, już czas, żebyś przestał się winić. Tak naprawdę nie pamiętam rodziców, pamiętam za to, jak całe moje życie się o mnie troszczyłeś.

Savannah starała się rozmasować ramiona bolące od godzin spędzonych przed komputerem. Pracowała nad edycją zdjęć, która, jej zdaniem, była tak samo ważna jak sama sesja. Dzięki temu mogła poprawić światło i dostosować balans oraz kontrast na uchwyconych obrazach.

Kiedy Dimitris wszedł do studia, przez jej ciało przeszedł dreszcz podekscytowania.

– Te zdjęcia są niesamowite. Miałaś naprawdę genialny pomysł z podaniem *souvlaki* z sałatką z makaronu orzo. Sam kurczak wyglądał nudno, a dzięki czerwonym pomidorkom i czarnym oliwkom całość zyskała życie – powiedział, patrząc jej przez ramię.

– Dostosuję jeszcze jasność i będę zadowolona. – Nie mogła ukryć drżenia w głosie, kiedy zaczął całować jej szyję, docierając do wrażliwego miejsca za uchem.

– Jesteś perfekcjonistką. Podziwiam twoje oddanie pracy, *mátia mou.* – Poczuła się rozczarowana, gdy przestał ją całować.

– Rozmawiałem z Eleni – powiedział, a oczy Savannah rozszerzyły się w zaskoczeniu. – Nie wini mnie. Za twoją radą przeszukała dokumenty z wypadku. Znalazła jakiś artykuł i jest pewna, że to tragiczne wydarzenie. Podobno wypadek spowodowała przebita opona w ciężarówce. Jej kierowca stracił panowanie nad pojazdem. – Ciężko westchnął. – Wciąż mi się wydaje, że jestem częściowo odpowiedzialny za rozproszenie uwagi mamy, ale Eleni mnie nie wini.

– Bardzo cię kocha – powiedziała łagodnie Savannah. Ja też, dodała w myślach.

Słowa same nawiedziły jej umysł. Była zakochana w Dimitrisie. Choć z całych sił starała się temu zapobiec, to poległa. To, co czuła do niego teraz, bardzo różniło się od uczuć, którymi darzyła go dziesięć lat temu.

To wszechogarniające ją uczucie nie było nastoletnim zauroczeniem. Było prawdziwą miłością. Nie miała zamiaru wynieść Dimitrisa na piedestał, tak jak to zrobiła, gdy była młodsza. Wiedziała, że nie jest idealny, a mimo to go kochała. Uwielbiała wszystkie jego nieidealne części. To, jaki był marudny z rana przed wypiciem mocnej kawy, to, jak bardzo był podekscytowany sportowymi samochodami i to, jak opowiadał jej o tym, co wydarzyło się w filmie, jeśli widział go wcześniej. Mówił, że robi to, żeby nie czuła się rozczarowana zakończeniem.

Była szaleńczo zakochana w jego seksownym uśmiechu, w tym, jak patrzył na nią, gdy coś mu opowiadała. Nie mogła przestać cieszyć się jego podekscytowaniem, gdy pokazywał jej Rodos i zabrał ją na rejs. A przede wszystkim kochała to, w jaki sposób pobudzał jej ciało do życia swoimi dłońmi i magicznymi ustami. Kochał się z nią i sprawiał jej więcej przyjemności, niż potrafiła sobie wyobrazić. On jednak chciał tylko romansu. Nigdy nie obiecywał jej nic więcej.

Seks był wszystkim, czego Dimitris chciał, i musiała się z tym pogodzić. Został tydzień sesji, później on miał lecieć do Australii, a ona – wrócić do swojego normalnego życia w Anglii. Jej serce ścisnęło się na myśl o rozstaniu. Było zdecydowanie za późno, żeby ochronić je przed złamaniem.

Postanowiła cieszyć się pozostałym im czasem, tak jak robiła to do tej pory. Kochali się kilka razy dziennie, a Grek pobudzał nie tylko jej ciało, ale i umysł. Trauma z dzieciństwa blokowała ją przed wyznaniem mu uczuć, dlatego postanowiła pokazać mu swoim zachowaniem, że jej na nim zależy.

Dimitris za to kochał się z nią z jeszcze większą potrzebą, tak jakby zdawał sobie sprawę, że ich wspólne dni mijają niewyobrażalnie szybko. Książka kucharska była już gotowa, co Dimitris postanowił uczcić, zabierając ją na wycieczkę łodzią na Kos.

Ostatni rozdział w jego publikacji stanowiły greckie desery. Savannah spędziła cały poranek na fotografowaniu czekoladowej baklavy pokrytej syropem. Warstwy ciasta skleiły się jednak, przez co deser na fotografiach wyglądał na nieapetyczny.

Zdaniem Dimitrisa syrop był zbyt gęsty, dlatego zdecydował się na zrobienie całego dania od początku. Atmosfera w studiu była napięta, co tylko dokładało Savannah zmartwień. Jej myśli krążyły wokół innego problemu – okres spóźniał jej się już o cztery dni. Nigdy wcześniej jej się to nie przydarzyło. Zazwyczaj był regularny, jak w zegarku.

Choć starała się przekonać samą siebie, że opóźnienie spowodowane jest zmianą klimatu, postanowiła kupić test ciążowy. Miała zamiar zrobić go dziś rano, ale po zjedzeniu ogromnej porcji *baklavy* było jej niedobrze. Miała nadzieję, że to oznaka nadchodzącej miesiączki, a nie błogosławionego stanu.

Głośny stukot i przekleństwo wyrwały ją z rozmyślań. Dimitris upuścił całą blachę z wypiekami, rozrzucając je na podłogę. Jej torebka leżąca na kuchennym blacie również upadła.

– To właśnie dlatego zawsze trzeba pamiętać o wkładaniu rękawicy, zanim chwyci się gorące naczynie – powiedział skruszonym głosem.

– Oparzyłeś się? – zapytała przejęta. Nie chciała, żeby zrobił sobie krzywdę.

– Nie jest źle. Włożę rękę pod zimną wodę, jak tylko pozbieram twoje rzeczy – powiedział i ukucnął.

– Ja to zrobię – odpowiedziała szybko, ale było już za późno. Dimitris trzymał w dłoni test ciążowy.

– Co to jest, do cholery? – zadał pytanie, a ton jego głosu wskazywał na gniew.

– Spóźnia mi się okres. – Przygryzła wargę, gdy patrzył na nią, jakby wyrosła jej druga głowa. – To pewnie nic takiego.

Po raz pierwszy pozwoliła sobie jednak na myśl, że być może była w ciąży. Rodzina byłaby spełnieniem jej marzeń, choć wcześniej zakładała, że spotka tego jedynego i weźmie z nim ślub, zanim będzie miała dziecko. Życie jednak rzadko szło według planu i mogło się okazać, że była w ciąży i nosiła w sobie dziecko Dimitrisa. Sama myśl sprawiła, że w jej ciele wybuchła ogromna nadzieja.

Dimitris jednak krzywił się, tak jakby specjalnie zaszła w ciążę. Jej nadzieje szybko wygasły. Stworzenie dziecka wymagało przecież udziału dwóch osób. Jeśli w ogóle jest jakieś dziecko, dodała w myślach.

Boże, tak bardzo chciałaby założyć rodzinę z Dimitrisem. Zakochała się w nim, a posiadanie z nim dziecka byłoby spełnieniem jej najskrytszych pragnień. Jednak fantazja, którą stworzyła w swojej głowie, o tym, że mógłby ją pokochać, rozpływała się na jej oczach.

– *Theós!* – Rzucił test ciążowy na blat, tak jakby go parzył. – Lepiej zrób ten test. Jeśli będzie pozytywny, będziemy musieli zdecydować, co zrobić.

Zdecydować, co zrobić? – powtórzyła w głowie jego pytanie. Savannah patrzyła, jak Dimitris podchodzi do zlewu, by włożyć oparzoną rękę pod wodę. Przygryzła wargę tak mocno, że aż poczuła metaliczny posmak krwi. Jeśli rzeczywiście jest w ciąży, to miała zamiar wychować to dziecko. Wcale nie musiała się nad tym zastanawiać. Dimitris mógł robić, co, do cholery, chciał. Jego podejście zdradzało jej jednak, że nie zamierzał angażować się w życie jej dziecka. Nie wyglądał na zadowolonego możliwością zostania tatą.

Z cichym płaczem wybiegła ze studia. Chciała być sama, chciała uciec przed Dimitrisem, jednak w willi było to niemożliwe. Spodziewał się przecież, że Savannah pójdzie zrobić test i będzie mógł znaleźć ją w łazience. Miała wszystkie objawy – wrażliwe piersi, nudności i wciąż nie dostała okresu. Nie mogła pokazać Dimitrisowi pozytywnego wyniku, który tylko wywołałby w nim wściekłość. Chcąc być sama, ruszyła w ostanie miejsce, w którym by jej szukał.

Próbując opanować strach, schodziła z klifu prowadzącego do prywatnej plaży. Kilka razy schodziła tędy z Dimitrisem, ale zawsze to on szedł pierwszy i prowadził ją, trzymając za rękę.

– Savannah, co ty wyprawiasz? – usłyszała krzyk i zauważyła Dimitrisa stojącego na szczycie klifu. Oczy miała zalane łzami, przez co nie trafiła na stopień i upadła. Spadając ciężko, obijała się o skały, aż w końcu wylądowała twarzą w piasku.

– *Theós!* Savannah… – krzyknął przerażony Dimitris. Chwilę później usłyszała, że biegnie w jej stronę, ale była zbyt przestraszona, by móc powiedzieć, czy jest cała. Ciało bolało ją w niektórych miejscach, a ona sama nadal była w szoku.

– Savannah! – Silne ramiona obróciły ją na plecy. Kiedy otworzyła oczy, zobaczyła Dimitrisa. – Myślałem… – Potrząsnął głową. – Nieważne, co myślałem. Czy coś ci się stało?

– Bolą mnie biodra, chyba uderzyłam nimi w skały – odparła.

Dimitris podwinął jej spódnicę. Choć uderzyła się o skały i była w tej chwili cała poturbowana, to poczuła znajome uderzenie gorąca spowodowane sunącymi po jej udach dłońmi.

– Masz sporo otarć na biodrze i udach, na rękach i ramionach też – oznajmił, a następnie delikatnie wziął ją w objęcia. Jego twarz nie zdradzała żadnych emocji, gdy wnosił ją na górę. Nieprzytomnie pomyślała, że nawet jeśli była w ciąży, to przez swoje głupie zachowanie mogła stracić dziecko.

Dimitris zaniósł ją do willi, a następnie do samochodu. Postanowił zabrać ją do pobliskiego szpitala. Kiedy do niego dotarli, wziął ją na ręce i zaniósł na oddział ratunkowy.

Cieszyła się, że trafiła na lekarza mówiącego po angielsku, dzięki temu mogła rozmawiać z nim bez pomocy Dimitrisa. Medyk najpierw sprawdził, czy nie dostała wstrząsu mózgu.

– Pani otarcia i siniaki nie są poważne, jednak ból w biodrze jest niepokojący. Zrobimy prześwietlenie – oznajmił lekarz, zapisując przy tym kilka rzeczy w jej karcie. – Czy może być pani w ciąży? – Savannah nie odważyła się spojrzeć na stojącego obok jej łóżka Dimitrisa.

– Tak.

– W takim wypadku najpierw zrobimy test. Prześwietlenie mogłoby źle wpłynąć na ciążę.

Dimitris patrzył przez okno na swoje ferrari. Pojazd miał służyć przyciągnięciu uwagi, wyglądał lepiej niż na plakatach, które wieszał na ścianach w dzieciństwie. Obiecał sobie, że pewnego dnia zarobi fortunę i kupi sobie wymarzone auto.

Kiedy teraz na nie patrzył, uważał je jedynie za zbędny gadżet. Boże, nie zmieści w nim dziecka, w bagażniku nie pomieści nawet wózka. Powstrzymał się od wybuchnięcia śmiechem. Jak to możliwe, że będzie miał dziecko? Nigdy nie myślał o zakładaniu rodziny. Dziecko wymagało oddania, miłości, wszystkiego, czego on unikał przez całe swoje dorosłe życie. Jedyny wyjątek stanowiła Eleni.

Wydawało mu się, że serce walące w jego piersi było wynikiem szoku. Kiedy obserwował Savannah spadającą z klifu, był tak samo przerażony jak podczas wypadku samochodowego. Kiedy zbiegał z klifu, wyobrażał sobie, że znajdzie ciało nieżyjącej Savannah. Ku jego uldze obrażenia nie były tak poważne. Niemal rozpłakał się z radości, kiedy usłyszał słowa lekarza. Był jednak dobry w ukrywaniu swoich emocji, co wykorzystał również tym razem.

Kiedy Savannah powiedziała mu, że być może jest w ciąży, poczuł, jakby bomba eksplodowała w jego domu. Wiedział, że jeśli jej przypuszczenia okażą się prawdziwe, jego życie już nigdy nie będzie takie samo. Nienawidził braku kontroli, chciał wszystko planować, a ewentualne pojawienie się dziecka z pewnością nie było zapisane w jego kalendarzu.

Usłyszał za sobą głos i ujrzał Savannah wchodzącą do pokoju. Ogarnął go żal na widok fioletowych siniaków pokrywających jej ręce i nogi. Ale mimo wszystko to jej spojrzenie bolało go najbardziej. Wiedział, że to on był za nie odpowiedzialny. Źle zareagował na wiadomość o możliwej ciąży.

– Jaki jest wynik testu? – zapytał z napięciem.

– Zrobiono mi badanie krwi, bo w pierwszych tygodniach ciąży łatwiej jest ją w ten sposób wykryć. Za kilka minut będzie wynik.

– Nie wiem, jak mogło do tego dojść. Zawsze uważaliśmy.

– Nie martw się, jeśli jestem w ciąży, to nie będziesz musiał się w nic angażować – powiedziała złośliwym tonem.

– Jeśli jesteś w ciąży, to już jestem zaangażowany. Będę odpowiedzialny za to dziecko.

– Do cholery! – krzyknęła. – To przez twoją postawę nie chcę, żebyś się angażował. Nie chcę, żeby moje dziecko miało ojca, który dba o nie tylko z poczucia obowiązku. Dzieci potrafią to rozpoznać. Zawsze czułam, że ojciec mnie nie kocha. Nie chcę, żeby moje dziecko musiało przechodzić przez to samo.

Dimitris znowu poczuł się winny. Nie tylko z powodu tego, jak zareagował na wiadomość o możliwej ciąży, ale również dlatego, że przypomniał sobie tajemnicę, którą obarczył go Richard O'Neal. Musiał przekonać Savannah do rozmowy z matką.

Po kilku, ciągnących się w nieskończoność minutach drzwi gabinetu otworzyły się.

– Wynik testu ciążowego jest negatywny – oznajmił lekarz. – Możemy zrobić prześwietlenie biodra. Pielęgniarka przyjdzie po panią i zaprowadzi panią do zakładu radiologii.

– Cóż, to tyle – wyszeptała Savannah, gdy lekarz zostawił ich samych. – Jestem pewna, że się cieszysz.

– A ty nie? – zapytał, choć sam nie czuł się szczęśliwy z wyniku. Nie rozumiał, dlaczego poczuł zawód. Dziecko było ostatnim, czego potrzebował. – Nieplanowana ciąża nie byłaby dobrym posunięciem.

– Oczywiście, nie byłaby idealna – odpowiedziała łamiącym się głosem. Dimitris przypomniał sobie jej zraniony wyraz twarzy, gdy zapytał o test. Szok sprawił, że źle zareagował. Był świadomy tego, że ją zranił.

Domyślał się, że Savannah schodziła z klifu, żeby pobyć sama. Żeby być z daleka od niego, bo zachował się jak okrutny tyran. Zesztywniał na samą myśl o tym, że mogło jej się stać coś poważnego, że mogła umrzeć. Znowu stałby się powodem czyjejś krzywdy… Poczucie winy, które go dręczyło, odkąd skończył czternaście lat, przypomniało mu, że zniszczył wszystko co dobre w jego życiu. Chciałby otulić Savannah swoimi ramionami, dać jej ukojenie, a jednocześnie upewnić samego siebie, że była cała i zdrowa. Ona jednak była dla niego oschła, nie pozwalała się do siebie zbliżyć.

Godzinę później, kiedy Savannah opuściła gabinet radiologiczny, oznajmiła mu, że wszystko było z nią w porządku. Nalegała na powrót do samochodu. W drodze powrotnej do willi oboje siedzieli cicho. Savannah cały czas patrzyła w telefon. Prawdopodobnie w ten sposób chciała uniknąć rozmowy. Jakaś otchłań utworzyła się między nimi i Dimitris nie wiedział, jak ją pokonać. Nie wiedział, co powinien zrobić, by móc znowu zbliżyć się do tej kobiety. Zawsze wiedział, że z daleka od niego jest bezpieczniejsza.

– Idź odpocząć, zrobię ci coś do jedzenia – powiedział, kiedy weszli do domu. Opuszkiem palca otarł łzę z jej policzka. Nie mógł powstrzymać się od dotknięcia jej pięknej twarzy, jednak ona tylko się wzdrygnęła. – Pewnie odczuwasz skutki upadku, *mátia mou.*

– Przestań. – Oczy błyszczały jej od łez, ale mówiła spokojnym głosem. – Idę się spakować. Kupiłam bilet do Londynu na dziś wieczór.

– Dlatego, że nie skakałem z radości na wieść o dziecku? – zapytał, zaciskając zęby. – A czego się spodziewałaś?

– Powinnam się spodziewać, że zareagujesz w ten sposób. Mówiłeś, że nie dasz mi rodziny, a ja do tej pory nie zdawałam sobie sprawy, jak bardzo chcę mieć dziecko. Ostatnie tygodnie były fajne, ale czas zakończyć ten romans. – Obdarzyła go cienieniem uśmiechu. – Chcemy od życia innych rzeczy. Nie pasujemy do siebie. Nic się nie zmieniło w przeciągu dziesięciu lat. Ja chcę miłości, głębokiej, prawdziwej, na całe życie.

Takiej miłości, która rozrywa serce, gdy się kończy. Dimitris już raz padł jej ofiarą, kiedy jego rodzice zginęli. Nigdy więcej nie chciał czuć takiego bólu. Chciał jedynie wziąć Savannah w ramiona, zanieść do sypialni i móc cieszyć się jej towarzystwem. Chciał jej pokazać, że pasują do siebie pod względem fizycznym. Nie potrzebowali do tego miłości i problemów, które powodowały uczucia. Nie mógł się z nią jednak kochać, kiedy była taka bezbronna.

Byli zgodni w tylu kwestiach, fizycznie wręcz stworzeni dla siebie. Gdyby tylko zauważyła, że to było wystarczające. Zdradził jej o sobie więcej niż jakiejkolwiek innej kobiecie. Czego więcej od niego oczekiwała? Znał odpowiedź. Chciała dzieci, rodziny.

Pół godziny później Dimitris obserwował z balkonu, jak Savannah wsiada do taksówki. Stefanos pomagał jej zapakować walizkę do samochodu. Walczył ze sobą, by nie błagać jej o zostanie. Był przyzwyczajony do tego, że romanse kończyły się na jego warunkach. Kobiety nie zostawiały go. Poza Savannah, która zostawiła go dwa razy.

Wyjechała, bo nie był dla niej wystarczający. Chciała być kochana i nie było to wygórowane pragnienie. Była hojna, niezwykle oddana, zasługiwała na wszystko, co najlepsze. Na mężczyznę, który nie bałby się wyznać jej tego, że ją kocha. Na kogoś lepszego niż on.

ROZDZIAŁ DZIESIĄTY

Kolejny miesiąc nie był dla Dimitrisa lepszy. Nie cieszyła go perspektywa przyjęcia zorganizowanego przez wydawnictwo. Zespół edytorów i wszyscy menedżerowie byli świetnymi ludźmi, jedzenie również zapowiadało się wyśmienicie, ale nie czuł żadnego entuzjazmu. Nie cieszyły go zbliżające się święta. I tak spędzi je samotnie, ponieważ Eleni poznała nowego chłopaka i wybierała się z nim do Santa Lucia. Dimitris stracił chęci do życia i tylko siłą woli powstrzymywał się od utopienia smutków w butelce alkoholu.

Stał w salonie w swoim domu w Richmond. Przyjechał tu trzy dni temu i od tego czasu deszcz nie przestawał padać. Przez okna spoglądał na utopiony w wodzie trawnik. Pogoda nie miała jednak większego wpływu na jego samopoczucie. Nawet australijskie słońce nie dało rady poprawić mu nastroju, więc szczęka bolała go od nieustannie wymuszanego uśmiechu. Pod koniec trasy promującej książkę wrócił na Rodos. Cała willa przypominała mu Savannah. Była nią przepełniona, choć jej w niej nie było. Widział ją w każdym zakątku swojego domu. W jego sypialni ciągle unosił się zapach jej perfum, a kolorowe poduszki, które w niej ułożyła, przełamywały zimny wystrój. Często budził się w nocy i wyciągał rękę, szukając jej, ale nigdy nie było jej obok.

Próbował do niej zadzwonić, żeby zapytać, czy nie miała żadnych powikłań po upadku, ale numer był nieosiągalny. Wiedział, że się oszukiwał. Tak naprawdę chciał błagać ją o wybaczenie. Chciał, żeby wybaczyła mu to, jak okropnie zareagował na wieść o ciąży, chciał prosić ją o miłość. Wiedział, że był największym durniem na świecie.

Do Anglii przyleciał z misją. Savannah wyznała mu, że jej relacja z Richardem nie była najlepsza, że czuła się niekochana. Czuł, że ciągle wpływało na nią odrzucenie, którego doznała jako dziecko. Miał nadzieję, że uda mu się przekonać jej matkę do tego, by wyznała córce prawdę.

Savannah zachęciła go do wyznania siostrze prawdy o wypadku i teraz on i Eleni byli sobie bliżsi niż kiedykolwiek wcześniej. Dimitris powoli również zaczął wybaczać samemu sobie i rozumieć, że nie może zmienić przeszłości ani przewidzieć tego, jaka będzie przyszłość. Wiedział, że życie bez miłości to nie życie. Miał tylko nadzieję, że nie odkrył tego za późno i że wciąż ma jeszcze szanse na związek z Savannah.

Listopad w Anglii był pochmurny. Szare niebo i deszcz idealnie oddawały nastrój Savannah. Do świąt Bożego Narodzenia ciągle było kilka tygodni, ale sklepy już były ubrane w przeróżne ozdoby, a ulice mieniły się milionami światełek. Nic jednak nie mogło wyciągnąć jej z dołka, do którego wpadła po rozstaniu z Dimitrisem.

Nie mogła nawet do niego zadzwonić, bo wracając z Rodos do Londynu, zgubiła telefon. Było to stare urządzenie, które nie miało wbudowanej funkcji zapisywania kontaktów w chmurze, przez co straciła numer Dimitrisa. Prawdopodobnie mogłaby się z nim skontaktować poprzez wydawnictwo, ale dlaczego miałaby to robić. Musiała zaakceptować, że ich relacja dobiegła końca.

Pewnie zakończył już promocję w Australii i wrócił do Grecji, w której pogoda była znacznie lepsza niż w Londynie. Ostatnie tygodnie Savannah spędziła na poszukiwaniu nowego domu. W końcu udało jej się znaleźć niewielkie mieszkanie, które kosztowało fortunę. Było jednak zaledwie dziesięć minut jazdy samochodem od domu opieki, w którym znajdowała się jej mama.

Właśnie zaparkowała pod nim samochód i ruszyła biegiem do wejścia, żeby uniknąć deszczu. Evelyn leżała w łóżku. Wyglądała na kruchą.

– Przykro mi, że musiałaś wyjść z domu w tak paskudną pogodę – powiedziała Evelyn z płaczem.

– Mamo, co się dzieje? – zapytała zatroskana.

– Dimitris był u mnie wczoraj – wyznała.

Dimitris? Savannah była w szoku. Tak bardzo za nim tęskniła.

– Czego chciał? – zapyta.

– Poprosił, żebym wyznała ci prawdę. Zbyt długo utrzymywałam to w sekrecie. – Głos jej drżał. – Richard kazał mi przysiąc, że nigdy ci o tym nie powiem… Cóż, powinnam być z tobą szczera, ale bałam się, że mnie znienawidzisz.

– Nic nie mogłoby sprawić, żebym cię znienawidziła, mamo – odparła łagodnie Savannah. – Co chciałabyś mi powiedzieć?

– Richard nie był twoim ojcem.

Savannah patrzyła na matkę z wyraźnym zdziwieniem. Zawsze czuła, że ojciec jej nie kochał. Może teraz zrozumie, dlaczego nie czuła z nim żadnej więzi.

– To kto jest moim prawdziwym ojcem? – Nagle przypomniała sobie o fotografii znalezionej lata temu. – Mężczyzna ze zdjęcia?

– Wszystko ci wyjaśnię. Wyszłam za Richarda kilka miesięcy po poznaniu go, bo chciałam uciec od znęcającego się nade mną ojca – westchnęła. – Byłam asystentką w galerii sztuki, a Richard lubił chwalić się ludziom, że pracowałam w Fortescue. Pochodził z biednej rodziny i miał obsesję na punkcie arystokracji. Chciał się stać jej częścią. Staraliśmy się o dziecko przez pięć lat, lecz się nie udawało. Nie układało się między nami, a ja… zakochałam się w kimś, kogo poznałam w galerii. W Johanie, niderlandzkim artyście. To była miłość od pierwszego wejrzenia, choć nasz romans był krótki. Jednak Johan wyjechał do Holandii, gdzie zginął w wypadku. – Evelyn otarła łzy. – Odkryłam, że byłam w ciąży i przyznałam się do zdrady. Byłam pewna, że mnie wyrzuci. Obawiałam się, że będzie mi kazał oddać cię do domu dziecka.

– Och, mamo! – Savannah wręczyła jej chusteczkę.

– Richard nie chciał jednak rozwodu, bo to by źle wyglądało w towarzystwie. Obiecał, że wychowa cię jak własną córkę, ale musiałam przysiąc, że nigdy nikomu nie wyznam prawdy. Wszyscy uważali nas za idealną rodzinę, a Richarda za odnoszącego sukcesy biznesmena. Jego celem było wydanie cię za mąż za kogoś z wyższych sfer. To dlatego namówił cię na przyjęcie oświadczyn od syna lorda Roxwella. Wiedziałam, że go nie kochałaś, i cieszyłam się, kiedy zerwałaś zaręczyny.

– Powiedziałaś, że Dimitris przekonał cię do wyznania prawdy. Skąd on o tym wiedział?

– Nie zrozumiałam, co miał na myśli. Mówił coś, o pieniądzach, do których wzięcia zmusił go Richard... Zagroził Dimitrisowi, że przestanie wspierać cię finansowo – powiedziała mama ze łzami w oczach. – Był manipulatorem. Dimitris mówił, że przez Richarda masz niskie poczucie własnej wartości, że brakuje ci czułości.

Dimitris nie mylił się, co do tego, że pozwalała mężczyznom źle się traktować, bo jej ojciec – Richard – sprawił, że czuła się niegodna miłości. Teraz wszystko nabierało dla niej sensu. W wieku osiemnastu lat była zakochana w Dimitrisie, choć wiedziała, że nie mają szans na prawdziwy związek. Mimo wszystko chciała spróbować, bo brakowało jej poczucia bezpieczeństwa i miłości.

Rozmowa zmęczyła Evelyn, więc Savannah zdecydowała się dać jej czas na odpoczynek. Przed wyjściem uściskała ją mocno i zapewniła, że rozumiała, dlaczego ukrywała przed nią prawdę. W myślach odtwarzała słowa mamy. Richard zmanipulował Dimitrisa, groził, że odetnie córkę od pieniędzy, nawet od płacenia za szkołę, jeśli z nią nie zerwie.

Gdy Savannah wróciła do samochodu, siedziała w nim przez chwilę, starając się zebrać wszystkie myśli. Czuła ulgę, bo w końcu mogła zostawić w przeszłości trudne dzieciństwo i ruszyć naprzód. Rozumiała, że jej mama była w sytuacji bez wyjścia, dlatego od razu jej wybaczyła. Nie mogła jednak wybaczyć Dimitrisowi. Od lat znał prawdę, ale nigdy nic jej nie powiedział.

Pod wpływem emocji skierowała się w stronę jego domu. Jeśli wczoraj odwiedził jej mamę, to wciąż mógł być w Londynie. Miasto było zakorkowane, więc kiedy usłyszała, że jej samochód zaczął wydawać dziwne dźwięki, nie była zadowolona. Zaprowadzenie auta do mechanika było na jej liście rzeczy do zrobienia. Na szczęście, udało jej się dotrzeć pod posiadłość Dimitrisa, pod którą zaparkowana była czarna limuzyna. Musiał być w domu. Teraz nie mogła już zmienić zdania, musiała się z nim skonfrontować.

– Savannah? – Dimitris otworzył jej drzwi. Spodziewała się gosposi, więc na chwilę straciła nad sobą panowanie i pozwoliła sobie nacieszyć się jego widokiem. W czarnych dżinsach i szarym swetrze był niezwykle przystojny. Wyglądał jednak nieco szczuplej, a jego oczy otaczały ciemne sińce.

Deszcz zmoczył jej ubranie, włosy przykleiły jej się do twarzy. Przez ciało Savannah przeszedł dreszcz, co nie umknęło Dimitrisowi.

– Wejdź. Moja gosposia i jej mąż są w Kanadzie u córki – powiedział i poszedł do łazienki po ręcznik dla Savannah. – Lepiej zdejmij bluzę. Możesz wysuszyć ją przy kominku.

Savannah szczękała zębami, nie chciała się rozbierać i oddawać mu swojej bluzy. Miała nadzieję, że nie domyśli się, że to on był powodem, dla którego jej sutki przebijały się przez jedwabną bluzkę. Dimitris zaprosił ją do zajęcia miejsca na fotelu, ale wolała stać.

Złość, która towarzyszyła jej w drodze do jego willi, wyparowała, gdy tylko go zobaczyła. Dimitris oparł się o kominek, a ona zauważyła, że schudł. Wiedziała, że regularnie ćwiczył, ale teraz zdawał się smuklejszy, a jego twarz wykazywała oznaki zmęczenia. Czyżby miał problemy ze snem?

– Jak było w Australii? – zapytała, choć poczuła zazdrość, kiedy wyobrażała go sobie na plaży, otoczonego wianuszkiem pięknych kobiet.

– Tęskniłem za tobą – powiedział dziwnie wrażliwym głosem.

Serce zabiło jej mocniej, ale wiedziała, że nie miał tego na myśli. Nawet nie próbował jej zatrzymać, kiedy opuszczała Rodos.

– Byłam u mamy. Powiedziała mi, że Richard nie był moim biologicznym ojcem.

– Ach… – Dimitris wypuścił powietrze.

– Wiedziałeś o tym – powiedziała ze złością. – Dlaczego mi nie powiedziałeś? Nie miałam prawa wiedzieć? – Przypomniała sobie ich rozmowę z wieczoru, który spędzili razem w tym domu. – Skąd wiedziałeś o funduszu, który oj… Richard dla mnie założył?

– Powiedział mi – westchnął ciężko. – Richard zagroził mi, że jeśli z tobą nie zerwę, to nie dostaniesz majątku. Odmówiłem przyjęcia pieniędzy, ale wtedy zaczął grać ostrzej. Mówił, że nie pozwoli mi zniszczyć jego planów na twój ślub z kimś ze szlacheckiej rodziny. Szantażował mnie, mówił, że nie zniszczę mu planu na połączenie się z arystokratyczną rodziną, na wydanie cię za kogoś bogatego i wpływowego. Myślałem, że nie byłby zdolny do skrzywdzenia własnej córki, a wtedy wyznał mi prawdę.

Savannah usiadła na kanapie. Dimitris usadowił się zaraz obok niej, jednak ich ciała się nie stykały. Chciał jej dotknąć, lecz wiedział, że nie byłoby to mądre posunięcie.

– Nalegał, żebym przyjął łapówkę i nigdy więcej się z tobą nie zobaczył, bo w przeciwnym razie zabierze tobie i twojej mamie wszystko. Byłaś przyzwyczajona do życia w luksusie, miałaś iść na studia. Nie mogłem ryzykować i pozbawić cię wszystkiego.

– Był okropnym człowiekiem. – Złość i rozgoryczenie przemawiały przez Savannah. – Kiedy spotkaliśmy się ponownie, mogłeś powiedzieć mi prawdę. Richard już nie żył, nie skrzywdziłby ani mnie, ani mamy.

– To była tajemnica twojej mamy, nie mogłem zrobić tego za nią – odpowiedział i zauważył łzy zbierające się w jej oczach. Miał ochotę otrzeć je palcami, ale zachował dystans.

– Ufałam ci – powiedziała z żalem. Myślała, że byli przyjaciółmi, kochankami, że zbliżyli się do siebie podczas jej pobytu w willi. To wszystko było jednak kłamstwem, wytworem jej wyobraźni.

W końcu zrozumiała, że Dimitris nigdy nie pokocha jej tak, jak na to zasługiwała. Zrozumiała, że musi wybrać drugą opcję, dlatego przyjęła oświadczyny Hugo czy zgodziła się na randkę z Mattem Collierem. Żadnemu z nich na niej nie zależało. Ukrywała swoje uczucia, bo bała się odrzucenia, ale w kochaniu kogoś nie było wstydu. Nawet jeśli ta osoba miałaby nigdy tej miłości nie odwzajemnić.

– Zakochałam się w tobie – powiedziała Dimitrisowi, patrząc mu prosto w oczy. – Ale nie jesteś mężczyzną dla mnie. Ja chcę miłości, rodziny. Miałam nadzieję, że to od ciebie dostanę, ale nie. Nie jesteś mężczyzną dla mnie. To naprawdę koniec.

Savannah wstała i ruszyła w stronę drzwi. Jej serce rozpadło się na tysiące kawałków. Gdy je poskłada, da je mężczyźnie, który będzie o nie dbał.

– Savannah… Nie odchodź – poprosił łamiącym się głosem.

– Nie mam powodu, bym tu została. – Savannah była zdeterminowana, musiała być silna i walczyć o swoją przyszłość, o miłość, której tak bardzo pragnęła. Odwróciła się, by na niego spojrzeć, i tego pożałowała. Miał udręczony wyraz twarzy.

Dimitris podszedł do niej sztywno, bez gracji, która zwykle mu towarzyszyła. Wyglądał jak mężczyzna, który przechodził przez piekło.

– Kocham cię.

– Przestań, nie żartuj – wyszeptała.

Położył dłonie na jej ramionach, tak jakby fizycznie próbował powstrzymać ją od wyjścia. Twarz wykrzywiło mu cierpienie.

– Myślisz, że żartowałbym z moich uczuć do ciebie?

– Nie chcesz związku – powiedziała i spróbowała się od niego odsunąć, lecz zacisnął palce na jej ramionach i spojrzał na nią oczami przepełnionymi nieskrywanymi emocjami.

– Chcę ciebie... nas. Tygodnie, które razem spędziliśmy, były najszczęśliwszymi chwilami mojego życia. Tak samo czułem się tylko dziesięć lat temu, przez jedenaście nocy, podczas których mogłem trzymać cię w ramionach.

– Zostawiłeś mnie. – Pokręciła głową.

– Richard zmusił mnie do tego. Wiedział, że cię kocham i że zrobię wszystko, żeby cię chronić.

– Więc zdecydowałeś, że lepiej mi będzie z pieniędzmi niż z tobą? Wiedziałeś, że cię kochałam.

– Tak, ale się bałem. Cierpiałem, kiedy rodzice zginęli, i obiecałem sobie, że już nigdy nikogo nie pokocham. Że już nigdy nie będę cierpiał po utracie ukochanej osoby.

Savannah była wstrząśnięta. Czuła, że balansuje na krawędzi. Tak bardzo chciała mu wierzyć. Dimitris dotknął jej policzka z czułością.

– Kocham cię, Savannah. Nigdy żadna kobieta nie miała mojego serca, zawsze należało do ciebie. – Otarł jej łzę. – Nie płacz, *agápi mou*. Jeśli płaczesz, bo musisz mi powiedzieć, że nic do mnie nie czujesz, to proszę, wyznaj to szybko.

– Ja tylko nie wiem… – urwała, gdy zobaczyła, że stojący przed nią mężczyzna płacze. Nagle dotarło do niej, że on naprawdę ją kochał. – Och, Dimitrisie. Tak bardzo cię kocham. I ty też mnie kochasz. – W jej głosie słychać było zachwyt i pewność. Kochał ją. Savannah czuła, że jej serce w każdej chwili może eksplodować z radości.

Objął ją i przyciągnął do siebie. Czuła szybkie bicie jego serca.

– *S'agapó.* Kocham cię – powtarzał ciągle, trzymając ją w ramionach. Całował ją z nieskrywaną pasją. – Myślałem, że jeśli będę unikał miłości, to już nigdy więcej nie zostanę skrzywdzony. Ale kiedy mnie zostawiłaś, nie mogłem normalnie funkcjonować. Wiedziałem, że będę musiał cię znaleźć i błagać o wybaczenie. Jeśli dasz mi jeszcze jedną szansę, to dam ci wszystko, na,co zasługujesz.

Pocałowała go, wkładając w to całą miłość, jaką do niego czuła.

– Udowodnij to teraz.

Odpowiedział jej szerokim uśmiechem. Chwycił ją w ramiona i zaniósł do swojej sypialni.

– Jeśli nalegasz, *kardiá mou*. Coś mi się wydaje, że będziesz władczą żoną.

– Żoną?

Dimitis położył ją na łóżku i zdjął jej bluzkę. Ujął jej piersi w dłonie i głęboko westchnął.

– *Theós*, jakaś piękna. Wyjedziesz za mnie, Savannah?

Odpowiedziała mu najpiękniejszym uśmiechem.

– Tak. Przestaniesz już gadać?

Pomogła mu pozbyć się ubrań, a on za cel obrał sobie ponowne poznanie jej ciała. Odkrywał je dłońmi i ustami. Całował jej piersi, aż w końcu przeniósł się niżej i szeroko rozłożył jej nogi. Gdy w nią wszedł, czuł się jak wtedy, gdy kochali się pierwszy raz. Wypełniała go radość i zachwyt. Kochali się, wyznając sobie uczucia, zachwycając się nowymi doznaniami. Razem osiągnęli szczyt i razem mieli iść przez życie.

– Na zawsze – przysiągł Dimitris. – Tylko ty, ja i dzieci, które będziemy mieć. – Pocałował ją czule. – Przyszłość zaczyna się teraz, kochanie.

Lynn Raye Harris

Gra o wszystko

ROZDZIAŁ PIERWSZY

Rosyjski miliarder przejmuje podupadającą sieć domów towarowych.

Była tutaj. Roman Kazarow wiedział o tym, choć jeszcze jej nie zobaczył. Jego partnerka parsknęła zirytowana, chcąc zwrócić na siebie uwagę. Ledwie raczył na nią zerknąć. Musiał przyznać, że jest piękna, ale był znudzony. Wystarczyła mu jedna noc w jej łóżku.

Ujęła go władczym gestem za ramię; miał ochotę się od niej uwolnić. Wziął ją ze sobą tylko dlatego, że miała tu być Caroline Sullivan-Wells; podejrzewał, że nie przejęłaby się specjalnie, widząc go z jakąś kobietą. Nie obchodził jej. Dała mu to do zrozumienia pięć lat temu. Zraniło go to wówczas do żywego. Teraz nie czuł nic prócz zimnej determinacji. Powrócił do Nowego Jorku jako inny człowiek. Bogaty. Bezwzględny. Człowiek, któremu przyświeca jeden cel. Przed upływem miesiąca zamierzał przejąć sieć luksusowych domów towarowych należącą do jej rodziny. Zwieńczenie jego wysiłków, wisienka na torcie. Nie potrzebował tego, ale pragnął. Niegdyś służył wiernie Frankowi Sullivanowi. A potem został bezceremonialnie odtrącony; koniec z wizą i marzeniami o lepszym życiu dla rodziny w Rosji. Śmiał się tylko zakochać w Caroline, ale drogo za to zapłacił. Teraz jednak powrócił. Ani Caroline, ani jej ojciec nie mogli zatrzymać machiny, którą wprawił już ruch.

Tłum rozstąpił się jak na dany znak i na drugim końcu sali ukazała się kobieta pogrążona w rozmowie. Zdawało się, że blask kryształowego żyrandola pada tylko na nią, podkreślając złotawe blond włosy i mleczną skórę. Wciąż była piękna i wciąż robiła na nim wrażenie, co tylko podsyciło jego gniew. Nie spodziewał się nagłego powrotu pożądania i słodko-gorzkiej radości. Opanował się szybko. Uznał, że tak jest lepiej. O to chodziło – o odrazę. Nienawiść.

Właśnie w tym momencie, jakby czymś zaniepokojona, spojrzała w jego stronę i zmarszczyła czoło. Dostrzegła go, nie kryjąc zaskoczenia. Podniosła dłoń do piersi, ale zaraz potem ją opuściła, on jednak zdążył zauważyć, jak bardzo jest poruszona jego widokiem. Patrzyli sobie w oczy, aż odwróciła wzrok, powiedziała coś do swego rozmówcy i zniknęła za pobliskimi drzwiami. Powinien triumfować, mimo to odnosił wrażenie, że znów go odrzuciła i że jego świat wali się w gruzy jak przed pięcioma laty. Nie, niemożliwe. Teraz miał przewagę. Był zdobywcą. A jednak czuł w głębi serca gorycz; pamiętał, jak bolesny był upadek, i ile go kosztowało, by znów się pozbierać.

– Przyniesiesz mi drinka, kochanie? – zwróciła się do niego partnerka.

Spojrzał na nią. Ładna, zepsuta aktorka, która przewracała mężczyznom w głowach. Przyzwyczajona, że spełniano wszelkie jej zachcianki. Widząc jednak jego minę, cofnęła się, świadoma swojego błędu. Za późno.

– Nie jestem chłopcem na posyłki – oznajmił lodowato, po czym sięgnął po portfel, wyjął pięć studolarówek i wcisnął jej w dłoń. – Baw się do woli. Jak skończysz, zamów sobie taksówkę.

– Zostawiasz mnie?

Byłoby mu nawet przykro, gdyby nie wiedział, że natychmiast zaroi się wokół niej od mężczyzn. Podniósł jej dłoń do ust i pocałował.

– Nie jesteśmy sobie przeznaczeni, *maja krasawica*. Znajdziesz kogoś, kto bardziej na ciebie zasługuje.

I wyruszył na poszukiwanie innej kobiety. Wiedział, że tym razem mu nie ucieknie.

Caroline zjechała windą na parter i wyszła pospiesznie na zewnątrz. Czując pulsowanie skroniach, próbowała oddychać równo. Roman. Przełknęła niespodziewane łzy i uśmiechnęła się niepewnie do portiera, który spytał, czy wezwać taksówkę. Odpowiedziała twierdząco. Nie mogła uwierzyć, że się zjawił, choć właściwie nie powinna być zaskoczona. Gazety rozpisywały się o nim i jego misji. Wiedziała, że znów go zobaczy, ale nie spodziewała się, że tak szybko. Nie, oczekiwała go w sali zarządu, ale nawet ta myśl przyprawiała ją o panikę. Jak mogłaby znów się z nim spotkać? Wystarczyło jedno spojrzenie i rozsypała się całkowicie. Zawsze tak na nią działał, ale mimo wszystko była oszołomiona faktem, że wciąż mu się to udaje. Po tak długim czasie.

– Caroline.

Ugięły się pod nią nogi na dźwięk imienia wypowiedzianego przez usta, które kiedyś tak kochała. Kiedyś, ale już nie teraz. Była kobietą, która dokonała wyboru. Zrobiłaby to ponownie, zważywszy na okoliczności. Ocaliła wówczas swoją firmę. Teraz też zamierzała to zrobić. Bez względu na Romana Kazarowa i jego zamiary. Odwróciła się z niepewnym uśmiechem. Dziękowała Bogu, że jest ciemno.

– Panie Kazarow...

Chciała sprawiać wrażenie silnej, ale wciąż była poruszona po spotkaniu w sali. Patrząc w te lodowato niebieskie oczy, czuła każde uderzenie serca. Nadal wydawał się niewiarygodnie przystojny. Wysoki, barczysty, ciemnowłosy. I te wyraziste rysy, jakie lubią uwieczniać rzeźbiarze i malarze. I fotografowie. Tak, widziała jego zdjęcia, kiedy ponad dwa lata temu pojawił się znienacka na scenie. Wciąż pamiętała, jak Jon podał jej gazetę przy śniadaniu. Omal się nie zachłysnęła kawą. Mąż ścisnął jej dłoń. Tylko on wiedział, jaki to dla niej szok. Potem śledziła z niepokojem wspinaczkę Romana na szczyt i czuła, że któregoś dnia wróci. Po nią.

Cmoknął ironicznie.

– Tylko tyle, Caroline? Tak się wita starego przyjaciela?

– Nie wiedziałam, że byliśmy przyjaciółmi.

Pamiętała, jak popatrzył na nią tamtego wieczoru, kiedy mu powiedziała, że nie mogą się więcej spotykać. Dopiero co wyznał, że ją kocha. Chciała zrewanżować mu się tym samym, ale było to niemożliwe. Skłamała więc. A on wyglądał na... zdziwionego. Zranionego. Zagniewanego.

Teraz wydawał się obojętny. Zaskoczył ją tym. Była zdezorientowana, on zaś sprawiał wrażenie opanowanego. Zimnego. Ale dlaczego tak się czuła? Zrobiła wtedy to, co musiała. Zrobiłaby to ponownie. Bez względu na koszty osobiste. Szczęście dwojga ludzi było niczym w porównaniu z losem niezliczonych pracowników, których los zależał od istnienia firmy Sullivanów.

Roman wzruszył ramionami.

– Z pewnością jesteśmy starymi znajomymi. – Zatrzymał wzrok na szalu, którym okrywała piersi. – Starymi kochankami.

Odwróciła głowę w stronę Piątej Alei, próbując zapanować nad sobą. Na ulicy tworzył się korek; wiedziała, że taksówka nie zjawi się szybko. Wcześniej miała głęboką nadzieję, że nigdy więcej go nie zobaczy. Tak byłoby lepiej. Bezpieczniej.

– Nie chcesz, żeby ci przypominano? – powiedział. – A może postanowiłaś udawać, że nic się nie stało?

– Wiem, co się stało. – Nigdy by nie zapomniała. Każdego dnia powracała ta dawna namiętność, budząc strach. – Ale to było dawno temu.

– Przykro mi z powodu twojego męża – odparł.

Biedny Jon. Jeśli ktokolwiek zasługiwał na szczęście, to właśnie on.

– Dziękuję – powiedziała stłumionym głosem. Jej mąż nie żył już od ponad roku, a ona wciąż myślała o tych ostatnich beznadziejnych miesiącach, kiedy białaczka pustoszyła mu organizm. Wydawało się to takie niesprawiedliwie.

Pochyliła głowę, starając się powstrzymać łzy. Jon był jej największym przyjacielem; wciąż za nim tęskniła. Przypomniało jej to, że musi być tak twarda jak w dniach jego choroby.

Roman był mężczyzną, a mężczyzn można było pokonać.

– To nic nie da – oznajmiła stanowczo.

– Co, kochanie? – Uniósł brwi.

Po plecach przebiegł jej dreszcz. Kiedyś taka czułość była szczera z jego strony, a ona uwielbiała ten jego rosyjski akcent. Teraz jednak wykorzystał go, by ją dręczyć. Te słowa brzmiały jak groźba. Spojrzała mu prosto w oczy. Stał z rękami w kieszeniach, uśmiechając się ironicznie. Pozbawiony serca drań. Tak o nim teraz myślała. Nie zamierzał okazywać jakiejkolwiek litości. Zwłaszcza, gdyby odkrył jej sekret.

– To na nic, Romanie – uprzedziła. – Wiem, czego chcesz, i zamierzam cię pokonać.

Roześmiał się.

– Chętnie się z tobą zmierzę. Bo nie wygrasz. Nie tym razem. Zabawne, nigdy bym nie pomyślał, że twój ojciec przekaże ci zarządzanie firmą. Sądziłem, że któregoś dnia będą musieli wynieść go z biura.

Poczuła nagły chłód, jak zwykle, gdy ktoś wspominał o jej ojcu.

– Ludzie się zmieniają – oznajmiła zimno.

Zalała ją fala smutku i miłości na myśl o ojcu siedzącym przy oknie i patrzącym na jezioro. Czasem rozpoznawał w niej swoją córkę. Rzadko.

– Doświadczenie mówi mi co innego. Jaki początek, taki koniec. – Znowu przesunął po niej spojrzeniem. – Ludzie chcą czasem, by myślano, że się zmienili. Żeby się chronić. Ale nigdy się nie zmieniają.

– Wobec tego nie znasz zbyt wielu ludzi. Wszyscy się zmieniamy. Nikt nie jest zawsze taki sam.

– Nie. Ale w swej istocie są niezmienni. Jeśli ktoś nie ma serca, to nagle mu nie wyrośnie.

Wiedziała, że mówi o niej, o tej nocy, kiedy odrzuciła jego miłość.

– Czasem nie jest tak, jak się wydaje – zauważyła. – Pozory mogą mylić.

Od razu pojęła, że nie należało tego mówić.

Popatrzył na nią lodowatym wzrokiem.

– Nie mam wątpliwości, że o tym wiesz.

Odczuwała jednocześnie wściekłość i smutek. Mogła tylko udawać, że nie rozumie.

– Tak czy owak, tata przemyślał wszystko. Cieszy się teraz swoją wiejską posiadłością. Ciężko na to pracował.

Rozglądała się za taksówką, powstrzymując łzy. Nie ulegała łatwo emocjom, ale myśl o chorobie ojca właśnie teraz, w obecności mężczyzny, którego kiedyś kochała, była nie do zniesienia.

– Nie wiedziałem, że zechcesz któregoś dnia przejąć interes – oznajmił odrobinę szyderczo Roman. – Sądziłem, że interesują cię inne rzeczy.

– Zakupy i manikiur? Zapewniam cię, że nie.

Rodzice uważali jednak inaczej. Nie wypadało po prostu, by kobiety w rodzinie Sullivanów pracowały. Wychodziły dobrze za mąż i poświęcały się dobroczynności, nie brudząc sobie rąk biznesem. Nieważne, że chciała się go uczyć i że ojciec trochę ustąpił – doświadczenie przydałoby jej się w działalności charytatywnej, jak oznajmił pomimo protestów matki. To Jon miał zarządzać siecią sklepów wraz z przejściem ojca na emeryturę, czego Frank Sullivan nie zrobiłby przez najbliższe dwadzieścia lat, gdyby los go do tego nie zmusił. A teraz pozostała tylko ona. I okazało się, że daje sobie radę. Po prostu musiała.

– Masz za sobą ciężki rok – zauważył Roman łagodnie.

Drgnęło jej serce. Tak, to był ciężki rok, ale wciąż była właścicielką rodzinnego biznesu. I miała syna. Zamierzała dopilnować, by pewnego dnia został szefem firmy.

– Mogło być gorzej. – Nie bardzo to sobie wyobrażała. Mąż, który umarł na raka, demencja ojca...

– Jest gorzej – powiedział. – Bo ja tu jestem. Ale nie zaangażuję się, dopóki firma walczy i stara się opłacać dostawców.

Zamrugała ze zdziwienia. Mówił o interesie. O sklepach. Przez chwilę sądziła, że okazuje jej współczucie, ale dlaczego miałby to robić? Nie mogła go winić. Nie rozstali się w zgodzie. Roześmiała się mimo wszystko, udając beztroskę.

– Doprawdy, Romanie, dajesz sobie nieźle radę, ale gorzej z informacjami. Mylisz się tym razem. Nie dostaniesz mojej firmy. – Wskazała ręką Piątą Aleję, z całym jej gwarem i ruchem. – Wszędzie jest kiepsko, ale rozejrzyj się tylko. Miasto żyje. Ludzie pracują i potrzebują tego, co mamy. Nasza sprzedaż wzrosła w tym kwartale o dwadzieścia procent. I będzie wzrastać.

Musiała w to wierzyć. Ojciec podjął kilka błędnych decyzji, nim jego choroba wyszła na jaw, ale Caroline starała się teraz wszystko naprawić.

– Dwadzieścia procent w jednym sklepie – uśmiechnął się z przekąsem. – Pozostałe przynoszą straty. Trzeba było sprzedać mniej dochodowe branże. Nie zrobiłaś tego.

Przysunął się do niej, a ona poczuła jego siłę.

– Dzięki za opinię – odparła zwięźle. Co za tupet z jego strony! Myślała wcześniej o sprzedaży kilku domów towarowych, ale oferty nie były korzystne. Należało zrobić to dwa lata wcześniej, jednak nie ona wtedy rządziła. Potem rynek się załamał.

– Zrobiłem rozeznanie i wiem, że dni twojej firmy są policzone. Jeśli chcesz, by przetrwała, musisz ze mną współpracować.

Caroline uniosła dumnie brodę. Może była młoda i naiwna przed pięcioma laty, kiedy kochała wbrew rozsądkowi tego człowieka, ale nie teraz.

– Po co miałabym to robić? Zaufać ci? Przepisać firmę na ciebie i wierzyć, że ocalisz to, co należało do mojej rodziny od pokoleń? – Pokręciła głową. – Byłabym idiotką.

Na szczęście przy krawężniku pojawiła się taksówka.

– Proszę pani. – Portier otworzył drzwi wozu.

Caroline wsiadła bez słowa do samochodu i zobaczyła, że Roman robi to samo.

– To moja taksówka – wypaliła, kiedy ją zmusił, by zrobiła mu miejsce.

– Jedziemy w tym samym kierunku. – Podał kierowcy jakiś adres w dzielnicy finansowej.

Caroline miała ochotę parsknąć z oburzenia, ale się opanowała. Nie wolno jej zdradzić, gdzie mieszka. Gdyby Ryan pokazał się na zewnątrz... Podała kierowcy adres jakiegoś szeregowca w Greenwich Village. Mogła po odjeździe taksówki przejść dwie przecznice i dotrzeć do swojego domu.

– Skąd wiedziałeś, że jedziemy w tę samą stronę? – spytała, kiedy taksówka ruszyła.

Wzruszył ramionami.

– Nie spieszy mi się. Nawet gdybyś jechała na północ, potem mógłbym zawrócić na południe.

– Koszmarna strata czasu.

– Nie wydaje mi się. Mam cię teraz wyłącznie dla siebie.

Kiedyś taka sytuacja przyprawiłaby ją o zawrót głowy. Odwróciłaby się do niego i zaczęła go całować. Zrobiło jej się gorąco. Ile to razy kradli pocałunki w taksówkach? Nie chciała o tym myśleć. Odsunęła się od niego jak najdalej i zaczęła obserwować życie na chodniku. Zauważyła w świetle latarni jakąś młodą kobietę idącą pod rękę z mężczyzną. Poczuła zazdrość, kiedy tamta odrzuciła do tyłu głowę i roześmiała się. Mężczyzna przyciągnął dziewczynę; zaczęli się całować. Caroline odwróciła się od szyby i napotkała spojrzenie Romana.

– Och, jakie to romantyczne – zauważył cynicznie.

Zamknęła oczy i przygryzła wargę.

– Czego chcesz, Romanie?

Jeśli dosłyszał napięcie w jej głosie, to nie dał tego po sobie poznać.

– Wiesz, czego chcę. I po co tu przyjechałem.

Popatrzyła na niego; bliskość tego mężczyzny przyprawiała ją o szybsze bicie serca.

– Tracisz czas. Firma nie jest na sprzedaż. Za żadną cenę.

Milczeli przez długą chwilę. Nagle wybuchnął śmiechem, który wydał jej się głęboki i podniecający.

– Sprzedasz ją, Caroline. Zrobisz to, bo nie chcesz patrzeć, jak przestaje istnieć. Upierasz się przy swoim? Zobaczysz, jak dostawcy odmawiają ci kredytu. Zaczniesz zamykać sklepy. Twoja firma zawsze słynęła z luksusu. Koniec z zamawianiem najlepszego towaru? Powiesz klientom, że nie mogą już liczyć na rosyjski kawior, wędzonego łososia, włoskie torebki albo męskie garnitury z najwyższej półki?

Poczuła ucisk w żołądku. Niestety, było źle. Już się zastanawiała, co zrobić, żeby zaoszczędzić i jednocześnie utrzymać jakość, z której firma słynęła. Chciała spytać ojca. Tak jak chciała spytać Jona. Ale nie mogła tego zrobić. Sama musiała podejmować trudne decyzje. Dla Ryana. Rodzina była wszystkim. Tylko to jej pozostało.

– Nie będę o tym z tobą rozmawiać – oznajmiła twardo. – Jeszcze nie przejąłeś firmy. Dopóki mam coś w tej sprawie do powiedzenia, nie powinieneś na nic liczyć.

– Tego właśnie nie rozumiesz. Nie masz w tej sprawie nic do powiedzenia. To nieuniknione.

– Nic nie jest nieuniknione. Dopóki zachowuję rozsądek. Zamierzam z tobą walczyć. Nie wygrasz.

– Ależ wygram. Tym razem, Caroline, postawię na swoim.

– Co przez to rozumiesz? Chyba nie rozpamiętujesz naszego krótkiego romansu? Nie uwierzę, że zamierzasz przejąć moją firmę tylko dlatego, żeby się odegrać za jakiś dawny afront.

Powiedziała to od niechcenia, ale w sercu miała zamęt.

Roman zacisnął usta.

– Rozpamiętuję? Nie za bardzo, moja droga. Uświadomiłem sobie od czasu tamtej nocy, że... moje uczucia nie były takie, jak mi się wydawało. – Spojrzał jej w oczy. – Byłem tobą oczarowany, to prawda. Ale miłość? Nie.

Takie słowa nie powinny jej zaboleć, ale było inaczej. Kochała go kiedyś tak bardzo i wierzyła, że i on ją kocha. A teraz mówi jej, że to nieprawda. Że to była iluzja. Nie przypuszczała, że po pięciu latach będzie tak cierpieć z tego powodu.

– To dlaczego tu jesteś? – spytała. – Dlaczego moja firma ma dla ciebie takie znaczenie? Jesteś właścicielem znacznie potężniejszej. Nie potrzebujesz mojej.

Roześmiał się ironicznie.

– Nie, nie potrzebuję. – Nachylił się do niej nagle. – Chcę jej. I chcę ciebie.

ROZDZIAŁ DRUGI

Kazarow jest bezwzględny w interesach i w łóżku, mówi pewna piękność.

Nie zamierzał posuwać się tak daleko, ale skoro to zrobił, był ciekaw jej reakcji. Westchnęła gwałtownie i otworzyła szeroko orzechowo-zielone oczy. Potem zakryła je rzęsami, by nic z nich nie wyczytał. Od chwili, gdy spotkali się na chodniku, zaczął wspominać dawne czasy. I bardzo go to irytowało. Miał w życiu wiele kobiet. Takich, które wznosiły swoje piękno na wyżyny sztuki. Uroda Caroline wydawała się mniej wystudiowana, mniej wyrafinowana. Być może była po prostu ładna, pomyślał. Nie piękna, tylko ładna. Potem jednak podniosła powieki i przeszyła go spojrzeniem tych swoich oczu, on zaś doznał niemal wstrząsu. Była królową lodu, a on pragnął za wszelką cenę go roztopić.

– Dlaczego? – spytała, tak samo zdumiona obrotem sprawy jak on.

Roman wzruszył ramionami, udając obojętność.

– Może nie nasyciłem się tobą dostatecznie. Albo chcę cię poniżyć, tak jak ty mnie poniżyłaś.

– Nie jesteś taki, Romanie. Nie chcesz mnie chyba zmusić, żebym chodziła z tobą do łóżka.

Poczuł gorzki smak wspomnień, które wolałby stłumić.

– Nie masz pojęcia, jakim jestem człowiekiem. Nigdy nie wiedziałaś.

Widok jej drżącej wargi niemal go rozbroił. Nie, musiał pamiętać, jak zimna była, jak bezwzględna, kiedy się zaangażował i zrobił z siebie głupca. Ufał jej. Wierzył. A ona go zdradziła. Myślał, że skoro był pierwszym, któremu się oddała, to musiała coś czuć. „Nie kocham cię, Romanie. Jestem z Sullivanów, a ty jesteś tylko człowiekiem, który pracuje dla mojego ojca". Nie był dostatecznie dobry dla Caroline Sullivan-Wells i jej szlacheckiej rodziny. Przeoczenie tego drobnego faktu kosztowało go bardzo drogo. I jego rodzinę. Kiedy musiał wrócić do Rosji bez pracy i pieniędzy – większość przesłał matce potrzebującej pomocy – stracił znacznie więcej niż kobietę, w której się kochał.

– Mam dziecko. Nie mam czasu dla nikogo innego.

Zalała go fala goryczy. Miała dziecko, syna z Jonem Wellsem. Wyszła za niego kilka miesięcy po tym, jak wykluczyła Romana ze swojego życia. Bez trudu związała się z innym mężczyzną. Kiedy przypominał sobie, co robił w tych pierwszych miesiącach po wyjeździe ze Stanów, czuł głęboką i niepowstrzymaną urazę.

– Nie wydaje mi się, żebym wspominał o jakimkolwiek związku – rzucił twardo i dostrzegł w jej oku błysk, który wydawał się zimny, ale który mógł dowodzić starannie skrywanego lęku.

Ciekawe, pomyślał.

– Nie prześpię się z tobą – zapewniła. – Możesz nas zniszczyć, ale nie dostaniesz tego, o co ci chodzi.

Milczeli oboje. Nagle, odruchowo, przesunął palcem po jej policzku. Ten ruch ją zaskoczył, ale nie drgnęła.

– Skąd wiesz, co chcę dostać?

Caroline z trudem panowała nad oddechem. Gdy tylko jej dotknął, rozpętała się w niej burza. Co się z nią działo? Nie było powodu tak reagować, nawet jeśli nie uprawiała seksu od niepamiętnych czasów. Inni mężczyźni też jej dotykali, a jednak nic nie czuła. Próbowała się umawiać po śmierci Jona, bo wszyscy jej mówili, że powinna, a ona była taka samotna. Lecz gdy partner próbował ją pocałować, ogarniała ją panika, nie pożądanie. Kończyła to pod byle pretekstem i nie przyjmowała ponownego zaproszenia.

Do chwili, gdy dotknął jej Roman. Wcześniej sądziła, że jest w gruncie rzeczy zimna.

– Dlaczego to robisz?

Patrzył na nią niewzruszenie tymi niebieskimi oczami. Na jej usta.

– A dlaczego robi się cokolwiek?

Był taki, jakiego go pamiętała, a jednak inny. Bardziej bezwzględny. Pomimo zapewnień, że jej nie kochał, czy to właśnie przez nią tak się zmienił?

– Przykro mi. Nie chciałam cię zranić.

Roześmiał się.

– Zranić mnie? Nie, moja droga. Nie zraniłaś mnie. Może trochę moją dumę. Ale szybko się pozbierałem, wierz mi.

Była zdruzgotana po tamtej nocy, ale zniosła to ze stoicyzmem. Tylko Jon wiedział, ile ją kosztowało, by go poślubić. Zrobiła to, co konieczne. Jedynie ona mogła to zrobić. Kiedy rodzice Jona zaczęli nalegać na małżeństwo, grożąc, że sprzedadzą swoje udziały w firmie i przekażą pakiet kontrolny konkurentowi, który zwolni pracowników, Caroline spełniła swój obowiązek. Ocaliła rodzinne dziedzictwo i tysiące miejsc pracy. I była z tego dumna, do diabła.

Zbyt dumna, żeby teraz korzyć się przez tym człowiekiem.

Spojrzała mu twardo w oczy i nie cofnęła się przed gniewem, który w nich dostrzegła. I pożądaniem, które przelotnie ujawnił. Zaskoczyło ją to.

Jak mógł wciąż jej pragnąć po tym, co się stało? Po tych okropnych rzeczach, jakie mu powiedziała, by odszedł? Ale pragnął jej. Uświadomiła sobie, co gorsza, że i ona jego pragnie.

– Cieszę się. Nie pasowaliśmy do siebie. Wiesz o tym.

– Chcesz powiedzieć: „za wysokie progi"? Caroline Sullivan zasługiwała na kogoś lepszego niż syn rosyjskiego robotnika? Moja krew skaziłaby twoją.

– Byłam młoda – odparła, wciąż zawstydzona tym, co mu wmówiła tamtej nocy. Musiała spalić za sobą mosty. – I nie to wtedy powiedziałam.

– Nie musiałaś. Zrozumiałem doskonale.

Caroline westchnęła. Zbyt dużo wspomnień, bólu. Niewiadomych.

– Wiem, że nie rozumiesz, ale nie miałam wyboru.

Popatrzył na nią z niedowierzaniem.

– Masz czelność mówić coś takiego? Jaką to smutną historyjką mnie uraczysz?

Nim zdążyła odpowiedzieć, kierowca zatrzymał się; dojechali pod pierwszy adres. Caroline popatrzyła na nieznany sobie dom.

– Dobranoc, Romanie.

– Odprowadzę cię do drzwi – zaproponował.

– Nie – odparła pospiesznie. – Nie chcę.

– To zaczekam, aż wejdziesz do budynku.

Oblizała suche wargi.

– Daj spokój. Ta okolica jest bezpieczna. Czasem spaceruję tu o późniejszej porze.

Nie mogła wejść do tego domu. Nie wiedziała nawet, kto tu mieszka. Dlaczego ogarnęła ją panika, kiedy wsiadł do taksówki? Dlaczego kłamała, zamiast podać prawdziwy adres? Wpakowała się teraz w niezłą kabałę.

– Nie jestem aż tak nieczuły, żeby zostawić damę samą na ciemnej ulicy. Obstaję przy swoim.

Sięgnął do klamki. Zareagowała odruchowo, przywierając ustami do jego szyi. Ten dotyk przyprawił ją o szok. Skórę miał ciepłą, puls wyraźny. Nie wiedziała sama, co robi, chciała się tylko go pozbyć, nim zacznie zadawać pytania, ale nie była przygotowana na tę burzę uczuć, jaka się w niej nagle rozpętała. Logika zmagała się z irracjonalnym strachem.

Roman chwycił ją za ramiona i odsunął od siebie.

– Co się stało? Przed chwilą powiedziałaś, że nie chcesz iść ze mną do łóżka.

Wciąż czuła żar i podniecenie.

– Jestem samotna. – Właściwie czuła się taka. – Minęło dużo czasu... Tęsknię za mężczyzną w swoim łóżku.

– Naprawdę? Jakie to wygodne.

Próbowała wziąć go w ramiona i przyciągnąć do siebie, by zagłuszyć ten głos, który krzyczał, że oszalała. Nie oszalała, tylko bardziej martwiła się o Ryana niż o siebie. Chciała go za wszelką cenę chronić. Gdyby od razu podała prawdziwy adres, mogłaby zostawić Romana w samochodzie. Ale spanikowała; gdyby odkrył, że go okłamuje, zastanawiałby się dlaczego. Chciałby wiedzieć, co próbuje ukryć. A miała wiele do ukrycia. Ryan, jej ojciec, sytuacja firmy.

– Zabierz mnie do siebie – rzuciła zduszonym głosem. Miała nadzieję, że Roman przypisze to jej podnieceniu, nie strachowi.

Wciąż trzymał ją na dystans, obserwując bacznie. W końcu powiedział kierowcy, żeby jechał pod wcześniej podany adres. Caroline osunęła się na oparcie. Była coraz bardziej spięta. Kiedy taksówka w końcu stanęła, puls Caroline przyspieszył. Musiała uwolnić się od tego mężczyzny, wrócić do domu i zastanowić się nad tym, co w niej rozbudził.

– Nie najlepiej się czuję. Może mimo wszystko powinnam wrócić do domu.

Nawet na nią nie spojrzał.

– Wobec tego musisz wejść ze mną na górę, żebym mógł dać ci coś na...

– Migrenę – wypaliła bez zastanowienia.

– Przykro mi – odparł, zapłacił kierowcy i pomógł jej wysiąść, zanim zdążyła cokolwiek wymyślić.

– Będziesz musiał znowu wezwać taksówkę – zauważyła, kiedy prowadził ją w stronę wysokich oszklonych drzwi. – Naprawdę powinnam wrócić do domu. Czeka na mnie syn...

– Zabawne, że nie przyszło ci to do głowy, kiedy podjechaliśmy pod twój dom.

– Byłam... rozkojarzona.

Roman wystukał kod przy wejściu.

– Z powodu nagłego pożądania mojej osoby. To mi schlebia. – W gruncie rzeczy wydawał się znudzony. – Chodź, dam ci coś na migrenę.

Wahała się przez chwilę, ale co miałaby zrobić, gdyby nie weszła do środka? To nie był Times Square. Taksówki jeździły tu rzadziej. Musiałaby stać w wieczorowej sukience na ulicy i łapać okazję. W końcu weszła do budynku i ruszyła w milczeniu obok człowieka, którego kiedyś kochała. Wjechali prywatną windą na górę, bezpośrednio do apartamentu. Serce zabiło jej żywiej, kiedy znalazła się w męskim mieszkaniu. Za oszkloną frontową ścianą rozciągała się panorama Manhattanu. Pomieszczenie urządzono na planie otwartym: kuchnia z marmurową wyspą, jadalnia, salon, w którym się znajdowali, po prawej sypialnia. Roman zostawił ją na chwilę; usłyszała brzęk szkła. Wrócił ze szklanką wody i aspiryną. Wzięła od niego dwie tabletki i połknęła. Naprawdę bolała ją głowa, ale z powodu stresu, nie migreny.

Roman rozsunął drzwi prowadzące na taras. Po chwili wahania wyszła za nim na zewnątrz. Nocne powietrze na tej wysokości było zimne; czuła orzeźwiający wietrzyk we włosach. Otuliła się szalem.

– To twoje mieszkanie?

– Tak. Kupiłem je ponad rok temu.

– Byłeś w Nowym Jorku wcześniej?

– Oczywiście. Myślałaś, że mogłaby mnie powstrzymać twoja obecność?

– Nie, ale dziwi mnie, że dowiaduje się dopiero teraz. Prasa śledzi każdy twój krok.

Nie szukała informacji na jego temat, ale nie uszłyby jej uwagi nagłówki donoszące o przystojnym Rosjaninie i jego ostatnim podboju, jeśli chodzi o kobiety, biznes czy jakąś nieruchomość.

Wzruszył ramionami.

– Jestem dla nich interesujący, bo wziąłem się znikąd. Gdybym wrócił donikąd, porzuciliby mnie w mgnieniu oka.

Nie wierzyła, by mogło się tak stać z tym wysokim, enigmatycznym człowiekiem, przez którego tak niegdyś cierpiała.

– Nieźle ci poszło – zauważyła, próbując się trzymać bezpiecznego tematu, ale z nim nic nie było bezpieczne.

– Tak – odparł chłodno. – Wiem, że to musiał być szok, dla ciebie i twojej rodziny. Przy odrobinie ogłady nawet brudny kundel może się wydawać dobrze wychowany i wyrafinowany.

Jego słowa paliły ją do żywego. Nigdy nie uważała go za kogoś gorszego, choć pod koniec starała się mu to wmówić. Matka jednak nigdy nie zaaprobowała tego jej zauroczenia. Rodzice wściekali się na samą myśl, że ich córka nie spełni obowiązku rodzinnego, zwłaszcza że rodzice Jona naciskali na małżeństwo. Tak, spełniła ten obowiązek, ale matka nawet teraz nie chciała wspominać o Romanie, choć widziała, że jej wnuk w ogóle nie przypomina Jona Wellsa.

– To stare dzieje – powiedziała cicho. – Wolę o tym nie mówić.

Przysunął się do niej; poczuła jego ciepło. Rozum podpowiadał jej, żeby uciekać; ciało buntowało się przeciwko temu. Paraliżowały ją sprzeczne pragnienia. W przeciwieństwie do Romana. Objął ją niby odruchowo i przyciągnął do siebie. Ten dotyk wywołał falę wspomnień. Wspomnień wzajemnej bliskości, tak intensywnej, że niemal bolesnej.

– Naprawdę chcesz o wszystkim zapomnieć, Caroline? A to zapomniałaś? – Nachylił ku niej głowę, a ona zamknęła oczy.

Przez jedną krótką chwilę chciała znów tego doznać. Tego niewiarygodnego pożądania wobec mężczyzny – tego mężczyzny. Chciała się jeszcze raz poczuć jak kobieta. Przywarł do jej ust niemal brutalnie, jego język wsunął się między jej rozchylone wargi. Przytulił ją. Jego reakcja na dotyk jej ciała przyprawiła ją o westchnienie. Żądał w tym pocałunku wszystkiego, a ona uległa. Wsunął dłoń w jej włosy i odchylił jej głowę. Chwyciła go za szyję i przylgnęła do niego.

Cofnęła się w czasie do innej chwili, innego pocałunku. Kiedy pocałował ją po raz pierwszy, stali na tarasie takim jak ten – tyle że nie należał do niego. To był jej rodzinny apartament przy Piątej Alei. Rodzice wydawali akurat koktajl party. Roman, jako najważniejszy podwładny jej ojca, też został zaproszony. Nie należał do śmietanki towarzyskiej, ale prezentował się znakomicie w smokingu, jakby stworzony do takich okazji.

Nigdy nie wątpiła w jego zdolności adaptacyjne i flirtowała z nim od kilku tygodni. Nigdy nie ominęła wydziału, w którym pracował, ilekroć szła do zarządu firmy. Tamtego wieczoru jednak zobaczyła Romana Kazarowa od zupełnie innej strony. Był oszałamiający i doskonale opanowany. Patrząc na niego, zrozumiała, że mu nie dorównuje. To ona nie była dość wyrafinowana dla niego. Kiedy znaleźli się sami na tarasie, przystąpiła do ataku. Ku jej zaskoczeniu przyjął to, co mu dała, i zażądał więcej. Ich romans był gorący, namiętny i trochę szalony. Ale ileż dawał jej radości!

Teraz przywarła do niego całym ciałem, świadoma jego podniecenia. Zaczęła się zastanawiać – co by szkodziło spędzić z nim jeszcze jedną noc? Upłynęło tyle czasu, a ona czuła się taka samotna.

Roman oderwał się od niej. Odsunął ją na odległość ramion i popatrzył na nią. Nigdy jeszcze nie miał tak rozpalonych oczu. Była zmieszana i jednocześnie zalękniona.

– O co tu chodzi, Caroline? – spytał twardo. – Co próbujesz ukryć?

ROZDZIAŁ TRZECI

Czy dziedziczka Sullivanów to ostatni podbój Kazarowa?

Cofnęła się, słysząc chłód w jego głosie. Chwilę wcześniej całował ją, jakby nic złego między nimi nigdy nie zaszło. A teraz znów jej nienawidził.

– Nie mam pojęcia, o czym mówisz – odparła zimno. Postanowiła, że pomimo tego śmiertelnie groźnego powabu, jaki roztaczał, nie podda się. Wygra tę bitwę. Tylko o to jej chodziło. O zwycięstwo.

Dzięki Bogu, że ją pocałował. Wiedziała teraz, że potrafi nad sobą zapanować. Puścił ją i przesunął dłonią po włosach. Uświadomiła sobie, że jest jej zimno, i podniosła szal, który upuściła, kiedy znalazła się w ramionach Romana.

– Podałaś fałszywy adres – powiedział.

Zamarło w niej serce. Zorientował się.

– Tak, przyznaję. Ale skąd wiedziałeś?

– To normalne, że wiem wszystko o ludziach, których firmy zamierzam przejąć. – Powiedział to bez cienia ironii, jakby nie było nic niezwykłego w fakcie, że po tak długim czasie wie, gdzie ona mieszka. I bez słowa pozwalał jej się oszukiwać.

Ogarnęła ją wściekłość. I niepokój.

– Mogłeś coś powiedzieć. Nie brnęłabym w kłamstwo.

– I stracić tak uroczą okazję? Chyba nie. Powiedz mi tylko, dlaczego to zrobiłaś.

Ryan leżał już w łóżku. Nie wybiegłby z domu. Po prostu spanikowała. Idiotka. Potrzebowała czasu, żeby pomyśleć. Nie wychodziło jej to ostatnimi czasy. Była zestresowana i przemęczona. Czekała ją kolejna spłata pożyczki. Wiedziała, że powinna być w domu i popracować nad planami biznesowymi przed wizytą w banku, zamiast toczyć pojedynek z tym bezwzględnym człowiekiem. Roman obserwował ją z zaciekawieniem. Nie łudziła się, że ten człowiek nie stanowi zagrożenia. Był jak tygrys gotów do skoku. Jedna chwila nieuwagi z jej strony i pożarłby ją bez wahania.

– Kłamałam, bo byłam zła. Nie chciałam, żebyś odwoził mnie do domu. Przyznaję, zaskoczył mnie twój widok. A potem wsiadłeś bez zaproszenia do taksówki.

– To nie wyjaśnia tego, co się potem stało.

Czuła, jak się czerwieni. Nie, to nie wyjaśniało paniki, pod której wpływem próbowała zwieść go obietnicą seksu. Wzruszyła ramionami. Niech sobie myśli, co chce.

– Nie po raz pierwszy tak się wobec ciebie zachowałam. Może powróciły wspomnienia.

– Oczywiście, to wszystko wyjaśnia – zauważył ironicznie.

– Chyba powinnam wracać do domu – powiedziała wyniośle. – Najwidoczniej popełniłam błąd.

Wciąż się jej przyglądał.

– Tak, powinnaś już iść. – Wszedł do pokoju i podał jej torebkę.

Chwyciła ją kurczowo, zmagając się z zakłopotaniem i jednocześnie z furią. Kiedyś nie potrafił utrzymać rąk z daleka, gdy byli razem. Była dumna, że potrafi rozpalić tego mężczyznę. A teraz się jej pozbywał. Chciała tego, oczywiście, ale raniło to jej poczucie godności. Umiał już się jej oprzeć.

Jakby na potwierdzenie, Roman przesunął po niej leniwym spojrzeniem, by po chwili znowu zatrzymać wzrok na jej twarzy.

– Dochodzę do wniosku, że choć wciąż mnie podniecasz, nie zamierzam iść z tobą do łóżka.

– Cóż za ulga – odwarknęła, choć jego słowa ją dotknęły. – Nie jestem na tyle głupia, by sądzić, że zmienisz plany co do mojej firmy, ale cieszę się, że nie uwzględniasz mnie już w tym interesie.

Wybuchnął śmiechem.

– Och, wciąż mam wobec ciebie pewne plany. Tyle że nie na dzisiejszy wieczór.

Stał na tarasie ze szklaneczką whisky i patrzył na światła Manhattanu. Gdzieś tam, daleko, Caroline jechała do swojego domu w Greenwich Village; znów była idealnie uczesana, umalowana i opanowana. Nic nie wytrącało jej na długo z równowagi. Przekonał się o tym już pięć lat temu. W jego ramionach, w jego łóżku, gdy ich ciała splatały się ze sobą, należała bez reszty do niego.

Kiedy odprowadzał ją do taksówki – nie mogła zostawać na noc, by nie wzbudzać podejrzeń rodziców – zostawiała go i zapominała o nim całkowicie aż do następnego razu. Nie mógł potem zasnąć i myślał o niej. Zastanawiał się, co zrobić, żeby pozostała z nim na zawsze. Doszedł do wniosku, że był głupcem. Ich romans trwał krótko, kilka tygodni, ale jego koniec był dla niego bolesny. Ale nie dla niej. Miał dość czasu, żeby się zastanowić nad tym, dlaczego postąpił tak sprzecznie ze swoją naturą. W końcu uświadomił sobie żałosną prawdę: Caroline uosabiała dlań coś nieosiągalnego. On, Roman Kazarow, syn brutalnego potwora i łagodnej kobiety, która zbyt późno zrozumiała swój błąd, dostał najwyższą nagrodę pod postacią tej amerykańskiej dziewczyny. Zakochał się w niej, bo uwierzył, że nie można go osądzać po tym, skąd pochodzi. A kiedy jej zaufał, zostawiła go na lodzie. Sprawiła, że zapomniał, co jest w jego życiu najważniejsze, przestał dostrzegać powód, dla którego przyjechał do Ameryki. Jego matka spędziła swoje ostatnie miesiące nie w luksusowym ośrodku, za który płacił, kiedy jeszcze pracował dla Sullivanów, tylko w zaniedbanym dwupokojowym mieszkaniu, gdzie wraz z braćmi starał się nią opiekować. Nie winił za to Caroline; winił siebie. Przejęcie firmy Sullivanów nie mogło przywrócić życia jego matce, ale i tak zamierzał tego dokonać. Traktował to jako przestrogę, by nigdy nie pozwalać, by coś stawało na drodze do celu – coś albo ktoś.

Pomyślał o tym, jak się całowali tego wieczoru, i poczuł dreszcz podniecenia. Pragnął jej. Postanowił jednak, że to on będzie decydował gdzie i kiedy, nie ona. I wiedział, że nie stanie się to w jego domu, tak jak wcześniej. Przychodziła do niego, a potem zostawiała go w łóżku, co jeszcze dobitniej podkreślało różnice między nimi. Był najemnikiem, biednym suplikantem w jednopokojowym mieszkaniu, a ona spadkobierczynią, która pojawiała się chwilami w jego życiu. Zaspokajała głód przyjemności i wracała do przepychu. I odpowiedniego narzeczonego, jak się zbyt późno dowiedział. Znał Jona Wellsa, choć niezbyt dobrze. Był to spokojny człowiek, może nawet trochę nieśmiały. Za słaby jak na ognistą Caroline. W pierwszej chwili pomyślał, że Caroline żartuje. Tyle że ani razu się nie roześmiała.

„Wychodzę za Jona Wellsa".

„Ale przecież kochasz mnie" – powiedział ze ściśniętym sercem.

„Było dobrze, Romanie, ale nie kocham cię. Nigdy nie kochałam".

Wciąż widział jej twarz, tak wyniosłą; wciąż słyszał słowa padające z jej trucicielskich ust.

Opróżnił szklankę i wszedł do pokoju, potem wziął dossier firmy Sullivanów i otworzył na stronie poświęconej Caroline. Było tam zdjęcie i krótka informacja na jej temat; podstawowe dane, adres. Było także zdjęcie jej syna, Ryana Wellsa. Spojrzał na nie niechętnie.

Nie lubił wpatrywać się w twarz dziecka, które miała z innym mężczyzną. Chłopiec był blondynem, jak Caroline, oczy miał niebieskie. Jeszcze raz rzucił okiem na informacje. Cztery lata.

Za każdym razem był poruszony.

Odłożył zdjęcia i zaczął czytać o problemach firmy dotyczących pożyczek. Zbytnio się zadłużali, by pokryć straty. Bez przypływu większej gotówki firma byłaby zmuszona wyzbyć się majątku w celu spłaty zobowiązań.

Powinien dać sobie spokój. Nie mógł jednak. Pragnął wszystkiego, co posiadali. Ale najbardziej w świecie chciał zobaczyć ich arystokratyczne twarze, kiedy już wszystko przejmie. Zniszczy firmę Sullivanów. Nic nie mogło go powstrzymać.

Potrzebowali tylko trochę czasu. Caroline wierzyła, że sobie poradzi. Siedziała w sali konferencyjnej z szefem działu finansowego i czekała na przedstawicieli Crawford International Bank. Zjawiła się wcześnie rano i teraz tłumiła ziewanie. Nie spała zbyt dobrze. Wciąż myślała o tamtym pocałunku. O każdej chwili w samochodzie i w jego mieszkaniu. Jego widok sprawiał jej ból. Przypominał jej wszystko, co straciła. I wszystko, co zyskała dzięki ich romansowi sprzed pięciu lat. Jon zawsze jej powtarzał, że wszystko będzie wyglądało lepiej, kiedy się z tym prześpią. Z początku w to wierzył, ona też, kiedy wciąż mieli nadzieję, że chemioterapia pomoże. W końcu musiała przyznać, że wraz z nadejściem ranka nie znikają wątpliwości ani ból. Nigdy mu nie powiedziała, że przestała wierzyć, ale podejrzewała, że on tak. Otarła łzę. Nie mogła pozwolić sobie na płacz. Musiała przekonać bankierów, że firma spłaci pożyczki. A potem dotrzymać słowa.

Czekała zaniepokojona; wyznaczona godzina minęła i nikt się nie zjawił.

Pół godziny później zadzwonił telefon.

– Chce z panią rozmawiać niejaki pan Kazarow – poinformowała sekretarka. – Mam go połączyć?

Nie! – chciała krzyknąć Caroline. Nigdy! Wiedziała jednak, że musi odebrać. Przeprosiła Roba, szefa finansowego, i powiedziała sekretarce, żeby połączyła rozmówcę. Była gotowa na bitwę; nie zamierzała się łatwo poddawać.

– Dzień dobry, Caroline – usłyszała aksamitny, podniecający głos i poczuła dreszcz na plecach. – Mam nadzieję, że spałaś dobrze.

– Doskonale, dziękuję – odparła z pozoru chłodno. – A ty?

– Jak niemowlę – zapewnił wesoło.

– Rozumiem, że dzwonisz nie bez powodu – zauważyła poirytowana. – A może chcesz mi zaproponować randkę?

Wybuchnął śmiechem, a jej zrobiło się gorąco, choć nie była tym zachwycona. Kiedyś jego głos w telefonie wywoływał w niej nieczyste pragnienia. Mogła rozmawiać z nim godzinami.

– Taka niecierpliwa. To był zawsze twój problem. Nie słyszałaś, że wszystko, co dobre, spotyka tych, którzy czekają?

– Ograniczasz się do banałów? Jesteś zbyt leniwy, żeby zdobyć się na kreatywność?

– Mam bardzo kreatywny umysł – zamruczał do słuchawki.

Od razu poczuła przypływ pożądania; była zła na siebie.

– Zabawne, ale przejdź do rzeczy. Mam za pięć minut ważne spotkanie.

– Nie masz. Jeśli czekasz na ludzi z banku, oczywiście.

Tym razem ogarnął ją strach. Nie musiała pytać, w jaki sposób Roman dowiedział się o spotkaniu.

– Przypuszczam, że chcesz mi coś powiedzieć – przeszła od razu do rzeczy. – Mam ogolić głowę przed spotkaniem z katowskim mieczem? Czy też szykujesz mi powolniejszą śmierć?

– Jakże dramatyczny ton, Caroline. Ale na tym między innymi polega twój urok.

Zacisnęła zęby.

– A twój na bezwzględności – zauważyła z jadowitą słodyczą.

– I ty mówisz o bezwzględności? Interesujące.

Bawiła się swoim długopisem.

– Tak? Od dwóch lat podróżujesz po świecie, przejmując firmy, i wciąż nie jesteś zadowolony. Nazwałabym to bezwzględnością.

– Nie jest to jednak tak bezwzględne jak podeptanie serca mężczyzny – oznajmił sucho. W jego głosie nie było nawet odrobiny ciepła czy zimna.

Caroline zadrżała bezwiednie.

– Jakbyś ty nigdy nie złamał kobiecego serca. To twoja druga natura.

– Pobierałem nauki u najlepszych.

Zamknęła oczy, starając się zachować spokój. Próbował wyprowadzić ją z równowagi i nieźle mu się to udawało. Była zaniepokojona od chwili, gdy zobaczyła go na przyjęciu. Strach, stres, gniew, żal – wszystko to kłębiło się w niej teraz.

– Powiedz mi, czego chcesz, Romanie. Dlaczego dzwonisz i skąd wiesz, że moje spotkanie zostało odwołane?

– Bo sam to zrobiłem.

Zamarła.

– Jak ci się to udało? – spytała, obawiając się, że zna odpowiedź.

– Nie musisz już rozmawiać z bankiem o swoich pożyczkach.

– Kupiłeś je – zauważyła bezbarwnym głosem.

Wiedziała, że taka możliwość istnieje, ale jej rodzina współpracowała z Crawford International Bank od lat. Nie miała powodu podejrzewać, że Leland Crawford, który grywał z jej ojcem w golfa, mógłby po cichu sprzedać komuś jej długi. Zapewniał ją ostatnim razem, że może na niego liczyć. Oczywiście, nie był zadowolony z powodu nagłej „emerytury" jej ojca, ale nie znał powodów. Nikt ich nie znał prócz Caroline, jej matki i członków zarządu. Chciała, by tak pozostało. Ojciec cierpiał na okrutną chorobę, która pozbawiała go pamięci i życia. Zarząd wspierał jej przywództwo. To, że Leland sprzedał pożyczki, wprawiło ją w osłupienie.

No cóż, stało się. Poważna przeszkoda, ale nie koniec świata.

– Skupiłeś pożyczki, ale nie kupiłeś firmy – oznajmiła twardo. – Nic nie jest przesądzone.

Roman znów się roześmiał.

– Na razie.

– Będziemy walczyć. Obiecuję.

– Doskonale. Walcz ze mną. Lubię wyzwania.

– Naprawdę? Myślałam, że wolisz zmiażdżyć ofiarę od razu.

– Och, to też lubię. Ale tylko wtedy, gdy uważam to za konieczne.

Jakim cudem udało mu się powiedzieć to tak namiętnie?

– Muszę kończyć – powiedziała. – Mam mnóstwo pracy.

– Zgadza się. A kiedy już skończysz, zjesz ze mną kolację.

– Chyba nie. – Caroline czuła narastający gniew. – Kupiłeś pożyczki. Nie mnie.

– Zastanów się przez chwilę, Caroline – rzucił twardo. – Twoją linię kredytową u dostawców można bez trudu odciąć. Jeśli do tego dojdzie, staniesz się niewypłacalna. A wtedy przejmę wszystko. Nie chcesz tego, prawda?

– Posunąłbyś się tak daleko? – spytała z goryczą w głosie.

– Znasz już chyba odpowiedź na to pytanie.

Sekundę później odłożył słuchawkę.

ROZDZIAŁ CZWARTY

Sekretna schadzka? Dziedziczka Sullivanów odwiedza hotel.

Blake Miller patrzył na nią z troską, kiedy szukała odpowiednich kolczyków do różowej obcisłej sukienki.

– Zamierzasz mu powiedzieć? – spytał.

Caroline wyjęła z szuflady perłowe kolczyki. Była wściekła. Po rozmowie z Romanem musiała się przebrać i ćwiczyć godzinę na siłowni, żeby się uspokoić. Nie bardzo pomogło. Była wyczerpana, ale złość jej nie minęła. Nie zamierzała tańczyć tak, jak Roman Kazarow jej zagra, ale uświadomiła sobie, że przyparł ją do muru. Nie mogła pozwolić, by odciął ją od dostawców. Zgodziła się na kolację, ale nie musiało to oznaczać, że się z tego powodu cieszy.

– O czym?

Blake zmarszczył czoło.

– O Ryanie.

Spojrzała raptownie na drzwi, ale jej syna tam nie było; odetchnęła z ulgą.

– Ogląda kreskówkę – wyjaśnił Blake.

Popatrzyła na swoje odbicie w lustrze. Miała podkrążone oczy i zbyt wystające kości policzkowe. Wiedziała, że powinna mniej pracować i jadać regularniej, ale była ostatnio koszmarnie zestresowana.

– Nie odpowiedziałaś na moje pytanie, Caroline. – Patrzył na nią z troską.

– Wiem. – Ujęła jego dłonie. – Kocham cię, Blake. Byłeś dla Jona prawdziwym szczęściem. Dziękuję Bogu, że tu jesteś. Nie wiem, jak poradziłabym sobie z opieką nad Ryanem.

Blake wzruszył ramionami, potem się uśmiechnął.

– Ja też kocham was oboje. Gdyby nie wy, chyba bym oszalał po śmierci Jona. – Ścisnął jej dłonie. – Chciał, żebyś była szczęśliwa, Caroline. Martwił się o ciebie.

– Wiem.

– Żałował, że nie okazał się silniejszy, kiedy twoi rodzice nalegali na małżeństwo.

– To nie była jego wina. Znalazł się w pułapce tak jak ja.

Zawsze podejrzewała, że Jon jest gejem, ale nie miała pewności, dopóki jej nie powiedział. Zrobił to, kiedy wyznała, że jest w ciąży z innym mężczyzną. Tylko oni znali prawdę. Często rozmawiali o tym, co należy zrobić, ale wiedzieli, że nie postąpiliby inaczej. Rodzice Jona byli skrajnie konserwatywni i wydziedziczyliby go, gdyby się przyznał do swojej orientacji seksualnej. Zainwestowali w firmę Sullivanów i kupili jednocześnie żonę. Kiedy się ożenił, a dziecko było w drodze, uznali, że wszystko jest w porządku.

Nie można jednak przekupić raka.

– Oboje zrobiliśmy to, co konieczne – odetchnęła. – I odpowiadając na twoje pytanie... Jon jest ojcem Ryana. Nie byłoby dobrze, gdyby się dowiedział, że ma innego tatę.

– Był taki mały, kiedy Jon zmarł. Ledwie go pamięta. Ludzie często decydują się na ponowny związek po śmierci współmałżonka. Dzieci mają nowych rodziców. Jestem pewien, że ten człowiek zaopiekowałby się Ryanem do chwili, aż chłopak byłby dostatecznie duży, by poznać prawdę.

Serce ścisnęło jej się na myśl, że miałaby po tak długim czasie powiedzieć Romanowi o jego synu. „Hej, Romanie, jeśli chodzi o tę ostatnią noc, jaką spędziliśmy, zanim ci powiedziałam, że już cię nie chcę...". Nim się zorientowała, że jest w ciąży, Roman zniknął z jej życia, jakby nigdy nie istniał. Nie zostawił żadnego adresu. Nie miała pojęcia, co się z nim dzieje. Dowiedziała się dopiero przed dwoma laty. A wtedy było już za późno, by odgrzebywać przeszłość. Byli rodziną, ona, Jon i Ryan, a Roman przebierał w kobietach i firmach jak w ulęgałkach.

– Nie wyjdę za Romana Kazarowa, Blake. Cokolwiek nas łączyło, jest od dawna martwe. Pogardza mną. Ja też nie darzę go sympatią.

– Nie sądzisz, że ma prawo wiedzieć o swoim dziecku?

Caroline wzięła szal.

– Jest na to chyba za późno. Nie wydaje mi się, by przyjął to dobrze po tak długim czasie. A gdyby spróbował mi zabrać Ryana? – Poczuła nagle strach. – Nie mogę ryzykować, Blake.

– Wiem, kochanie. Chciałbym tylko, żeby wszystko się ułożyło.

– To raczej niemożliwe – odparła ze smutkiem. – Odszedł, zanim się dowiedziałam, że jestem w ciąży. A potem poślubiłam Jona. Cokolwiek między nami było, należy do przeszłości.

Po kilku minutach podjechał samochód wysłany przez Romana. Caroline pocałowała Ryana na dobranoc, powiedziała, żeby słuchał wujka Blake'a, i wsiadła do wozu. Nie ruszyli w stronę dzielnicy finansów, tylko Central Parku, i w końcu zatrzymali się przed ekskluzywnym hotelem. Caroline sądziła, że Roman będzie czekał w restauracji, ale została skierowana do windy, która po chwili zatrzymała się przy wejściu do luksusowego apartamentu. Słychać było cichą muzykę, obok kominka stał zastawiony stół. Pokojówka wzięła od niej szal.

Roman siedział przy biurku i rozmawiał przez telefon po rosyjsku. Nie wydawał się zestresowany. Wręcz przeciwnie, śmiał się, a ona go za to niemal nienawidziła. Sprawiał wrażenie zadowolonego z siebie i opanowanego. Zawsze taki był, ale zmieniał się, ilekroć wchodziła do jego pokoju, a po krótkiej chwili całkowicie tracił nad sobą kontrolę. Caroline zadrżała na to wspomnienie: gorąca skóra, zimna pościel i doskonałość jego seksu. Nie chciała o tym myśleć. Wzięła kieliszek szampana, który ktoś jej podał, i odwróciła się od mężczyzny za biurkiem. Widziała w nim syna i to ją niepokoiło. Poprzedniego wieczoru była tak poruszona widokiem Romana, że nie zwracała na to uwagi. Teraz wystarczyło kilka sekund, by dostrzec podobieństwo. Kształt nosa, niebieskie oczy, niesforny kosmyk włosów opadający na czoło. Zdawało jej się, że ma w piersi ołów. Nigdy nie przypuszczała, że zobaczy kiedykolwiek Romana po tym, jak odszedł przed pięcioma laty, i oto był tu teraz. Co jednak mogła zrobić? Wyznać wszystko i narazić własne dziecko na coś takiego? Czy Roman próbowałby zabrać jej Ryana? A może wyrzekłby się syna? Dziwne, ale to drugie wydawało się znacznie gorsze niż to pierwsze.

Roman skończył rozmawiać i wstał. Marynarka była przewieszona przez poręcz krzesła, na niej leżał krawat.

– Cieszę się, że przyjechałaś – oznajmił na powitanie.

– Chyba nie dałeś mi wyboru – odparła – więc jestem.

Przesunął po niej wzrokiem.

– Tak, jesteś.

Jego spojrzenie przypominało pieszczotę; napiła się szampana, żeby pokryć zmieszanie.

– Robisz akurat porządki w swoim mieszkaniu? – spytała, rozglądając się po apartamencie z chłodną pogardą.

Roman wybuchnął śmiechem.

– Nie. – Wziął kieliszek szampana. – Nie przyjmuję kobiet u siebie, co muszę z przykrością stwierdzić.

– Fascynujące – odparła znudzonym tonem, choć jej skóra płonęła. Miała tylko nadzieję, że na jej czole nie widać potu.

– Tak, i to wszystko przez ciebie.

Niemal się zachłysnęła szampanem.

– Przeze mnie?

Odwrócił się i dał znak jednemu ze służących. Wszyscy zniknęli za drzwiami, zostawiając ich samych. Odwrócił się i spojrzał na nią; w jego wzroku był jednocześnie żar i chłód – i nienawiść. Caroline oblizała nerwowo wargi.

– Wolę ostatnio nie załatwiać pewnych spraw w domu – oświadczył. – Jej łóżko, jej mieszkanie. Albo hotel. Ty mnie tego nauczyłaś.

Przypomniała sobie, jak kochali się w jego łóżku, a potem wracała do domu. Bała się reakcji rodziców. Nie chciała spędzać u niego nocy, co go irytowało. Ale nie było wyjścia.

– Dobrze, że się na coś przydałam. – Co innego mogła powiedzieć?

– I jeszcze możesz się przydać.

– Nie będę twoją kochanką – powiedziała twardo.

– Naprawdę? Jeśli mnie pamięć nie myli, wczoraj błagałaś mnie, żebym wziął cię do łóżka.

Tak, błagała go. I choć początkowo była to tylko gra, potem, kiedy pocałował ją na tarasie, niemal była gotowa ulec.

– Błąd – powiedziała. – Już go nie popełnię.

– To jest o wiele ciekawsze, niż przypuszczałem – wyznał i ujął ją za ramię.

Cała jej uwaga skupiła się na tym jednym miejscu, w którym jej dotykał. Pragnęła ponad wszystko tego, czego nie miała od pięciu długich lat. Jak mogła tak myśleć, skoro stanowił dla niej zagrożenie? Skoro była na niego wściekła? Uwolniła rękę, a on się uśmiechnął i wskazał stół.

– Proszę wobec tego.

Podsunął jej krzesło, potem usiadł naprzeciwko. Kelnerzy, którzy wyrośli jak spod ziemi, podali kolację i znów zniknęli. Na stole pojawiło się czerwone wino, jagnięcina, młode ziemniaczki w śmietanie i maśle i kabaczek z rusztu.

– Jedz, Caroline.

Miała ściśnięty żołądek i bała się, że niczego nie przełknie, ale po pierwszym kęsie prawie westchnęła z zadowolenia. Ostatnio jadała wyłącznie w biegu – sałatki, kanapki, czasem kawałek pizzy. Ten posiłek wydawał jej się niebiański, czy raczej byłby taki, gdyby po drugiej stronie siedział ktoś inny. Zauważyła, że się jej przygląda. Odpowiedziała mu gniewnym spojrzeniem.

– Nie będziemy na razie omawiać interesów – oznajmił z uśmiechem. – Ciesz się smakiem.

– W porządku. – Skrzyżowała ramiona. – Po co marnować czas? Im prędzej to załatwimy, tym prędzej sobie pójdę.

Napił się wina.

– Wygląda, jakbyś od miesięcy zajmowała się wyłącznie biznesem. Jedzenie to przyjemność, Caroline. Należy się nim rozkoszować. Interesy zaczekają.

Skupił uwagę na swoim talerzu. Czekała, aż powie coś więcej, ale milczał, więc znów wzięła do ręki widelec i skosztowała jagnięciny; mięso smakowało wspaniale. Tak, jedzenie było przyjemnością. Jon umiał doskonale gotować, nie potrzebowali kucharza, dopóki jej mąż nie zachorował. Teraz odżywiała się w pośpiechu i nie mogła sobie przypomnieć, kiedy ostatnim razem jadła coś dla samej przyjemności. Wolne chwile spędzała z synem.

– Nie rozumiem, jak udało ci się stworzyć imperium, jeśli masz czas na trzy posiłki dziennie. – W jej głosie był sarkazm, raczej zazdrość.

– Nie zapominaj o seksie – przypomniał.

Poczuła tępy ból na myśl o Romanie i innych kobietach. Śmieszne. Przecież każdy tabloid pisał o jego romansach z modelkami, aktorkami, królowymi piękności i dziedziczkami fortun.

– Jesteś człowiekiem rozlicznych talentów. – Podniosła kieliszek. – Oddaję ci honor.

Patrzył, jak pije wino.

– Poprawia ci to samopoczucie? – spytał.

– Co? Wino?

– Nie. Bunt.

– Nie wiem, o czym mówisz. Bunt? Przeciwko komu? – roześmiała się. – Jesteś dla mnie nikim, Romanie. Dlaczego miałabym buntować się przeciwko tobie? To dla mnie wręcz obraźliwe. Nie potrzebuję twojego pozwolenia, żeby być tym, kim jestem.

– Jak Jon Wells potrafił sobie z tobą poradzić? – mruknął.

Poczuła w sercu lód.

– Nie wspominaj o Jonie – powiedziała twardym tonem. – On nie ma z tym nic wspólnego.

W jego wzroku pojawił się błysk.

– Kochałaś go.

– Oczywiście, że go kochałam! Przecież wyszłam za niego. – Nie miała pojęcia, dlaczego to powiedziała.

Ogień w jego oczach przygasł, by po chwili znów się rozpalić, podsycany gniewem i odrazą. Czy tak chciała postępować z człowiekiem, który skupił jej długi? Czy należało go zrażać, kiedy sam miał tyle powodów, żeby nią pogardzać?

– Dlaczego tu siedzimy, udając, że zachowujemy się w cywilizowany sposób?

Roman spojrzał na nią zimno.

– Czy ci się to podoba, czy nie, moja droga, przejąłem twoje długi.

– W jaki sposób zmusiłeś Lelanda, żeby ci je sprzedał? Brudna sztuczka?

– Jesteś koszmarnie nieostrożna.

– Nie lubię być kontrolowana.

Wybuchnął śmiechem, w którym pobrzmiewał groźny ton.

– Tak byś się zachowywała podczas rozmowy z Lelandem Crawfordem czy innym bankierem? Oskarżałabyś go o oszustwa albo traktowała z otwartą wrogością?

– Leland nie pytałby mnie o relacje z mężem – odcięła się. – Nie sugerowałby też, że powinnam się z nim przespać, żeby ocalić firmę.

W oczach Romana pojawił się groźny błysk.

– Nigdy nie sugerowałem, że jeśli się ze mną prześpisz, to ocalisz swoje cenne sklepy. Powiedziałem, że je chcę. I ciebie. To nie to samo, prawda?

ROZDZIAŁ PIĄTY

Gdzie jest Frank Sullivan? Wszystko się wali, a on zniknął.

Otworzyła szeroko te swoje ładne oczy, ale czym prędzej przysłoniła je rzęsami, by nie mógł odkryć jej myśli. Och, wiedział, że jest zła. I bardzo się z tego cieszył. Kiedy całował ją poprzedniego wieczoru, nie potrafił zapomnieć o tym, co było kiedyś, o tych nocach, gdy płonęła w jego ramionach. Może starała się udawać teraz lodowatą, ale wiedział, co kryje się pod tą chłodną powłoką. Żar i ogień. To, że tak o niej myśli, wzbudzało w nim gniew, zwłaszcza po tym, ile go kosztowała, ale może chodziło o to, by sprawiedliwości stało się zadość. Tym razem to on miał brać – i odejść bez szwanku.

– Mam syna – powiedziała. – I choć ta nasza gra sprawia mi mnóstwo frajdy, muszę myśleć przede wszystkim o nim. Nie zamierzam być twoją kochanką. Za żadną cenę.

– Czyżby? – Podobała mu się jej zawziętość.

– Gdybyś był przyzwoitym człowiekiem, nawet by ci to do głowy nie przyszło.

– Nigdy nie twierdziłem, że jestem przyzwoity, Caroline. – Popatrzył na nią przenikliwie. – Ale w przeciwieństwie do ciebie jestem szczery.

Spuściła na chwilę wzrok.

– Nie mogę zmienić twojej opinii o mnie.

– Byłoby to bezowocne – zauważył lodowato. – Zwłaszcza że i teraz nie jesteś szczera.

Wyglądała tak, jakby wymierzył jej policzek. Bawiła się przez chwilę perłowym naszyjnikiem, nie zdając sobie z tego sprawy.

– Nie wiem, o czym mówisz – powiedziała wyniośle.

– Bez względu na kłamstwa, którymi się karmisz, pragnęłaś mnie wczoraj w nocy. Gdybym tego nie powstrzymał, błagałabyś mnie, żebym się z tobą kochał.

Czyżby dojrzał w jej oczach ulgę? Winę?

– Jesteś zbyt zarozumiały, Romanie. Miałam chwilę słabości, ale do niczego by to nie doprowadziło.

– Sprawdzimy to jeszcze raz? – warknął. Nie po raz pierwszy miał wrażenie, że Caroline coś ukrywa.

– Traktowałbyś tak każdą osobę zaproszoną na kolację? – spytała z zawziętością. – Każdą byś zmuszał do uległości czy też jestem wyjątkiem?

Zapomniał już, jak potrafi być namiętna, gdy rozpala ją gniew.

– Nigdy nie powiedziałem, że zamierzam cię zmuszać do uległości.

– Nie?

Napił się wina, rozkoszując się jego smakiem. Lubił pozwalać sobie na wszystko, na co było go stać. Dorastał w skrajnym ubóstwie i widział, jak rodzice kłócą się o wszystko. Musiał kraść wraz z braćmi jedzenie i ubranie, a dla rozrywki bił się z innymi dzieciakami. Nie dostawał niczego na srebrnej tacy jak ona. Nigdy nie pogardzał nią z tego powodu. Pogardzał za to, że z jej powodu znów poczuł się jak syn bydlaka, który z trudem potrafił przeliterować własne nazwisko. Kiedy stracił wizę, stracił wszystko. I zawiódł matkę, tak jak robił to ojciec, ilekroć przepijał wypłatę. Zawsze brakowało jedzenia i pieniędzy na rachunki, ona jednak harowała, by jej synowie mieli to, czego potrzebowali. Pomyślał o tym, jak umierała w obskurnym mieszkaniu, do którego musiał ją przenieść; miał wrażenie, że coś w nim pęka.

– Opacznie to pojmujesz, Caroline – zauważył beznamiętnie, tłumiąc emocje. – Pragnę cię, to prawda. Ale to ty do mnie przyjdziesz. I nie zaprzeczysz namiętności, która wciąż nas łączy.

– Jesteś arogancki. Nie wskoczę ci do łóżka tylko dlatego, że istniejesz.

– Tak się jednak stanie.

Bo pragnęła go wbrew sobie. Wiedział o tym od minionej nocy, kiedy jej dotknął. Kiedy się całowali na tarasie. Pocałunek kobiety pragnącej.

– Czeka mnie niezła zabawa. Ponieważ nigdy nie zrobię tego, czego oczekujesz. Tym razem postawiłeś na złego konia.

Znów się napił, świadomy, że ją to złości.

– Zobaczymy...

Wiedział, że Caroline stara się nad sobą zapanować. Kiedy na niego spojrzała, dostrzegł w jej twarzy determinację. Podniosła kieliszek i łyknęła wina.

– Planujemy pewne posunięcia w tym kwartale i dokonamy następnej spłaty w terminie, zapewniam cię.

– A co myśli twój ojciec?

– Ojciec jest na emeryturze. Firma go nie interesuje.

Roman jej nie uwierzył. Frank Sullivan nie był człowiekiem, który wycofałby się na tyły. Potrafił działać bezwzględnie, kiedy już się na coś zdecydował.

– Jestem pewien, że potrafi służyć radą.

– Prowadzisz interesy ze mną – odparła zdecydowanie. – Stoję na czele firmy. Ojciec korzysta z uroków emerytury.

– A co powie, jeśli firma nie wywiąże się ze zobowiązań?

– Nie dojdzie do tego.

Wzruszył ramionami.

– Przeanalizowałem sytuację bardzo dokładnie. Włożyłem w to sporo pieniędzy.

– To po co ryzykowałeś? – spytała. – Po co skupowałeś nasze pożyczki, skoro nie dokonamy spłaty? Będzie cię to mnóstwo kosztowało.

Roman uwielbiał takie chwile. Kiedy pokazywał przeciwnikowi jego słabość.

– Mam dużo pieniędzy. Mogę trochę stracić, żeby dopiąć swego. Poza tym, kiedy okażecie się niewypłacalni, odzyskam pieniądze. Chcesz wiedzieć jak?

– Ma to jakieś znaczenie? – spytała zaczepnie. – Nie zamierzam uciekać. Śmiało, powiedz.

Podniósł kieliszek i zaczął nim poruszać delikatnie.

– Zamierzam sprzedać twoją firmę. Kawałek po kawałku.

Próbowała ukryć zmieszanie.

– I jak zamierzasz tego dokonać? Niewiele firm jest zainteresowanych kupnem domów towarowych.

– Bo sama tego próbowałaś? Oczywiście, nie zaprzeczaj. Te mniej dochodowe sklepy, ma się rozumieć. I nikt ich nie chciał. Ale nie szukałaś we właściwych miejscach ani nie brałaś pod uwagę, ile przyniosłyby budynki i wyposażenie, gdybyś miała wszystko zlikwidować.

– Zlikwidować? Sprzedać aktywa? – Miała wrażenie, że ciepło kominka pali jej skórę. – To będzie strata, biorąc pod uwagę sytuację na rynku nieruchomości.

– Może. A może nie. Tak czy owak, zarobię coś na końcu.

– I to się tylko liczy, prawda?

– Oczywiście. Co innego może się liczyć?

– Tradycja – oznajmiła cicho. – Rodzina.

– Sentymenty ci nie pomogą. Musisz być twarda, gotowa zrobić wszystko, co jest konieczne.

– Tak jak ty?

– Nie oszukuj się. Wszyscy jesteśmy bezwzględni, kiedy chodzi o przetrwanie. Nawet ty.

– Mam syna. Któregoś dnia przejmie firmę. Zamierzam do tego doprowadzić.

– Zatem będziesz musiała wykazać się wyjątkową bezwzględnością.

– Chyba tak. – Zabrzmiało to jak wyzwanie.

Roman poczuł dreszcz emocji. Podniósł kieliszek.

– Niech wygra najlepszy.

– Albo najlepsza. – Stuknęła się z nim.

Wkrótce zjawił się kelner i podał kawę. Roman, patrząc na Caroline, mógł się zorientować, że wciąż nie ochłonęła. Jej włosy połyskiwały złotawo w świetle kominka. Miał ochotę wyjąć z nich perłowe szpilki. Pamiętał, jak spływały kaskadą po jego dłoniach.

Ktoś postawił przed nim talerz, ale nie zwrócił na to uwagi. Podniosła głowę, ich spojrzenia spotkały się.

– Placek z jagodami – zauważyła. – Specjalnie go zamówiłeś?

– Twój ulubiony, jak sobie przypominam.

– Ja... – urwała, świadoma, że myślą o tym samym. Siedzieli w łóżku, dzieląc się plackiem. Zanurzyła palec w polewie i rozsmarowała ją na jego piersi. Pościel była do wyrzucenia, ale nie dbał o to.

– Jesteś złym człowiekiem, Romanie Kazarow. – W jej głosie znów pojawił się twardy ton. – Chcesz, żebym pamiętała to, co między nami było. Chcesz, żebym ja tego chciała. Znowu.

– Nigdy nie twierdziłem, że gram fair.

Nie grał fair. Caroline siedziała nazajutrz przy biurku nad rozłożoną gazetą i miała ochotę go udusić.

Gniazdko miłosne? Dziedziczka Sullivanów spędza miły wieczór z Kazarowem. Na pierwszym zdjęciu wchodziła do budynku, na drugim wychodziła. Autor tekstu zastanawiał się, co robili przez trzy godziny.

Roman wiedział, że tak się stanie. Mogła się o to założyć. Stąd ten pomysł z kolacją w prywatnym zaciszu. Media się nią ostatnio nie interesowały, w końcu była w żałobie. Ale gdy tylko pojawił się przystojny, cieszący się złą sławą mężczyzna, znów znalazła się w centrum uwagi. Wrzuciła gazetę do kosza. Miała na głowie firmę i nie chciała, żeby Roman jej przeszkadzał. Nieważne, że był zabójczo przystojny albo że przypominał jej o tamtej dekadenckiej nocy. Jakby mogła zapomnieć. Nie, nie zapomniała, ale była gotowa udawać, że jest inaczej. Nie udało jej się. Wciąż pamiętała, jak leżał w białej pościeli, wysmarowany jagodami i podniecony... Odezwała się jej komórka. Caroline zobaczyła, kto dzwoni, i ogarnęła ją istna furia.

– Myślisz, że to zabawne? – rzuciła bez wstępów.

– Nie możesz ich powstrzymać. Machnij na to ręką.

– Skąd wiesz, o czym mówię? – Nawet nie spytał, o co jej chodzi.

– Od dwóch lat żyję w cieniu prasy. Zawsze będą wypisywać różne rzeczy. Sztuka polega na tym, żeby to ignorować.

– Łatwo ci mówić. Żyję w jej cieniu od najmłodszych lat, ale nie zawsze mieli okazję mnie poniżać.

– No to masz szczęście.

– Chyba się to zmieniło.

Skupiła uwagę na monitorze komputera, na którym widniała nieprawdopodobna suma potrzebna do spłacenia następnej raty, i to w ciągu dwóch tygodni.

Wcześniej była przekonana, że da radę, ale teraz, kiedy Roman przejął jej dług, nie miała już takiej pewności.

– Czemu zawdzięczam ten zaszczyt? – Odwróciła się w stronę okna i spojrzała na Central Park. Żałowała, że nie siedzi na trawie z Ryanem i Blakiem.

– Bardzo dyplomatyczne. Bo tak naprawdę chcesz mi powiedzieć, żebym poszedł do diabła.

– Nic by mi to nie dało. Jesteś jak wielki kolec tkwiący w moim boku.

Zachichotał, a ona z trudem powstrzymała uśmiech. Zdumiewające. Roman Kazarow był ostatnim człowiekiem, który mógłby ją bawić.

– Zamierzam odwiedzić twoje sklepy. Chcę, żebyś mi towarzyszyła.

Zatkało ją.

– Nie mogę wyjechać z Nowego Jorku.

Parsknął ironicznie.

– Musisz. Jak zamierzasz ocenić sytuację poza miastem? Nowy Jork to nie wszystko.

– Wiem – odparła sztywno. – Ale nie mogę wyjechać ot tak sobie. Mam dziecko.

– Zatrudniasz chyba opiekunkę?

Pomyślała o Blake'u, który pełnił tę rolę. Był z zawodu artystą, ale od dawna nie miał zajęcia.

– Tak, ale nie zostawię dziecka na kilka dni, żeby spełnić twoją zachciankę.

– No to weź małego ze sobą, nianię też. Stać cię na to, Caroline.

Tak, ale nie chciała. Myśl o Romanie i Ryanie w jednym pokoju budziła grozę.

– Nie potrzebujesz mnie. Wyślę kogoś.

Powiedział coś po rosyjsku. Nie zabrzmiało to uprzejmie. Po chwili znowu się odezwał, tym razem władczo i twardo.

– To nie jest prośba, Caroline. Pojedziesz. Przyślę samochód po ciebie i chłopca. O piątej.

– Nie pojadę – odparła z gniewem i jednocześnie obawą. Obawą o syna. I siebie. To byłaby klęska. – Kupiłeś moje pożyczki, nie mnie. Przyślę dyrektora finansowego.

– Zrób to, a zobaczysz, jak twoi dostawcy wykruszają się po kolei.

– Jesteś skończonym draniem – rzuciła, odwracając się do monitora. To, co tam widziała, nie poprawiało jej nastroju.

Roześmiał się cicho.

– Czyli rozumiemy się doskonale, prawda?

ROZDZIAŁ SZÓSTY

Nie mogę mu się oprzeć – mówi Caro, kiedy Kazarow porywa ją na romantyczny weekend.

Caroline wsiadła na pokład samolotu Kazarowa punktualnie za kwadrans szósta. Kiedy skończyli rozmawiać przez telefon, zaczęła się zastanawiać, co robić. W końcu postanowiła wyjechać. Pragnęła ocalić firmę, musiała więc podejmować trudne decyzje. Jak zawsze. Towarzyszyli jej Blake i Ryan. Roman czekał na nich w kabinie. Zdziwił się tylko odrobinę na widok „niani", ale szybko się opanował i znów był uprzedzająco grzecznym dżentelmenem. Nic nie mogło wytrącić go z równowagi. Ryan tulił się do Blake'a, chłonąc niebieskimi oczami lśniące wnętrze odrzutowca. Caroline ścisnęło się serce, gdy Roman popatrzył po raz pierwszy na jej dziecko. Ich dziecko. Miała nadzieję, że Ryan będzie spał i że Blake zaniesie go do osobnej kabiny, lecz chłopiec był ożywiony i miał tysiące pytań. Kiedy znaleźli się na pasie startowym i zobaczył Romana, wtulił twarz w ramię swojego opiekuna. Caroline pogłaskała go po plecach.

– W porządku, kochanie. Pan Kazarow jest znajomym mamy.

– Może go pan zabrać do kabiny w tylnej części – zwrócił się Roman do Blake'a. Nie patrzył ani na nią, ani na chłopca.

Kiedy zostali sami, Caroline obróciła się na pięcie do Romana.

– Nie traktuj go jak służącego. Należy do rodziny.

Zauważyła, że Roman jest... zbity z tropu. Szybko się jednak opanował.

– Przepraszam – powiedział. – Nie jestem przyzwyczajony do dzieci.

Nie spodziewała się takiego wyznania z jego strony. Ani przeprosin.

– To był twój pomysł – przypomniała mu. – Upierałeś się, żebym ci towarzyszyła.

– Jestem tego świadomy. – Usiadł w skórzanym fotelu i skupił uwagę na komputerze.

Stała tylko, wściekając się w milczeniu. Wywrócił jej życie do góry nogami w ciągu dwóch dni i nie okazywał najmniejszej nawet skruchy.

– Usiądź, Caroline – powiedział, nie podnosząc wzroku. – Niedługo startujemy.

– Dokąd lecimy?

– Do Los Angeles. – Popatrzył na nią. – Jakieś obiekcje?

– Tamtejszy dom towarowy radzi sobie nieźle. Myślałam, że chcesz obejrzeć gorsze placówki.

– Jeśli w Los Angeles wszystko jest okej, to może się zorientujesz, jak pomóc innym.

– Nie chcesz mi pomagać. Po co to robimy? – Usiadła i pochyliła się w jego stronę.

Popatrzył na jej łydki. Znów się wyprostowała. Co się z nią działo?

– I tu się mylisz. Skupiłem twoje długi, więc dobro firmy leży mi na sercu. Jeśli stracisz pieniądze, ja też je stracę.

– Wyklucza to przejęcie firmy, prawda? Jeśli nie spłacimy pożyczki, zostaniesz z nią. Jeśli spłacimy, zostajesz z niczym.

– Och, nie spodziewam się, że spłacicie. Ale spodziewam się, że potrafię obrócić wszystko na swoją korzyść, kiedy okażecie się niewypłacalni. Nie tracę pieniędzy, Caroline. Nie o to chodzi w biznesie.

Miał rację. Firma traciła pieniądze od czasu, gdy jej ojciec zaczął tracić poczucie rzeczywistości. Robiła wszystko, by naprawić sytuację, ale stała u steru dopiero od pół roku. Rzecz wymagała czasu, którego brakowało. Pomyślała o ojcu i zachciało jej się płakać. Oznaki utraty pamięci były z początku niezauważalne. A potem, pewnego dnia, wyszedł do pracy; znaleziono go po wielu godzinach błąkającego się po Central Parku.

– A myślałam, że zamierzasz sprzedać firmę kawałek po kawałku. Zdecyduj się na coś.

– Muszę wiedzieć, gdzie są pieniądze, kochana – oznajmił protekcjonalnym tonem.

Caroline skrzyżowała ramiona i wyjrzała na zewnątrz; samolot już kołował. Kiedy się wzbili, otworzyła komputer, żeby popracować. Po chwili do kabiny wbiegł Ryan, ścigany przez wyczerpanego Blake'a.

– Mamo, mamo – zawołał płaczliwie.

– Co się stało, kochanie? – spytała Caroline, przytulając chłopca.

– Przepraszam – wysapał Blake. – Uciekł mi.

– Nic się nie stało. – Zerknęła na Romana. Czy dostrzegał to, co ona dostrzegała, patrząc za każdym razem na syna? – Co chciałeś, kochanie?

– Zobaczymy się z babcią i dziadkiem na Florydzie?

Ścisnęło jej się serce. Rodzice Jona. Boże. Rzadko ze sobą rozmawiali, ale Ryan ich nie zapomniał. Jon wyznał im na łożu śmierci, że Ryan nie jest jego synem. Twierdził, że musi powiedzieć prawdę, a ona to rozumiała. Richard i Elaine nie przyjęli tego zbyt dobrze i zerwali wszelkie kontakty krótko po śmierci syna.

– Nie, kochanie, nie tym razem. Lecimy do Kalifornii z panem Kazarowem.

Ryan popatrzył na Romana, jakby zobaczył go po raz pierwszy.

– Przywitaj się – powiedziała Caroline. – To jego samolot.

– Cześć – wyszeptał Ryan i wtulił twarz w matczyne ramię.

– Witaj... Ryan – odparł Roman niepewnie.

Chłopiec spojrzał na niego. Tym razem przyglądał się Romanowi z zaciekawieniem, marszcząc czółko. Caroline miała ochotę zapaść się pod ziemię.

– Śmiesznie mówi, mamo – zauważył zbyt głośno Ryan.

– Pan Kazarow jest z Rosji. To duży kraj, daleko stąd.

– Czy pana samolot może polecieć do Rosji? – spytał malec.

Roman sprawiał wrażenie kogoś, kto najchętniej by uciekł. Po chwili jednak opanował się całkowicie.

– Może – odparł. – Latałem tam wielokrotnie.

– A możemy polecieć do Rosji?

– Zrobimy to któregoś dnia. Ale nie dzisiaj.

– A możemy zobaczyć się z babcią i dziadkiem?

– Tak, może.

– Kochanie, idź, pobaw się z Blakiem, dobrze?

– Ty też się pobawisz? – spytał z powagą.

Ogarnęły ją wyrzuty sumienia. Była ostatnio bardzo zajęta.

– Oczywiście. Ale najpierw porozmawiam z panem Kazarowem, dobrze?

Ryan skinął głową i pobiegł w stronę swojej kabiny.

– Przepraszam – zwróciła się do Romana. – Ma tylko cztery lata i jest bardzo żywy.

– Trudno się dziwić. – Milczał przez chwilę. – Bardzo przypomina ciebie.

I ciebie, pomyślała. Jeśli jednak obawiała się, że Roman rozpozna w chłopcu swojego syna, to się myliła.

– Ma oczy po ojcu – oznajmiła cicho.

Zauważyła, że twarz mu stężała, i uświadomiła sobie brutalną prawdę. Zasługiwał na to, by wiedzieć. Miał prawo. Ale jak miała mu to przekazać?

– Przepraszam, jeśli przeszkodził ci w pracy.

– W porządku. – Roman odwrócił się do komputera. – Kiepsko radzę sobie z dziećmi. Nie wiem, jak z nimi gadać. Ani czego chcą.

– Nie tak trudno je zrozumieć. Czasem to bez znaczenia, co do nich mówisz, dopóki po prostu z nimi rozmawiasz. Też byłeś dzieckiem, więc pomyśl o tym.

Znowu obrócił się do niej, a ona się niemal cofnęła, widząc spojrzenie jego oczu. Były obojętne, pozbawione wszelkich emocji. Chciała go spytać, dlaczego tak patrzy. Milczała.

– Trudno uznać moje dzieciństwo za wzór traktowania dzieci. Ojciec był pijakiem i brutalem. Nauczyliśmy się przed nim chować, żeby przetrwać.

– Tak mi przykro. – Poczuła nagle łzy w oczach. – Żadne dziecko na to zasługuje.

Patrzył twardo i posępnie. Zastanawiała się, co jeszcze może powiedzieć. Ale on machnął tylko ręką, jakby chodziło o drobnostkę.

– Idź, pobaw się z synem, Caroline. Daj mi popracować.

Na lotnisku czekał już samochód, żeby zawieźć ich do hotelu Beverly Hills, gdzie Roman wynajął jeden z prezydenckich bungalowów, niezwykle przestronnych, z trzema sypialniami, prywatnym basenem, dziedzińcem i kuchnią, a także mechaniczną bieżnią na zewnątrz i prysznicem. Były tu ogrody, rośliny tropikalne i bujna zieleń, chroniąca przed wścibskim wzrokiem.

Roman upewnił się, że Ryanowi i Blake'owi nic nie brakuje, a następnie zaproponował, żeby od razu pojechać do sklepu, incognito. Caroline przebrała się w dżinsy i jedwabny top, do tego włożyła ciemną kurtkę i sandały. Spotkała się z Romanem w salonie. Wsiedli do wynajętego sportowego wozu i ruszyli wzdłuż Sunset Boulevard. Ruch nie był wielki i szybko dotarli do firmowego centrum handlowego. Potem weszli do sklepu razem, para anonimowych klientów podczas wieczornego spaceru. W środku kłębił się tłum i Caroline poczuła niejaką dumę. Wszystko prezentowało się doskonale. Sprzedawcy pracowali niezmordowanie i skutecznie, wszędzie wyczuwało się atmosferę luksusu.

Roman stanął przy balustradzie na antresoli, przyglądając się czterem poziomom sklepu. Obładowani ludzie tłoczyli się na ruchomych schodach. Caroline uświadomiła sobie, że musi częściej zaglądać do swoich sklepów. Za dużo czasu spędzała przy komputerze.

– Chodźmy do działu z żywnością – oznajmiła nagle jak mała dziewczynka, której obiecano jakiś smakołyk. – Mam ochotę na coś czekoladowego i pysznego.

Roman ruszył za nią posłusznie w stronę schodów; zjechali na parter. Roiło się tu od klientów, którzy kupowali sery, sałatki, mięso, ryby i homary. Przy ladzie z czekoladą było tłoczno, ale Caroline się uparła. W końcu udało jej się zamówić trufle. Przecisnęli się przez ciżbę i wrócili do ruchomych schodów. Caroline spróbowała smakołyku.

– Boże, to pyszne – zauważyła z zamkniętymi oczami.

– Z dodatkiem jagód? – spytał, a ona uniosła gwałtownie powieki.

– Nie. – Podsunęła mu torebkę. – Chcesz spróbować?

Wziął jedną czekoladkę i zaczął ją wolno przeżuwać. Nie potrafiła oderwać spojrzenia od tych ust, które kiedyś całowały każdy skrawek jej ciała i sprawiały jej niewyobrażalną przyjemność.

– Smakowałoby mi bardziej, gdybyś mnie karmiła. Jak jagodami.

Miała wrażenie, że tłum gdzieś zniknął i że stoją sami pośrodku rozległego centrum.

– Też to lubiłam robić.

Nie mogła uwierzyć, że to powiedziała. Tym jednym zdaniem udowodniła, że miał rację. Wciąż go pragnęła. Owszem, ale nie wiedziała, co ma o tym myśleć. Ten mężczyzna stanowił uosobienie jej największej klęski i jednocześnie największego szczęścia.

Powinna być na niego wściekła. Za jego arogancję, za jego groźby. Teraz jednak pamiętała jego wyraz twarzy, kiedy wyznał jej w kilku słowach, że jego dzieciństwo nie było szczęśliwe. Chciała bliżej poznać tego człowieka, który kiedyś cierpiał i którego kiedyś kochała.

Założył jej kosmyk włosów za ucho, a ona poczuła, jak krew uderza jej do głowy. Miała wrażenie, że otaczające ich powietrze jest naładowane elektrycznością.

– Daj mi drugą – powiedział. Wzrok mu płonął.

Zawahała się, potem jednak sięgnęła do torebki, wyjęła truflę i wsunęła mu między wargi. Jej palce dotknęły jego języka. Zlizał czekoladę z jej dłoni, ani na chwilę nie spuszczając z niej wzroku. Przysunął się do niej; poczuła jego ciepło. Dotarli na górę i Caroline odsunęła się od niego z poczuciem winy. Roman jednak wziął ją za rękę i zaprowadził do przebieralni w dziale męskim. Nikogo tam nie było, więc pociągnął ją do najbliższej kabiny i zamknął drzwi. Pomieszczenie nie było duże, panował w nim półmrok. Trzy ściany obłożono lustrami; cofnęła się pod jedną, przyciskając torebkę do piersi. Roman zbliżył się do niej.

– Co robisz? – spytała.

– Wiesz doskonale, Caroline. I chcesz, żebym to zrobił.

O, tak. Chciała. Jakby jej rozpalone ciało nie mogło sobie uświadomić, że upłynęło zbyt dużo czasu, że było między nimi zbyt dużo cierpienia, a umysł przekonywał, że nie ma to najmniejszego znaczenia. Roman przyparł ją do ściany, opierając dłonie obok jej skroni. Klatka, z której mogłaby się wydostać, gdyby tylko chciała.

Nie chciała.

– Masz pojęcie, jak za tym tęskniłem? – spytał chrapliwie.

Odchyliła głowę, jej usta były tak blisko jego ust.

– Powiedz mi – odparła bez tchu.

– Chcesz rozmawiać? – spytał, po czym naparł na nią biodrami i przygwoździł ją do ściany.

Czuła jego twardość i smukłość mięśni. Ona też wysunęła biodra, a on wydał z siebie jęk, który tylko wyostrzył jej pragnienie.

– Nie pocałuję cię – powiedział, przesuwając wzrokiem po jej dekolcie. Gorące oczy. Piękne lodowato niebieskie oczy. – Nie dotknę cię w ogóle, Caroline.

– Roman... – wyszeptała błagalnie. Tak go pragnęła. Jakby przeszłość nie istniała. Jakby nic między nimi nie istniało z wyjątkiem tu i teraz.

– Ty mnie pocałuj – poprosił zdławionym głosem. – Dotknij mnie.

ROZDZIAŁ SIÓDMY

Byli sobą całkowicie pochłonięci – ktoś powiedział. Kazarow i Caro przyłapani na gorących uściskach w domu towarowym w Los Angeles.

Nie miało znaczenia, że nie powinna tego robić, że rozsądek nakazywał jej przestać. Że było to zbyt skomplikowane i niebezpieczne. Ulegając dzikiej stronie natury, chciała jeszcze raz zakosztować smaku Romana Kazarowa. Przypomnieć sobie, jak to jest pragnąć mężczyzny, potrzebować go, tracić dla niego głowę. Tylko tego mężczyzny. Zawsze był tylko on. Wspięła się na palce i dotknęła językiem jego wargi.

– Jeszcze – powiedział.

Objęła go i przywarła do niego całym ciałem. A potem pocałowała. Delikatnie, ostrożnie. Nie wystarczało mu to. Ujął jej głowę i zatopił się w jej ustach z niepowstrzymaną siłą. To nie był pocałunek, tylko posiadanie. Całkowite zmiażdżenie jej oporu. O szaleństwo przyprawiała ją myśl, że znów jest w jego ramionach, że nigdy nie chciała być gdzie indziej. Czuła podświadomie, że jej reakcja jest rezultatem tego, co wydarzyło się w samolocie. Lęk Romana na widok chłopca, jego wyznanie dotyczące dzieciństwa.

Zresztą nigdy nie potrafiła mu się oprzeć. Od samego początku pragnęła go z zajadłością, jakiej nie doświadczyła w swoim młodym życiu. A gdy już go zdobyła, jej ogień płonął coraz bardziej. Jego duże dłonie wbiły jej się we włosy, gdy ją całował. Jęcząc bezradnie, próbowała przylgnąć do niego jeszcze mocniej. Jego ręce zjechały w dół, objęły jej pośladki, a potem przyciągnęły ją do jego bioder. Podniósł ją, a ona oplotła go w pasie nogami; uległa jego pocałunkom, których siłę dobrze znała. Była dzika i niepowstrzymana. Nie dbała o to. Chciała tylko jednego – stopić się z nim, zatracić jak kiedyś.

Przyparł ją do ściany i otarł się o najbardziej wrażliwe miejsce jej ciała. Był jak ogień, który groził jej spaleniem. Caroline zacisnęła dłonie na jego koszuli i zaczęła wyszarpywać ją zza paska spodni.

Oderwał się nagle od jej ust.

– Nie tutaj. Nie tak.

– Nie obchodzi mnie to.

Odsunął ją od siebie gwałtownie, choć niemal załkała, i teraz trzymał na odległość ramion. Tak pragnęła znaleźć się ponownie w jego objęciach, nim jej ciało ochłonie.

– Będzie cię obchodziło. Może nie teraz, ale jutro byś mnie za to znienawidziła.

Oparła się o ścianę, bliska płaczu. Jej ciało pulsowało pragnieniem, chciała mieć go w sobie, doznać spełnienia. Za długo jej tego brakowało. O wiele za długo. Zamknęła tylko oczy i oddychała głęboko, starając się zapanować nad sobą. Dobrze, że tak się stało, powiedziała sobie. Dobrze, że poznała swoje granice.

– Chcę już iść – powiedziała.

Ujął ją za brodę i popatrzył w oczy. Domyślił się, co czuje, i odsunął się od niej.

– Całujesz mnie, pragniesz, ale poza tym nie chcesz się do tego przyznać?

– To nie jest dobre. Ani dla ciebie, ani dla mnie.

– Pragnę cię. Ty pragniesz mnie. Czy to jakiś problem?

Podniosła torebkę z czekoladkami.

– Wiesz dlaczego. Nienawidzisz mnie i...

– Nieprawda – przerwał jej ostro.

Otworzyła usta ze zdumienia. Zaklął i wsunął podkoszulek do spodni. Policzki mu płonęły.

Chciała przyciągnąć jego głowę, przytulić go. Zapomnieć na chwilę o bólu, który ich rozdzielał.

– Zostawiłam cię – powiedziała tylko. – Poślubiłam innego człowieka.

Spojrzał na nią, w oczach miał ogień.

– Wiem. Ale żeby cię nienawidzić, musiałbym cię wcześniej kochać. Nie kochałem cię, Caroline. Tylko mi się wydawało, że cię kocham.

Było to kłamstwo.

Przemykali ulicami Beverly Hills w milczeniu; towarzyszył im tylko dźwięk silnika sportowego wozu. Powiedział, że jej nie kochał, ale było to kłamstwo. Kochał ją każdą cząstką samego siebie. Czyli niezbyt mocno. Nic dziwnego, że go porzuciła. Wrócił do Nowego Jorku przekonany, że jej nienawidzi. Gdy jednak trzymał ją tego wieczoru w ramionach, nie czuł nienawiści. Tylko pożądanie i pragnienie jej posiadania.

Skręcił w stronę hotelu. Po drugiej stronie ulicy kłębił się tłum reporterów oczekujących na jakiś skandal. Rzucili się w jego stronę, błyskając fleszami.

– Panie Kazarow, czy to prawda, że sypia pan z Bambi Royale? Co pan robi w Los Angeles? Zamierza pan kupić tu jakieś sklepy?

Roman zignorował ich, zabierając Caroline czym prędzej do hotelu. Szła ze spuszczoną głową, ściskając torebkę z czekoladkami jak cenną nagrodę. Dlaczego ją powstrzymał? Dlaczego nie pozwolił jej zedrzeć z siebie ubrania w tej przebieralni? Nie po raz pierwszy uprawiał seks w tak ryzykownych okolicznościach. Zabrał ją tam, bo chciał ją całować, rozniecić jej pożądanie. Nie spodziewał się, że płomień wymknie się spod kontroli, choć powinien to przewidzieć. Sądząc po ich przeszłości, mógł się domyślić, że wystarczy jeden dotyk...

Sądził naiwnie, że panuje nad swoim pożądaniem. Była tylko kobietą, a on wiedział, jak z nimi postępować. Ale gdy tylko go pocałowała, zatracił się w tym całkowicie. Rozsądek podpowiadał mu, że nie może się z nią kochać w przebieralni – ale chciał tego. Na dobrą sprawę błagała go o to. Jemu jednak chodziło o coś więcej niż tylko pospieszny numerek.

Weszli do bungalowu. W środku panował spokój.

– Blake położył pewnie Ryana spać – powiedziała. – Też już chyba pójdę.

Wystarczyło ją pocałować, wziąć w ramiona. Wiedział, że od razu by uległa. Pragnął czegoś więcej niż uległości, uświadamiał sobie jednak, że nie stałoby się to tej nocy. Pozostało zbyt wiele niedomówień. Chciała uciec; widział to. I tak pewnie było najlepiej dla nich obojga. Musiał poradzić sobie z tym poczuciem pustki, którego doznał, kiedy oświadczył, że nie żywi do niej nienawiści. Ta nienawiść towarzyszyła mu tak długo, że jej nagłe zniknięcie wywołało w nim wrażenie głębokiej niepewności.

- Dobry pomysł – oznajmił chłodno. – Rano wrócimy do sklepu, ale tym razem oficjalnie.

– Masz rację.

– Dobranoc, Caroline. – Odwrócił się i ruszył do swojego pokoju.

– Dobranoc – odparła cicho.

Niewiele brakowało, żeby zawrócił. Zamknął za sobą drzwi i stał przez długą chwilę bez ruchu. Nie usłyszał ostrożnych kroków, pukania.

Zaklął, a potem się położył. Sam.

Caroline odrzuciła w końcu pościel i wstała. Waliło jej serce, jakby wypiła wcześniej mnóstwo kawy. Wiedziała jednak, jaka jest przyczyna. Roman.

Bezustannie odtwarzała cały ten wieczór; chciała powtórki. Chciała być zimna i wyniosła, i z pewnością nie chciała wsuwać mu w usta czekoladki. Naprawdę mogła się obejść bez tego gorącego prawie seksu w przebieralni. Co się z nią działo? Straciła resztki godności? Naprawdę była kobietą, która jest gotowa zapomnieć się z mężczyzną w miejscu publicznym? Bała się, że tak właśnie jest, zwłaszcza w przypadku Romana.

Włożyła szlafrok i poszła do kuchni się napić. W domu panowała cisza. Stała przez długą chwilę z butelką wody mineralnej, aż w końcu usłyszała głośny plusk, jakby ktoś wskoczył do basenu. Podeszła do oszklonych drzwi i rozsunęła je. Ujrzała mężczyznę, który rozgarniał wodę miarowymi uderzeniami ramion. Roman. Chłonęła wzrokiem zwinność jego ciała, prężność mięśni, ręce, które pracowały jak maszyna. Dopłynął do końca basenu, zniknął pod wodą i znów się wynurzył prawie w połowie dystansu. Pokonał go kilkakrotnie, a potem zanurzył się i zniknął. Czekała, ale nic się nie stało. Podeszła z bijącym sercem do krawędzi basenu. Upuściła plastikową butelkę, próbując ściągnąć z siebie szlafrok. Wypłynął nagle, a ona z trudem powstrzymała się od krzyku.

– Wystraszyłeś mnie! – rzuciła wściekle.

Przesunął dłonią po włosach, niespeszony w najmniejszym stopniu. Miała ochotę go walnąć. Żałowała, że nie trzyma już butelki z wodą.

– Nie wiedziałem, że tu jesteś.

– Nie jest ci specjalnie przykro – zauważyła ostrym tonem, ale kiedy zobaczyła, jak woda spływa po jego piersi i brzuchu, zaschło jej w gardle.

– Nie jest.

– Myślałam, że się topisz.

– Wobec tego dziękuję, że się o mnie martwiłaś. Mogłabyś sądzić, że to koniec twoich problemów. Gdybym zniknął.

– Żartujesz sobie ze mnie. To niezbyt ładne.

Wzruszył ramionami i podpłynął do krawędzi basenu.

– Może i tak.

W tym momencie szlafrok zsunął się z jej ramion i wylądował na ziemi. Powstrzymała się, by go podnieść i się zasłonić.

– Martwiłam się – dodała niepotrzebnie. – Masz pojęcie, jakbym wyglądała, gdybyś się utopił w mojej obecności? Niektórzy powiedzieliby, że to zaplanowałam.

Roman odchylił głowę i popatrzył na nią.

– Zrobię wszystko, żeby nie utonąć przy tobie.

– Doceniam to – odparła.

– A teraz może zechcesz się odwrócić. Chyba że chcesz przyjrzeć mi się dokładniej.

Krew uderzyła jej do głowy.

– Jesteś... nagi?

Nie zauważyła tego, podziwiając smukłość jego ciała. Nie zastanawiała się, czy ma coś na sobie.

– Nie ma sensu wkładać kąpielówek o trzeciej nad ranem – oznajmił z powagą.

Nagle zrobiło jej się zbyt gorąco. Poczuła kropelki potu między piersiami, sutki odznaczały się wyraźnie pod jedwabnym materiałem. Roman wlepił w nią wzrok, a ona skrzyżowała ręce na piersi. Niech sobie myśli, co chce. Nie miało to nic wspólnego z jego osobą, tylko z upałem, wietrzykiem i...

Do diabła, chodziło jednak o niego.

– Nie jesteśmy w tym domu sami – oznajmiła sztywno. – Ktoś mógł się pojawić w każdej chwili.

Roześmiał się.

– Bo wielu ludzi uwielbia pływać o trzeciej nad ranem. Nie wspominając o tym, że pozostali mieszkańcy to, prócz ciebie, wyłącznie mężczyźni.

– Owszem, a jeden z nich uznałby twoje walory za bardzo atrakcyjne. Tak dla twojej wiadomości.

– Zdążyłem się już tego domyślić. I czegoś jeszcze. Uświadamiam sobie, że znacznie bardziej pociągasz mnie ty niż on.

Caroline parsknęła urażona.

– To nie powód, żeby paradować nago, prawda?

– Lubię być nagi. Chyba pamiętasz?

– Pamiętam, że jesteś ekshibicjonistą – odparła. Nie było to do końca prawdą, ale nigdy nie spotkała kogoś, kto czułby się w swojej skórze tak dobrze jak on. – Jak mogłabym zapomnieć?

– Rzeczywiście. I jeśli nie chcesz zasmakować mojego ekshibicjonizmu, to sugeruję, żebyś się odwróciła.

Chciała tak zrobić, ale nagle wydało jej się to śmieszne. Jak w przypadku dziecka, któremu matka zasłania oczy.

– Można patrzeć i nie dotykać.

– Ach tak? Ciekawe.

Zanim zdążyła powiedzieć cokolwiek, wydostał się z basenu zwinnym ruchem, niczym bóg powstający z morza. Nie odwróciła się. Spływały po nim strużki wody – po twardych mięśniach torsu i brzucha, po biodrach, po włosach biegnących od pępka ku kroczu, po mocnych nogach; podszedł do krzesła, wziął ręcznik i zaczął wycierać sobie głowę. Caroline poczuła, jak przyspiesza jej oddech, jak całe ciało ogarnia pragnienie. Och, cóż to był za błąd, że się nie odwróciła. Wciąż nie zakrył sobie bioder ręcznikiem. Wycierał się powoli, a każdy skrawek jego ciała wydawał jej się doskonały. Patrzyła jak zahipnotyzowana. I uświadomiła sobie, że nie widziała nagiego mężczyzny od pięciu długich lat. Od chwili, gdy widziała jego, Romana. Odwrócił się i owinął ręcznikiem. Zapragnęła dotknąć go ustami w tym miejscu, tuż nad biodrem, a potem zsuwać się coraz niżej, po brzuchu... A potem wzięłaby go w usta i poczuła, jak twardnieje na jej języku...

– Caroline. – Jego głos przypominał smagnięcie biczem.

– Co? – odparła ostrym tonem.

– Nie patrz tak na mnie, chyba że chcesz coś zrobić.

– Nie wiem, o co ci chodzi. – Schyliła się po szlafrok, ale nie miała najmniejszego zamiaru go wkładać, więc zwinęła go tylko i przycisnęła do boku.

Popatrzył na nią z tym swoim uśmieszkiem. Caroline zamknęła oczy. Była już zmęczona udawaniem, że nic nie czuje. Chciała, żeby robił z nią, co dusza zapragnie. Wiedziała z doświadczenia, jaki niesamowity potrafi być w łóżku, i znów pragnęła tego doznawać. Co by to szkodziło? Gdyby się z nim raz przespała, gdyby go wreszcie zakosztowała, może nie musiałaby tego powtarzać. I mogłaby się skoncentrować na ich grze, by go pokonać.

– Kłamiesz – oznajmił cicho, podchodząc do niej. Kropla wody z jego włosów wylądowała na górze od jej piżamy i spłynęła na pierś.

– Może i tak – odparła, nie odrywając od niego wzroku, podniecona płomieniem w jego oczach. – Co wobec tego?

– Zrób coś z tym. Weź, co chcesz.

ROZDZIAŁ ÓSMY

Caro i Kazarow wiją gniazdko miłosne?

Panowała osobliwa cisza, kiedy stali naprzeciwko siebie. Caroline bała się panicznie, że jeśli to zrobi, jeśli zbliży się do niego, to coś się zmieni. Że straci nieodwracalnie część samej siebie. Starała się za wszelką cenę zapomnieć o nim – choć nie było to możliwe. A może chciała pogrzebać go w przeszłości, tam gdzie powinien pozostać? Gdyby przywołała go ponownie, to co wtedy?

– Raz – powiedziała. – Ten jeden raz.

Oczekiwała, że się zgodzi. Że powie: „Tak, jak najbardziej, a teraz się rozbierz". Jaki mężczyzna by się temu oparł? Lecz Roman stał tylko w milczeniu i kręcił głową, aż zaczęła się czerwienić.

– Weź, co chcesz, Caroline, ale wiedz, że od tej chwili, ja też będę brał, co chcę. Tak często, jak chcę. Nie ma od tego ucieczki, nie tym razem. Nie będziesz szła wieczorem do domu, udając, że to się nie wydarzyło.

Jego słowa bolały. Mimo to wciąż o tym myślała i wciąż tego pragnęła. Czy mogła zaakceptować warunki? Nie było już nikogo, kto by to powstrzymał, kto by powiedział, że nie może mieć tego, czego chce.

– Próbujesz ubić twardy interes – zauważyła, patrząc mu w oczy. – Niewykluczone, że nie do zaakceptowania.

– Zatem odejdź, moja kochana. Wracaj do łóżka i spraw sobie przyjemność, jak zapewne robisz, i to o wiele za często.

Poczuła się, jakby dał jej w twarz. Pomyślała, że leży samotna, błądząc dłońmi po swoich piersiach i łonie. A przecież tu był, ten piękny, niebezpieczny mężczyzna, który kiedyś znał jej ciało tak dobrze.

– Ja... nie byłam z nikim bardzo długo. – Mówiła prawdę, ale nie do końca. Jak mogła wyznać, że nigdy nie była z nikim, tylko z nim? Wydałaby mu się żałosna, ale też zdradziłaby sekret Ryana. Nie wiedziała, jak Roman na to zareaguje.

– Rozumiem – powiedział. – Boisz się. A jednak... czyż cię nie znam? Czyż nie wiem, jak rozpalić twoje ciało? Czyż mógłbym zapomnieć?

– Pięć lat to długo. – Starała się powstrzymać łzy. – A ty miałeś w tym czasie wiele kochanek.

Ujął ją pod brodę i odchylił jej głowę, a wtedy jedna z tych łez spłynęła z kącika jej oczu.

– Żadna z nich nie była tobą.

– Nie mów tak – poprosiła, bojąc się, że wkraczają na niebezpieczny grunt. – Bo pomyślę, że ci zależy.

– Zależy mi na tym, żeby się z tobą kochać – powiedział. – Na niczym więcej. Nie będę cię okłamywał, Caroline.

– Nie mam pojęcia, dlaczego uważasz, że chciałabym czegoś więcej – powiedziała stłumionym głosem. – Nie jesteś zbyt zarozumiały?

Nie wydawał się obrażony. Patrzył na nią tylko tym płonącym wzrokiem.

– No więc? Przyjemność? Czy samotność w łóżku?

Wiedziała, że powinna wybrać to drugie. Najbezpieczniejsza opcja. A jednak była tym zmęczona. Od bardzo dawna starała się dogodzić wszystkim z wyjątkiem siebie. I pragnęła Romana. Ponad wszystko. Tyle że to ona tym razem doznałaby krzywdy.

– Pocałuj mnie – powiedziała. – Pocałuj mnie tak jak wcześniej.

Otoczył ją ramieniem i przyciągnął do siebie. A potem pochylił głowę i przywarł do jej ust jak do smakołyku przeznaczonego tylko dla niego. Lizał, ssał, drażnił, dręczył – i wiedziała, że wcześniej jej tak nie całował, z takim bezwzględnym zapałem. To był pocałunek mężczyzny, który całkowicie panował nad sytuacją, który zamierzał ją obnażyć i brać ją, jakby jej ciało zostało stworzone wyłącznie dla jego przyjemności.

– Chodź. – Wziął ją za rękę i pociągnął w stronę domu. – Muszę zmyć z siebie ten chlor.

Zaprowadził ją do sypialni, a potem pod prysznic otoczony wysoką ścianą, ale otwarty na nocne niebo w górze. Zdjął z siebie ręcznik i odkręcił wodę. A potem wciągnął ją pod strumień, całkowicie ubraną.

– Roman – zdołała wyszeptać, kiedy jedwabna piżama przylgnęła do jej ciała. Przesunął kciukami po naprężonych sutkach, ponownie przywierając do jej ust.

Nie dbała o to, że woda jeszcze przed chwilą była zimna. Jego dłonie błądziły po jej ciele, pieściły ją i obejmowały. Dotknęła po krótkiej chwili jego członka, którego tak pragnęła. Roman wydał z siebie jęk, a ona poczuła przypływ kobiecej siły. Pomimo całej swej mocy i bezwzględności nie mógł pozostać obojętny. Nie w sytuacji, kiedy byli tylko we dwoje – ich ciała, żar i namiętność. Jego dłonie powędrowały do jej koszuli; rozerwał ją, guziki poleciały gdzieś na bok – nie dbała o to. Potem przyszła kolej na spodnie. Ale nie chciała jeszcze czuć na sobie jego dłoni. Chciała, by oszalał z pragnienia, chciała znów go posmakować. Wyswobodziła się z jego objęć i osunęła się przed nim na kolana.

– Nie – zdążył westchnąć, ale wzięła go w usta, zanim zdołał ją powstrzymać.

– Nie, Caroline – powiedział, kiedy objęła go dłonią i ścisnęła.

Nie zamierzała przerywać. Chciała zmusić go, by stracił nad sobą kontrolę; był to jedyny sposób, by mogła to zrobić. Bo wiedziała, że jeśli on postawi na swoim, to ona zacznie błagać o więcej. Ale to on błagał. To on pragnął i zatracał się w niej. Była bezlitosna, lizała go i ssała, aż nie wytrzymał i krzyknął, wyginając się i rozlewając w jej ustach. Wzięła wszystko, co miał, a potem zadrżał i też osunął się na kolana.

– Nie tak miało być – wyznał zdyszany jak po wyczerpującym biegu.

Caroline przywarła do niego całym ciałem i objęła go za szyję. Dotyk nagiego mokrego ciała, jego ciepło i twardość przyprawiały ją o dreszcz.

– Nie wiedziałam, że obowiązują jakieś zasady – powiedziała mu.

Roześmiał się.

– Jeśli tak, to właśnie je złamałaś.

Szybko sobie uświadomiła, że nic nie zyskała, pozbawiając go kontroli, co najwyżej zapewniła sobie zmysłową udrękę z jego rąk. Zaczął namydlać jej ciało, powoli i dokładnie, jego wprawne palce ślizgały się po jej piersiach, sutkach, ściskając je miękko, aż chciała krzyczeć. Bała się, że roztopi się jak wosk, jeśli on zrobi to ponownie.

Nie zrobił. Przesunął duże dłonie na jej brzuch. Znieruchomiał na chwilę, dotykając rozstępów. Poczuła w sercu ból. Co sobie myślał? On jednak podążał dalej, a ona o wszystkim zapomniała. Zaczął ugniatać jej pośladki. Obracał ją w ramionach, aż przylgnęła do niego tyłem i od razu to poczuła – dowód jego podniecenia.

– Już?

– Mam rozliczne talenty – wymamrotał jej w ucho. – A ty byłaś bardzo niegrzeczna.

Caroline zadrżała, kiedy ujął wargami płatek jej ucha. A potem zaczął pieścić najwrażliwsze miejsce ciała, tam gdzie go najbardziej pragnęła. Odkrywał jej kształt, powoli i z rozmysłem, ocierając się o jej plecy.

– Roman – szepnęła bez tchu. Chciała, pragnęła, czuła ból pożądania.

– Wszystko w swoim czasie – powiedział.

Wodził po jej karku gorącym językiem, mocnymi ustami. Skubał zębami jej ciało. Zaczęła dyszeć.

– Zamierzasz to zrobić? Czy jesteś zbyt wyczerpany i tylko udajesz?

Roześmiał się ku jej zaskoczeniu.

– Taka wymagająca. Pamiętam... Podnieca mnie to.

W odpowiedzi na jej pełne frustracji westchnienie wsunął w nią palec. Jego dotyk z każdą chwilą stawał się coraz mocniejszy. Caroline drżała, ocierając się o niego, chcąc jeszcze więcej.

– Roman, błagam cię – wymamrotała wreszcie.

– Lubię, kiedy błagasz.

– Proszę... proszę, zrobię wszystko.

Wsunął w nią drugi palec i po chwili jego dłoń ustaliła rytm. Jej ciało, już bardzo wrażliwe, skuliło się w sobie – a potem rozpadło na tysiące kawałeczków. Wymawiała ze szlochem jego imię, czując to, czego nie doznała od pięciu długich lat. Trzymał ją mocno, kiedy drżała, gotowa osunąć się na kolana. Uświadomiła sobie, że Roman mówi jej na ucho coś po rosyjsku; brzmiało to pięknie, ale nie wiedziała, co znaczy.

– Cudownie – przeszedł na angielski.

– Powinnam ci chyba podziękować – oznajmiła, gdy wreszcie odzyskała mowę. – Tak bardzo tego potrzebowałam.

Obrócił ją do siebie i zakręcił wodę. Patrzyli na siebie w przyćmionym blasku lamp.

– Nie dziękuj mi jeszcze – powiedział. – Bo to nie koniec.

Wysuszyli się szybko, potem wziął ją na ręce i zaniósł do sypialni. Przywarła policzkiem do jego ramienia i uśmiechnęła się. Była zachwycona jego czułością i troską; traktował ją jak cenny i kruchy przedmiot. Kiedy położył ją na łóżku i znalazł się na niej, znów poczuła w sobie żar. Wygięła się, by dotknąć ustami jego skóry, ale powstrzymał ją mocną ręką.

– Nie tym razem.

Zaczął się zsuwać niżej i rozchylać jej uda, jego usta zostawiały wilgotny ślad na jej tułowiu; wiedziała, co będzie, i bała się, że nie przeżyje tej zmysłowej udręki, którą zamierzał jej sprawić. Podniósł głowę i patrzył na nią długą chwilę.

– Chcesz tego. Potrzebujesz.

Zdołała kiwnąć głową. Pochylił się, żeby jej zakosztować, prowokując ją do krzyku. Wiedział, jak doprowadzić kobietę do szaleństwa. Kiedy była blisko, cofał się. A potem powracał, znów doprowadzając ją do szaleństwa. Caroline wierciła się na łóżku, wiedząc, że nigdy nie zaznałaby czegoś takiego z żadnym innym mężczyzną. Nagle uwolniła się, powtarzając bez tchu jego imię, napierając na niego biodrami. Kiedy się ocknęła, zamajaczył nad nią; poczuła, jak próbuje w nią wejść. Uniosła nogi, a on wsunął rękę pod jej kolano i rozwarł ją jeszcze bardziej.

– Staram się być delikatny – upomniał ją.

– Nie chcę, żebyś był delikatny. – Sprawiała wrażenie niemal nadąsanej i tak bardzo spragnionej.

– Chyba chcesz, przynajmniej na początku.

– Roman...

– Cicho, kochana. Odczuwaj tylko to, co robimy.

Chwyciła jego pośladki, przyciągając go do siebie. Odetchnął chrapliwie. Roześmiała się, podniecona myślą, że nie jest tak opanowany, jak mu się zdawało.

– Igrasz z ogniem – warknął.

– Teraz – szepnęła mu w ucho. – Teraz.

Uniósł ją i wbił się w jej ciało do końca. Caroline krzyknęła bezwiednie; nie była przygotowana na to gwałtowne wtargnięcie tak, jak jej się wydawało.

– W porządku? – spytał zduszonym głosem.

– Nic mi nie będzie.

Zaklął i zaczął się wycofywać, ale objęła go mocno nogami.

– Ani się waż.

– Na litość boską, przestań się ruszać.

Zbuntowana, znów na niego naparła, by jeszcze bardziej się w niej zagłębił.

– Caroline, nie mogę...

Poruszyła się znowu, tym razem z jeszcze większą desperacją i wtedy nie wytrzymał. Nagle był wszędzie, wbijając się w nią, znowu i znowu, z każdym kolejnym ruchem mocniej i głębiej. Krzyczała, ale nie z bólu. Przyjemność, jaką odczuwała, była zbyt wielka, zbyt intensywna. Roman trzymał ją za biodra, przyciskał do siebie, obezwładniał jej ciało i sam był przez nie obezwładniany. Nic nie istniało poza tym łóżkiem, nic prócz nich dwojga i tego, co w sobie wzbudzali. Ekstaza była blisko, na wyciągnięcie ręki, gdy Roman znieruchomiał. Po chwili rozbłysło światło, przyćmione, ale Caroline odwróciła się od jego źródła, mrużąc oczy.

– Chcę cię widzieć – powiedział chrapliwie. – Chcę widzieć twarz, gdy będziesz to czuła.

Jakby pragnął za wiele, nie tylko jej uległości, ale też duszy. Nie istniały w tej chwili żadne bariery, w żaden sposób nie mogła się już chronić. Była całkowicie odsłonięta, jej ciało wołało o rozkosz, o niego. Nie dał po sobie poznać, że odgadł jej myśli. Pocałował ją miękko i tak słodko, że mogłaby zapłakać. Potem zaczął się poruszać, powoli, na nowo rozniecając ogień, aż znów przestali nad sobą panować. Widziała rozkosz na jego twarzy, czuła, jak w niej wzbiera niebotycznie wysoką falą. Odrzuciła do tyłu głowę, gdy poczuła gwałtownie orgazm. Ogarnął całe jej ciało, doprowadził do szaleństwa. Roman wydał z siebie chrapliwy jęk, powtarzając jej imię, z jego ust płynęły rosyjskie słowa. Po chwili zsunął się na bok, uwalniając ją od swojego ciężaru.

Co ona wyprawia? Jakiemu szaleństwu uległa, kochając się z mężczyzną, który był ojcem jej dziecka, który pojawił się w jej życiu na nowo, by odebrać jej firmę, i który tylko złamał jej serce?

Popatrzył na nią ze zmarszczonym czołem.

– O co chodzi, Caroline?

Oblizała suche wargi.

– Powinnam wrócić do swojego łóżka.

– Nie. – Zabrzmiało to rozkazująco.

– Nie chcę, żeby Blake wiedział...

Zaklął i odsunął się od niej. Poczuła nagły chłód i chciała przywołać go z powrotem, ale nie mogła. Usiadła i zakryła się prześcieradłem.

– Nie wiem, co jest między nami. Jak mam to wyjaśnić Blake'owi, skoro nie potrafię wyjaśnić tego nawet sobie?

– Dlaczego miałabyś mu cokolwiek wyjaśniać? Płacisz mu za opiekę nad dzieckiem, nic więcej.

– Jest przyjacielem. I... był przyjacielem Jona.

Roman patrzył zimno.

– Chodzi o twojego męża? O to, co pomyśli sobie jego przyjaciel? Boże, ten człowiek leży w grobie od ponad roku. Nikt chyba nie może cię winić, że chcesz żyć normalnie!

Podciągnęła kolana pod brodę i wsparła na nich głowę.

– Nic z tego nie rozumiem. Nie wiem, dlaczego jestem tu z tobą. Dlaczego ci się nie opieram, choć powinnam. Jest między nami zbyt wiele bólu i gniewu. Mam wrażenie, że to może się skończyć tylko źle. Dla mnie i dla ciebie.

Wziął ją w ramiona. Uległa mu – zbyt szybko – i objęła go, kryjąc twarz na jego piersi. Poczuła, jak Roman wzdycha, i zamknęła oczy, chłonąc czysty zapach jego skóry.

– Może nie skończy się to źle – powiedział. – Może tym razem będzie zupełnie inaczej.

ROZDZIAŁ DZIEWIĄTY

Kazarow zostawia za sobą szlak złamanych serc; Caro musi uważać.

Roman obudził się nagle przed świtem. Podparł głowę ramieniem i wlepił wzrok w sufit. Obok spała Caroline, oddychając miarowo. Zwinęła się w kłębek, z dala od niego. Ale wciąż tu była. Pamiętał, co jej powiedział, nim zasnęli. Że tym razem może nie skończy się źle. Nie miał pojęcia, o co mu chodziło. Nie, nie chciał, żeby skończyło się źle dla niego – chciał jednak, by się skończyło. Nie powinno go obchodzić, jak skończy się to dla niej. Tyle że przez krótką chwilę, kiedy ją tulił i czuł obok siebie jej miękkie ciało, jej ufność, nie chciał, by tak się stało. Chciał obejmować i chronić ją już zawsze.

Szaleństwo.

Jak mógł żywić jakąkolwiek czułość wobec tej kobiety po tym, na co go naraziła? Oddał jej niegdyś serce – poprosił, żeby za niego wyszła – a ona roześmiała mu się w twarz. Litowała się nad nim. Bo nie był wart wspaniałej rodziny Sullivanów. Wydawało się, że nie miało to dla niego znaczenia, kiedy był w niej i czuł jej podniecenie. Niczym wytresowana małpa chciał jej dać tylko więcej. Żeby uśmiechnęła się do niego i powiedziała mu, jak jest dobry. Żeby wracała do niego po to samo. Tak silne pragnienie kobiety było niebezpieczne. Nigdy nie popełnił tego błędu. Dlaczego więc chciał walić bezustannie w ten mur, mając nadzieję, że rezultat tym razem będzie inny? Jakaś skaza odziedziczona po ojcu nieudaczniku.

Zadrżał na tę myśl. Nie przypominał ojca. W niczym.

A jednak był tutaj, z tą samą kobietą, która już raz rozdarła mu serce, i nic nie przebiegało zgodnie z tym, co sobie wyobrażał. Nie czuł, że nad czymkolwiek panuje. Nie czuł się jak zwycięzca. Wyobrażał sobie, że Jon robi z nią to, co on robił, i wszystko się w nim skręcało. Patrzył na ich dziecko i chciało mu się wyć. Z jakiegoś powodu widok chłopca bolał go najbardziej. Usiadł; zamierzał przejrzeć to i owo przed wizytą w sklepach. Musiał też opracować jakiś plan dotyczący firmy Sullivanów. Należało zadbać o swoją inwestycję.

– Która godzina? – spytała sennym głosem Caroline.

– Prawie szósta.

Położyła dłoń na jego nagich plecach. Miał wrażenie, że dotknęła go rozpalonym żelazem.

– Musimy już wstawać?

Odwrócił się do niej.

– Możesz jeszcze spać.

– Nie o to mi chodziło.

Niemal natychmiast odczuł podniecenie. Zsunęła dłoń po jego torsie i zorientowała się, jak bardzo jest pobudzony.

– O to mi chodziło.

Wkrótce zatracił się w niej całkowicie; wnikał w nią, a ona krzyczała i wbijała paznokcie w jego barki. Nie pojmował, jak zdołał przeżyć bez niej ostatnie pięć lat.

Teraz, kiedy już się kochali ze sobą, coś się zmieniło. Caroline stłumiła ziewnięcie, siedząc na spotkaniu z menedżerem domu towarowego w Los Angeles i jego zespołem. Wiedziała, że powinna słuchać, co mówi ten człowiek, ale mogła myśleć tylko o Romanie. O tym, jak dawał jej rozkosz; nie wierzyła, że kiedykolwiek coś takiego przeżyje.

Siedział naprzeciwko ze swoim komputerem, zadając konkretne pytania. Nie była nawet zła, że to robią. Miał rację, że trzeba sprawdzić, jak wygląda interes. Ten sklep radził sobie znakomicie. Świetna lokalizacja, dobrze wyszkolony personel. Ludzie byli tu doceniani i to procentowało.

Podniosła wzrok na Romana. Obserwował ją, przypominając jej o wszystkim, co robili ze sobą minionej nocy.

O wszystkim, co znowu chciała robić.

Tego ranka, kiedy dwukrotnie doprowadził ją na szczyt, wróciła do swojego pokoju, zanim Blake i Ryan się obudzili. Blake niczego się chyba nie domyślał. Miała nadzieję, że Roman zje z nimi śniadanie, ale nie zrobił tego. Przywitał się tylko, nalał sobie kawy i poszedł do swojego gabinetu. Pokazał się dopiero, kiedy nadeszła pora wybrać się do sklepu. Tym razem pojechali limuzyną.

Menedżer skończył i zapadła cisza.

– Dziękuję, panie Garcia – powiedziała Caroline. – Doceniam, że poświęcił nam pan swój czas. Pański sklep może być wzorem.

Uścisnęła wszystkim dłonie, dziękując za dobrą pracę. Potem spędzili trochę czasu w domu towarowym i wrócili do bungalowu. Wciąż pragnęła tego mężczyzny, który siedział obok niej. Jedna noc nie uśmierzyła jej głodu.

– Myślę, że poszło dobrze – powiedziała. Musiała coś powiedzieć; bała się, że emocje wezmą górę.

Odwrócił się od okna i spojrzał na nią; miał oczy jej syna. Zdawała sobie sprawę, że powinna wyznać mu prawdę i ponieść konsekwencje. To ją najbardziej przerażało.

– To tylko jeden sklep.

– Wiem.

Westchnął.

– Nie chcę budzić twoich nadziei. Firma wciąż ma kłopoty.

Wiedziała, że jedna noc seksu nie mogła rozbudzić w nim uczucia litości. Wciąż był w posiadaniu jej długów, a ona potrzebowała pieniędzy, żeby nie przejął firmy. Poza tym chciała go pobić w jego własnej grze, a nie zasługiwać na specjalne traktowanie, bo się z nim przespała.

– Mimo wszystko jestem podbudowana. Zapłacimy.

– Nie rozmawiajmy o interesach.

Zaskoczyło ją zdecydowanie w jego głosie. Przytuliła policzek do jego piersi, a on ją objął.

– Spędziliśmy na tym cały ranek i część popołudnia – dodał.

– Może nie cały ranek.

Roześmiała się.

– Rzeczywiście. Przesadziłem.

Pocałował ją. Był to delikatny i czuły pocałunek, jak między kochankami, którzy znają się od dawna. Mimo to poczuła znajome podniecenie.

– Mamy przed sobą całą noc – powiedział. – Jestem pewien, że będzie długa i przyjemna.

– Nie mogę się doczekać.

– Naprawdę? Nie wydawałaś się zeszłej nocy taka pewna, że chcesz to kontynuować.

Wzruszyła ramionami.

– Przyznam, że trochę mnie to deprymuje. Ale już czas, żebym zaczęła żyć normalnie, jak powiedziałeś.

Dostrzegła troskę w jego niebieskich oczach.

– Przykro mi, że straciłaś męża. Nie było to dla ciebie łatwe.

Opuściła powieki, żeby nie dostrzegł w jej wzroku winy i zmieszania.

– Nie. Jon był dobrym człowiekiem. Dobrym przyjacielem.

– Pamiętam go – powiedział Roman. – Nie znałem go zbyt dobrze, ale sprawiał sympatyczne wrażenie.

– Nie pasowaliśmy do siebie – wyznała, zaskoczona własną szczerością. – Ale próbowaliśmy.

– Ze względu na wasze dziecko.

Skinęła głową, spuszczając wzrok. Poczucie winy przyprawiało ją teraz o mdłości.

– Moi rodzice też próbowali – dodał. – To była klęska.

Ścisnęła go za rękę.

– Przykro mi.

Wzruszył ramionami.

– Ojciec był alkoholikiem. Wątpię, czy ty albo Jon Wells mieliście ten problem.

– Nie. – Znowu poczuła ból na myśl o małym Romanie. Wcześniej, kiedy jeszcze byli razem, nie wspomniał słowem o swoim dzieciństwie. Nie wiedziała, dlaczego robi to teraz, ale była z tego zadowolona.

Popatrzył przez okno wozu.

– Dzieci były dla niego ciężarem. I orężem w walce z matką. Wyszlibyśmy na tym lepiej, gdyby od niego odeszła. Ale nie zrobiła tego.

– Wciąż są razem?

– W pewnym sensie. – Spojrzał na nią. – Nie żyją.

– Och, Romanie...

– Takie jest życie.

Pomyślała o swoich rodzicach w wielkim domu w Southampton, o ojcu pogrążającym się z wolna w demencji, i zachciało jej się płakać. Matka znosiła wszystko dzielnie, ale sytuacja odciskała na niej swe piętno. Jej uśmiech nie był już tak radosny i niewymuszony jak niegdyś.

– Przekonałam się, że życie bywa okrutne – powiedziała. – Nawet gdy człowiekowi się wydaje, że ma już wszystko.

– Niestety, to prawda.

Resztę drogi przebyli w milczeniu. Kierowca wjechał na teren hotelu od tyłu, dzięki czemu uniknęli tłumu paparazzich.

Co by dostrzegli, gdyby na nią spojrzeli? Kobietę, która nigdy nie otrząsnęła się po rozstaniu z jedynym mężczyzną, którego kochała? Przepełnioną poczuciem winy i skrywającą sekret, którym pragnęła się podzielić, ale nie wiedziała jak? Wchodząc do bungalowu, usłyszeli plusk wody i śmiech Ryana. Roman przystanął na środku pokoju z rękami kieszeniach.

– Chcesz się przekonać, co ich tak bawi? – spytała.

Zmarszczył czoło.

– Nie, mam sporo roboty.

Westchnęła, wiedząc, że w końcu będzie musiała poradzić sobie jakoś z tą niechęcią Romana wobec chłopca. Nie czuł się dobrze w obecności dzieci; chciała to zmienić przed wyznaniem prawdy.

Rozsunęła oszklone drzwi prowadzące na zewnątrz.

– Mamo! Patrz, co potrafię!

– Tylko nie biegnij – uprzedził Blake, a Ryan ruszył szybko na koniec basenu.

– Patrz, mamo!

Jej serce było pełne miłości, kiedy obserwowała, jak chłopiec marszczy twarzyczkę i skacze do wody skoncentrowany niczym pływak olimpijski. Miał motylki na ramionach, nie martwiła się więc o niego. Tym bardziej że na brzegu basenu siedział Blake, gotów w każdej chwili do pomocy.

– Świetnie! – zawołała Caroline. – Jestem ciebie dumna!

– Do tyłu też umiem pływać – oznajmił rozpromieniony. – Wujek Blake mnie nauczył.

Blake tylko wzruszył ramionami.

– Sam to zrobił. – Po czym zwrócił się do Ryana: – Może wyjdziesz już z basenu? Mama wróciła, czas coś zjeść.

Chłopiec podpłynął do nich.

– Mogę dostać pizzę?

– Chyba da się załatwić – odparła Caroline.

Ryan paplał bezustannie, kiedy go wycierała. Nagle urwał, a ona uświadomiła sobie, że Roman wyszedł na zewnątrz. Zauważyła, że przygląda im się ze zmarszczonym czołem, zwłaszcza Ryanowi.

– Co powiedziałeś, kochanie? – zwróciła się do chłopca.

Znów zaczął mówić, cicho, zerkając przy tym na Romana, który wciąż stał nieruchomo.

– No, leć się ubrać – oznajmiła, owijając syna ręcznikiem.

– Okej – odparł i ruszył pospiesznie w stronę domu. Blake podążył za nim.

Roman wciąż stał w tym samym miejscu. I wciąż na nią patrzył. Poczuła na plecach dreszcz niepokoju. Jego oczy wyrażały coś całkowicie innego niż pożądanie, które dostrzegała w nich wcześniej. Ta twarz przypominała chmurę gradową. Zwiastowała burzę.

Roman odwrócił się i zasunął drzwi, bardzo powoli, z rozmysłem, odcinając jej jedyną drogę ucieczki. Potem spojrzeli na siebie. Caroline miała wrażenie, że zaraz zemdleje. Serce waliło jej jak młotem.

– Powiedz mi, że to, co myślę, nie jest prawdą.

Wysiliła się na obojętność i chłód.

– Nie wiem, co myślisz.

Oczy mu płonęły, kiedy zrobił krok w jej stronę, zaciskając dłonie w pięści. Wyczuła, że z trudem nad sobą panuje. W ogóle nie przypominał tego człowieka, z którym kilka chwil wcześniej jechała w limuzynie.

– Mam dwóch braci – oznajmił głosem twardym jak diament. – Dmitrija i Mikołaja. Kiedy byliśmy mali, kąpaliśmy się w moskiewskim parku wodnym. To był nasz letni rytuał, nasza ucieczka. – Wstrząsnął się, jakby chcąc uciec od tego wspomnienia. – Teraz mógłbym przysiąc, że patrzyłem na jednego z nich. Jest coś w ruchach tego dziecka, w jego wyrazie twarzy...

– On nie jest „tym" dzieckiem – rzuciła z gniewem. – Ma na imię Ryan.

– Jest twoim synem. I Jona Wellsa – zauważył, jakby oczekiwał, że się z nim zgodzi, że on sam się mylił.

Poczuła na gardle niewidzialną dłoń. Nie było wyjścia. Nie mogła zaprzeczyć prawdzie. Nie tak chciała to rozegrać. Wiedziała, że skutki dotkną nie tylko ich oboje.

– Jon był gejem – wyznała cicho.

Było to dla niego jak cios. Zbladł. Kiedy się odezwał po długiej chwili, jego głos był twardy i zimny.

– Co właściwie masz na myśli? Powiedz mi jasno, żeby nie było żadnych nieporozumień.

Odetchnęła niepewnie, ale nie zamierzała się wycofywać.

– Sam wiesz.

– Chcę jednak, żebyś to powiedziała. – Starał się za wszelką cenę zapanować nad sobą. – Powiedz mi – nakazał bezwzględnym tonem.

Caroline wzdrygnęła się. Nie chciała uciekać przed tym, co ją czeka. To nie było w jej stylu. Powiedziała to, co miała powiedzieć, wiedząc, że ta rana nigdy się nie zabliźni:

– Byłam już w ciąży, kiedy wychodziłam za Jona. Ryan jest twoim synem.

ROZDZIAŁ DZIESIĄTY

Koniec fascynacji? Caro i Kazarow nie rozmawiają ze sobą.

Roman z trudem oddychał. Miał ochotę podejść do kobiety, która okłamywała go przez te wszystkie lata, i potrząsnąć nią.

Narastała w nim fala brutalności. Chciał chwycić ją za szyję i zacisnąć na niej dłonie. Kręcił głową, stojąc sztywno i patrząc na nią orzechowymi oczami, w których wzbierały łzy.

– Nie wiedziałam, dopóki nie odszedłeś – powiedziała. – Wróciłeś do Rosji, a ja w żaden sposób nie mogłam się z tobą skontaktować.

Czuł wściekłość, która przypominała żywe stworzenie. Przez lata z nią walczył, uczył się, jak nie upodobnić się do ojca – ale w tej chwili doznawał czegoś, co było mu obce. Wierzył, że zdoła to w sobie stłumić. Że jest lepszym człowiekiem.

– Próbowałaś chociaż? – rzucił ostro. – Oczekujesz, że ci uwierzę?

Pokręciła głową ze łzami w oczach.

– Oczywiście, że nie.

Kłębiły się w nim emocje. Musiał je stłumić, okazując chłód i rozprawić się z nią jak ze zdrajczynią, którą była. Nie wzruszało go, że jest zdruzgotana – zmusił ją do wyznania prawdy, to wszystko. Nie było innego powodu.

– Odszedłem – warknął. – Nie miałem wyboru. Twój ojciec mnie wyrzucił i pozbawił wizy.

– Nie miałam o tym pojęcia. Przykro mi, że tak się stało.

Przykro? Miał ochotę wyć z wściekłości.

– Straciłem wszystko, Caroline. Pracę, dom. Wróciłem do Rosji z niczym. Miałem mniej niż nic. – Przełknął żółć, która zbierała mu się w gardle. – To był... bardzo trudny czas.

Rozłożyła bezradnie ręce.

– Nie chciałam cię porzucać. Ale musiałam wyjść za Jona. – Na jej pięknej twarzy malował się ból. – Tylko tak można było ocalić firmę. Jego rodzice mieli większość akcji i grozili, że sprzedadzą je konkurentowi, jeśli się nie pobierzemy.

Roman patrzył na nią długą chwilę, potem roześmiał się gorzko.

– Firma. Tylko to się dla ciebie liczyło.

– Wielu ludzi straciłoby pracę, a moja rodzina cały swój dorobek. Nie mogłam na to pozwolić.

– Przespałaś się teraz ze mną, żebym zmiękł i pozwolił ci zachować te twoje cenne sklepy? To się nigdy nie powtórzy – oznajmił brutalnie.

Uniosła dumnie głowę.

– Nie spałam z tobą ze względu na firmę. Widziałam, jak krążysz wokół nas przez ostatnie dwa lata. Wiedziałam, że się do nas dobierzesz.

– Skupuję podupadające firmy. Żadna tajemnica.

– I tak byś się do nas dobrał.

Odczuł to jak smagnięcie biczem. Tak, od dawna to robił. Od samego początku chciał przejąć firmę, która omal go nie zrujnowała i naraziła jego matkę na tak koszmarny koniec.

– Jestem biznesmenem i nie podejmuję niepotrzebnego ryzyka.

– Ale zrobiłbyś to, żeby się na mnie odegrać.

Poczuł wzbierającą wściekłość. Próbował zaakceptować fakt, że ma z nią dziecko, które przed nim ukrywała, a ona bredziła coś o swoich cennych sklepach.

Odwróciła głowę. Jej profil wydał mu się cudowny i to go rozgniewało. Nie miał dla niej żadnej czułości. Tylko odrazę.

– Przynajmniej od dwóch lat wiesz, gdzie jestem – oznajmił. – Dlaczego nie powiedziałaś mi wcześniej o dziecku?

Popatrzyła na niego przez łzy.

– Jak miałam to zrobić? Byliśmy wtedy rodziną, Jon, ja i Ryan. Jonowi się pogorszyło, kiedy się znów pojawiłeś.

Bronił się przed współczuciem, które wzbudzała.

– Przynajmniej wiem, dlaczego tamtego wieczoru podałaś mi fałszywy adres.

– Zamierzałam ci powiedzieć o Ryanie – wyznała cicho. – Co nie znaczy, że mi uwierzysz.

Usłyszeli za plecami jakiś hałas. Roman odwrócił się i zobaczył Ryana po drugiej stronie szklanych drzwi; chłopiec patrzył na matkę.

Jak mógł nie zauważyć tego wcześniej? Teraz, kiedy już poznał prawdę, bez trudu dostrzegał, że malec to Kazarow. Te same oczy, ten sam nos.

Ale miał też rysy Caroline. Wąska broda, zarys szczęki, blond włosy. Widział kilka razy zdjęcie chłopca i zawsze kojarzył mu się tylko z nią. Nawet gdy zobaczył go po raz pierwszy na żywo. Jego własna krew, a on nawet sobie tego nie uświadomił. Jak to o nim świadczyło? W tym momencie Ryan spojrzał na niego oczami pełnymi strachu i Roman poczuł ucisk w piersi. Miał syna. Który się go bał. Było to koszmarnie bolesne.

Odwrócił się na pięcie do Caroline.

– Dlaczego tak bardzo boi się wszystkiego?

Ruszyła z uśmiechem w jego stronę, a on zrozumiał, że chce uspokoić małego. Pokazać mu, że nie jest zdenerwowana. Stanęła przed nim, z dala od niebieskich oczu za szybą, i otarła łzy. Ten widok sprawił mu przykrość i rozgniewał jeszcze bardziej. Co go obchodziło, że jest zdenerwowana? Skoro pozbawiła go przed pięcioma laty szczęścia – i syna, jak się okazało?

– Zawsze był nieśmiały – oznajmiła. – Taką ma osobowość.

– Wiesz, jakie to bolesne? To, że mówisz mi o jego osobowości, a ja pytam, dlaczego taki jest?

Skinęła głową.

– Wiem. Przykro mi.

Zaklął.

– Słowa „przykro mi" niczego nie załatwią, prawda?

Pokręciła głową.

– Nie.

– Nie ma dla tego usprawiedliwienia – powiedział ostro. Wszystko się w nim gotowało: ból, gniew, strach. – Nie ma.

Pociągnęła żałośnie nosem; zrobiło mu się przykro. A przecież nią pogardzał. Drzwi za ich plecami rozsunęły się i nagle pojawił się między nimi Ryan, przywierając do matczynej nogi.

– Wszystko w porządku, maleńki. – Pogłaskała go po włosach.

Roman stał obok, niczym outsider, przyglądając się Caroline, która klęczała i tuliła do piersi swojego małego chłopca.

– Gotowy na pizzę? – spytała.

Ryan skinął głową.

– Może poprosimy pana Kazarowa, żeby się z nami wybrał? Chciałbyś?

Ryan wtulił twarz w ramię matki i nie odezwał się słowem. Roman odczuł siłę tej odmowy.

– Mam robotę – powiedział. – Jedźcie beze mnie.

Caroline wyglądała żałośnie. Roman odwrócił się i wszedł do pokoju, potem dotarł niemal na ślepo do gabinetu; zamknął drzwi i usiadł ciężko w fotelu. Świat na zewnątrz trwał w najlepsze. Ale jego świat zmienił się nieodwracalnie. Musiał się zastanowić, co dalej.

– Wyjeżdżamy.

Caroline leżała na kanapie, przeglądając sprawozdania, a Ryan i Blake grali w coś przy stole w jadalni. Wybrali się na pizzę, ale nie zajęło im to dużo czasu. Gdy tylko paparazzi koczujący pod restauracją zorientowali się, o kogo chodzi, zaczęli zasypywać ją pytaniami o nią i Romana. Ryan się rozpłakał, a Caroline straciła panowanie nad sobą. Na szczęście kierowca Romana zdążył zainterweniować, nim zdołała powiedzieć coś głupiego. Wsiedli pospiesznie do limuzyny i wrócili do hotelu.

Popatrzyła na Romana. Nie potrafiła zorientować się po jego minie, o czym myśli. Chciała go objąć, ale teraz było to wykluczone.

– Kiedy?

– Za jakieś dwie godziny.

Sprawiał wrażenie zamkniętego w sobie i chłodnego; rozejm nie trwał zbyt długo.

Nigdy wcześniej nie otworzył się przed nią tak, jak zrobił to tego popołudnia w limuzynie i w samolocie, kiedy powiedział jej o swoich rodzicach.

Inna sprawa, że nigdy go o nic nie pytała. Była młoda, samolubna, skupiona na własnym dramacie. Tak bardzo pochłaniała ją miłość do niego, tak bardzo łaknęła jego uwagi, że nigdy nie zadawała mu żadnych pytań. Uważała wtedy, że mają dla siebie całą wieczność. Chciała tylko wiedzieć, jak bardzo jej pragnie. Myślała wyłącznie o swoich uczuciach i o tym, jak go zatrzymać na zawsze. Była koszmarnie naiwna.

– To konieczne? – spytała. – Ryan idzie za godzinę do łóżka.

– Lecimy prywatnym samolotem. Może się przespać na pokładzie.

Chciała zaprotestować, ale się rozmyśliła. Nie było się o co spierać, poza tym czuła, że nie byłoby to w jej interesie.

– Dokąd mnie teraz zabierasz?

– Nie będziemy oglądać żadnych sklepów – odparł zimno.

– Myślałam, że tym się mamy właśnie zająć. – Dosłyszała panikę w swoim głosie.

Spojrzał w stronę stołu, przy którym siedział Ryan.

– Sytuacja się zmieniła. Nie uważasz, Caroline? – oznajmił z kamienną twarzą.

– Muszę nadzorować firmę – przypomniała mu. – Mamy zobowiązania.

Popatrzył na nią twardo.

– Nigdy nie miałaś szansy, nie rozumiesz tego? Nie dasz rady zapłacić.

– Wciąż mamy na to ponad tydzień – zauważyła. – Nie zamierzam się poddawać.

– Możesz pracować w każdym miejscu świata. Komputer, komórka, wideokonferencje. Proponuję, żebyś z tego korzystała, bo nie wracamy jeszcze do Nowego Jorku.

Zrobiło jej się gorąco.

– Myślisz, że będę na każde twoje skinienie? To nie dyktatura. Mam obowiązki. Ryan też musi...

Nachylił się do niej, twarz wykrzywiała mu wściekłość.

– Szantażujesz mnie, przypominając, czego potrzebuje nasz syn?

Uświadomiła sobie, że nic już nie będzie takie jak dawniej. Miała syna z Romanem Kazarowem i nie mogła powrócić do tego, co działo się jeszcze kilka godzin wcześniej.

– Nie. Mówię tylko, że nie możesz przewracać dziecku życia do góry nogami.

Wyglądał w tej chwili na tak przygnębionego, że zrobiło jej się go żal.

– Ty przewróciłaś moje – powiedział lodowatym tonem. – Wylatujemy za dwie godziny. Radzę ci się przygotować.

ROZDZIAŁ JEDENASTY

Kazarow i Caro – tak czy nie?

Caroline nie wiedziała, czego oczekiwać, ale jasnobłękitny ocean pod skrzydłami samolotu wyraźnie ją zaskoczył. Lecieli w nocy, teraz świtało. Krajobraz w dole wydawał się nieskończenie niebieski. Nagle przyszło jej do głowy, że zabiera ją do Rosji, gdzie prawa rodzicielskie nie mają znaczenia wobec bogactwa, i że będzie musiała się rozstać z synem. Wcześniej o tym nie pomyślała. Jednak ocean upstrzony był zielonymi wyspami. A więc to nie Pacyfik u wybrzeży Chin czy Rosji. Niebawem podłączyła się do internetu i uświadomiła sobie, że to Karaiby. Doznała ulgi, wciąż jednak nie wiedziała, o co chodzi Romanowi. Dokąd ich zabrał? I po co?

Kiedy wylądowali po godzinie, czekała na nich furgonetka. Wyruszyli z niewielkiego lotniska pustymi drogami porośniętymi bujną tropikalną roślinnością i dotarli do prywatnej posiadłości.

– To twoje? – spytała Romana, kiedy wysiedli z wozu.

Dom był jednopoziomowy, ale ogromny. Frontową werandę otaczały pelargonie i hibiskusy, a dziedziniec ocieniały palmy.

– Tak.

Nie była pewna, czy jej w ogóle odpowie.

– Co to za wyspa?

– Moja.

Nie mogła ukryć zdziwienia.

– Cała?

– To ekskluzywny kurort, gwarantuje prywatność. Żadnych paparazzi, którzy mogliby wam dokuczać. – Dał do zrozumienia, że wie o incydencie w restauracji. – Bywają tu gwiazdy filmowe, politycy, głowy państw, biznesmeni.

Zrozumiała. Przywiózł ich tutaj, by mogli czuć się swobodnie bez wszędobylskich kamer i mikrofonów.

– Nie miałam pojęcia – powiedziała, patrząc na rozległą połać piasku i turkusową wodę.

– Chcę iść na plażę, ale wujek Blake mi nie pozwala – poskarżył się Ryan.

– Wiesz doskonale, że wujka trzeba słuchać.

Chłopiec zrobił smutną minę.

– Tak, mamo.

Z głębi domu wyłoniła się czarnoskóra kobieta we wzorzystej sukience i zaprosiła ich do środka. Trzymała tacę z kolorowymi napojami.

– Witajcie na Isla San Jacinto.

Blake podał szklankę Ryanowi, potem obaj zniknęli w domu. Caroline już chciała ruszyć za nimi, ale zauważyła, że Roman patrzy na nią twardo.

– Powinien nosić nazwisko Kazarow – oznajmił.

– Nigdy nie wchodziło to w rachubę. Odszedłeś, pamiętasz?

Furia na jego twarzy pogłębiła się jeszcze bardziej.

– Nie miałem wyboru, Caroline. Straciłem wizę.

Popatrzyła na spienione fale przy brzegu. Tropikalny wiaterek marszczył jej włosy, przynosząc ze sobą zapach kwiatów.

– Wtedy nie wiedziałam o tym.

Parsknął ironicznie.

– A jednak wyszłaś za Jona, żeby ratować swoje cenne sklepy. Wątpię, czy powiedziałabyś mi prawdę, gdyby miało się to źle dla ciebie skończyć.

Tak, nie mylił się.

– Zrobiłam to, co musiałam.

– Ja też zrobię to, co muszę. Zbyt dużo mi odebrałaś. Od tej pory zamierzam uczestniczyć w życiu swojego dziecka. I oczekuję, że będzie się nazywał Kazarow.

– Na świadectwie urodzenia widnieje nazwisko Jona.

Wciąż sprawiał wrażenie nieugiętego i twardego. Postąpił krok w jej stronę, a ona poczuła pot na ciele. Wcale nie była pewna, czy to z powodu klimatu.

– Załatwimy to, Caroline. Przywrócimy chłopcu moje nazwisko. W sposób uświęcony tradycją.

– Co masz na myśli? – Wiedziała doskonale.

– Nie udawaj naiwnej.

Uniosła dumnie głowę.

– Nie możesz mnie poślubić. Jesteś notorycznym playboyem, człowiekiem, który nigdy się nie ustatkował. Nie chcesz tego.

– Skąd wiesz, czego chcę? Nigdy nie wiedziałaś. – Popatrzył na nią tymi zimnymi niebieskimi oczami.

– Możemy to jakoś załatwić – powiedziała. – Trochę to potrwa, ale załatwimy to. Możesz uczestniczyć w jego życiu. Nie zabronię ci tego.

Jak mogłaby za niego wyjść? Po tym wszystkim, co się wydarzyło? Gardził nią. Wiedziała, że to się nigdy nie zmieni.

– Tak jak nie zabraniałaś przez ostatnie dwa lata. – Widać było, że stara się nad sobą zapanować. – Masz pojęcie, jak bardzo tobą teraz pogardzam? Ile mi zabrałaś?

Odczuła te słowa jak cios.

– To po co chcesz się ze mną ożenić? Żadne z nas na tym nie skorzysta.

Uśmiechnął się bez cienia radości.

– Chodzi o to, że ty nie skorzystasz? Biedna Caroline Sullivan, zmuszona poślubić rosyjskiego wieśniaka. Czy twoi rodzice nie będą dumni?

Nie zastanawiając się nawet nad tym, co robi, podeszła do niego i pchnęła go całej siły. Cofnął się zaskoczony – ale po chwili znów się przy niej znalazł, nieporuszony jak skała. Przepełniała ją świadomość straszliwej niesprawiedliwości, świadomość tego wszystkiego, co poświęciła pięć lat wcześniej, gdy wykluczyła go ze swojego życia. Okłamała go wówczas, ale nie zamierzała robić tego dłużej.

– Kochałam cię, ty idioto! Zrobiłam to, co musiałam zrobić dla swojej rodziny, ale cię kochałam, i sprzeciwiłabym się, gdyby cena nie była tak wysoka. Gdyby chodziło tylko o mnie.

Roman wyglądał na osłupiałego. Potem się opanował. Zrozumiała, że jej nie wierzy.

– Bardzo zgrabnie powiedziane. Ale oboje znamy prawdę. Chodzi zawsze o twoje cenne sklepy, cokolwiek powiesz, prawda?

Przesunął po niej wzrokiem, w którym dostrzegła pożądanie – i była zaskoczona, że ją to podnieca. Po tym wszystkim.

– Mylisz się – oznajmiła stłumionym głosem. – I nie wyjdę za ciebie.

– Zobaczymy – powiedział z uśmiechem, który przyprawił ją o dreszcz.

Sam nie miał pojęcia, co robi. Patrzył, jak Caroline i Blake bawią się z Ryanem na plaży, i czuł się zbędny. Powiedział, że ją poślubi, żeby odzyskać prawa do dziecka – ale tak naprawdę nie miał pojęcia, jak być ojcem. Jego własny ojciec stanowił kiepski przykład. Czuł gorycz. Gdyby był tu od początku, gdyby patrzył, jak chłopiec dorasta, gdyby zmieniał pieluszki i tulił małego w nocy, to być może wiedziałby teraz, co robić. Nie byłby dla swojego dziecka kimś całkowicie obcym. Wydawało się, że chłopiec boi się go panicznie. Co gorsza, on sam się bał. Nigdy by się do tego nie przyznał. Na pewno nie przed Caroline. Mogłaby mu pomóc, tego był pewien, ale jak miałby ją o to poprosić?

Roześmiała się z czegoś, co powiedział Blake, i poczuł, jak ściska mu się serce. Kiedyś uwielbiał doprowadzać ją do śmiechu. Podejrzewał, że przez ostatnie lata nie miała wielu powodów do radości. Pomyślał o tym, jak opiekowała się umierającym mężem, tylko przyjacielem, nie kochankiem. Czuła się samotna? Przerażona? Zagniewana? Po chwili stłumił w sobie współczucie. Okłamała go. Nie dopuszczała do dziecka.

„Kochałam cię, idioto".

Nie wierzył w to. Powiedziałaby wszystko, byleby wzbudzić w nim litość. Byleby nie zniszczył jej świata. Popatrzyła na niego, jakby wyczuwając jego obecność. Nie odwrócił wzroku. Powiedziała coś do Blake'a, potem ruszyła w stronę werandy. Szła z wrodzonym wdziękiem, jak kobieta, której niczego nie brakuje i która nie dba o to, co ludzie o niej pomyślą. Miała na sobie czerwone bikini i białą koszulę zawiązaną w talii, na głowie słomiany kapelusz zakrywający twarz. Była opalona na złoto i piękniejsza niż wszystkie gwiazdki filmowe i modelki, które widywał na plażach tej wyspy. Poczuł wbrew sobie pożądanie, kiedy zmierzała w jego stronę. Był zaskoczony tym, że jej pragnie po tym wszystkim, co zrobiła.

– Przyłączysz się? – spytała, podchodząc bliżej. – Gramy w berka.

– W berka – powtórzył, jakby to słowo było mu obce.

Skinęła głową.

– Ryan to uwielbia. Mógłbyś go lepiej poznać.

– Za bardzo się boi – powiedział Roman chłodno. – Wszystkiego.

Wzruszyła ramionami.

– Mówiłam ci, taki już jest. Mógłby z tego wyrosnąć, ale nie pomożesz mu, stojąc tu z obrażoną miną. Pobaw się z nim. Zachowuj się normalnie.

Tak, chciał tego, a jednak bał się zrobić pierwszy ruch. Bał się, że nic z tego nie wyjdzie. Że chłopiec ucieknie przed nim. I co wtedy? Jak by sobie z tym poradził?

– Mam dużo pracy – powiedział. – Innym razem.

– Skończy szkołę, zanim znajdziesz dla niego czas.

– Międzynarodowa firma sama się nie poprowadzi – odparł sztywno, bo miała rację, a on szukał wymówki, żeby nie wyjść na głupca. Wiedziała o tym równie dobrze jak on.

W jej oczach pojawił się smutek.

– Kiedyś będziesz musiał zrobić ten pierwszy krok. Odwlekanie nic nie pomoże.

Zbliżyła się do niego. Widział zarys jej piersi pod białą koszulą; zapragnął nagle obnażyć je i całować. Zamknął oczy. Ilekroć mówił sobie, że nie powinien jej pożądać, że nawet nie powinien się nad tym zastanawiać, jego ciało sprzeciwiało się temu. Nigdy nie miał problemu, by skończyć z jakąś kobietą – z wyjątkiem tej jednej.

Spojrzała na niego, jasne włosy opadały jej złotą kaskadą na ramiona.

– Proszę cię, Romanie. Ryan to dobry dzieciak, ale potrzebuje twojej cierpliwości. Za kilka dni będzie uważał, że jesteś wspaniały. Musisz tylko od czegoś zacząć. Dlaczego nie zrobić tego teraz?

Milczał przez chwilę. Potem, nie mogąc nagle znieść myśli, że zostanie sam, podczas gdy oni będą się bawić na plaży, poczuł, jak jego opór topnieje.

– Dobrze – odparł. – Pójdę z tobą.

Następne dni, zważywszy na okoliczności, były niemal idealne. Caroline doszła tamtego popołudnia do wniosku, że musi pomóc Romanowi poznać lepiej ich dziecko. Choć gniewała ją jego arogancja i wyniosłość, uważała, że Ryan powinien mieć dobre relacje z człowiekiem, który był jego ojcem.

Pomyślała o swoim ojcu. Nie zawsze się ze sobą zgadzali, ale uczyniłaby wszystko, żeby znów był taki jak dawniej. Tęskniła za nim. Czy mogła pozbawić syna takiej bliskości z jego ojcem?

Była poruszana, ilekroć widziała Romana i Ryana razem. Chłopiec szybko pozbył się oporów, ale Roman wciąż czuł się niepewnie.

Och, czasem zapominał o tym i zachowywał się naturalnie – jak wtedy, gdy wziął ich na swój jacht i pozwolił chłopcu prowadzić łódź; stał za fotelem kapitańskim i opierał dłonie na ramionach chłopca, odpowiadając na niekończące się pytania, które Ryan mu zadawał.

Dzień wydawał się doskonały, słońce odbijało się od wody tysiącami błysków, a serce Caroline przepełniało zadowolenie. Blake patrzył na nią znacząco, jakby chciał powiedzieć: a nie mówiłem? Uśmiechała się do niego, szczerze rozradowana. Nie można było jednak zapominać o pewnych sprawach i choć nikt im nie zakłócał spokoju, tak jak Roman obiecał, Caroline pamiętała o tym, co dzieje się w świecie. Dlatego sięgnęła po telefon i zadzwoniła do matki.

– Musisz wrócić do Nowego Jorku – usłyszała. – W gazetach roi się od plotek o tobie i tym koszmarnym człowieku. Muszę chować prasę przed twoim ojcem. Gdyby się dowiedział, że Roman Kazarow przejmie niedługo jego firmę... to by go zabiło.

Caroline zamknęła oczy. Wątpiła, czy ojciec w ogóle pamięta, kto to jest Roman.

– Mamo, prawda jest taka, że tata podjął kilka złych decyzji i teraz mamy poważne kłopoty. Staram się to naprawić, ale nie jest łatwo.

Pozostało im tylko kilka dni do spłaty; wszyscy ludzie w firmie pracowali po godzinach. Nawet ona, spędzając mnóstwo czasu nad papierami i przy telefonie. Wyniki wciąż były fatalne – czuła się zmęczona i bliska rezygnacji. Za każdym razem jednak budził się w niej gniew na samą siebie. Nie zamierzała się poddawać. Jej ojciec by tego nie zrobił, Jon też nie. Jeszcze kilka dni. Potrzebowali cudu, ale wszystko wydawało się możliwe. Dzwoniła do znajomych, szukając inwestorów. Znalazła kilku.

Matka pociągnęła znacząco nosem. Jessica Hartshorne pochodziła z bardzo starej i szanowanej rodziny nowojorskiej, i choć wielu z jej sfery uważało, że popełniła mezalians, wychodząc za zwykłego biznesmena, nigdy się z tym nie zgadzała. To, co powiedziała o Romanie, zakrawało na ironię.

– Niekiedy chce iść do biura.

Caroline dosłyszała ból w głosie matki i poczuła głęboki smutek.

– Wykluczone, mamo. Wiesz o tym.

– To takie... trudne – odparła matka urywanym głosem. – Nawet przy opiece pielęgniarki. Nie przypuszczałam, że będzie to przebiegało tak szybko. Wczoraj popatrzył na mnie jak na obcą osobę. Zapomina moje imię...

– Przykro mi – powiedziała Caroline ze łzami w oczach. – Wszystko, co możemy zrobić, to zapewnić mu opiekę. Żeby się czuł szczęśliwy.

Rozmawiały jeszcze przez kilka minut. Caroline czuła się taka przybita, zdruzgotana. I bezradna. Wiedziała, że powinna być teraz przy boku matki, ale niczego by to nie zmieniło.

Otarła chusteczką oczy. Zauważyła, że jest przy niej Roman. Nie wiedziała, jak długo stoi w drzwiach kabiny. Był wyraźnie zaniepokojony.

– Co się stało, Caroline? Coś z twoim ojcem?

Chciała zaprzeczyć, ale wybuchnęła tylko płaczem.

ROZDZIAŁ DWUNASTY

Czy miliarder i playboy ustatkuje się w końcu?

Podszedł do niej i wziął ją w ramiona. Przyniosło jej to pociechę, ale też sprawiło, że zaczęła jeszcze bardziej szlochać. Nie tylko z powodu ojca. Płakała nad Romanem, nad sobą i ich dzieckiem, nad Jonem i Blakiem. Nad wszystkim, co straciła przez te lata – i co jeszcze mogła stracić.

– Przepraszam – powiedziała, wtulając twarz w jego pierś. Wydawał jej się w tej chwili taki ciepły, taki pewny.

Przesuwał palcami po jej plecach. Starał się ją tylko uspokoić, nie wątpiła w to, ale jej ciało zareagowało natychmiast. Odchyliła głowę i wspięła się na palce, żeby go pocałować. Zesztywniał – a potem zaczął całować ją zapamiętale, jakby umierał bez niej.

Jego duże dłonie powędrowały ku górze i objęły jej piersi.

Tak szybko poddała się jego władzy. Minął ponad tydzień od chwili, gdy kochali się w Los Angeles, a jej wydawało się, że upłynął wiek. Sądziła wcześniej, że nigdy już nie zechce jej dotknąć. Ale zrobił to; wciąż jej pożądał.

Pragnęła poczuć go w sobie. Teraz. Jej dłoń powędrowała do paska jego bermudów. Wydał z siebie głębokie westchnienie – i odsunął ją od siebie.

– Dosyć – powiedział chrapliwie, a ona zatoczyła się i oparła o krawędź biurka, przy którym siedziała kilka chwil wcześniej. – Pragnę cię, ale nie tak. Nie wtedy, kiedy płaczesz.

Odetchnęła urywanie, skupiając się na tych dwóch słowach: pragnę cię. Pragnął jej. Nadal. Spuściła wzrok. Wydawało jej się, że jest kłębowiskiem sprzecznych emocji. Coś się w niej przełamywało. Coś, czego się bała. I miało to związek z tym mężczyzną. Wiedziała, że nie wszystko jest między nimi przekreślone, jak sądziła.

Położył dłonie na jej ramionach.

– Możesz mi powiedzieć, co się stało? – Głos miał niemal czuły.

Zawahała się. Jak mu to powiedzieć? Gdyby milczała, nabrałby podejrzeń.

– Mój... ojciec jest chory.

– To musisz się nim zająć.

Znowu zachciało jej się płakać. Wciąż starała się chronić swoją rodzinę, a on próbował jej pomóc wbrew wszystkiemu, czego doznał od Sullivanów.

– To nie jest konieczne. – Przygryzła wargę. Jak miała to wyjaśnić i nie powiedzieć za dużo? – To przewlekła choroba, ma pewnie przed sobą jeszcze wiele lat, ale... to trudne.

– Dlatego się wycofał?

– Musiał. Nie dałby rady pracować.

– Przykro mi, Caroline.

Miała już dość walenia głową o mur, była zmęczona walką, która nie przynosiła rezultatów.

– Tak, podejmował złe decyzje, ale nie wiedzieliśmy, że jest chory. Starałam się wszystko naprawić, ale i tak nie będzie to miało wkrótce znaczenia, prawda? Zrobisz to, co zazwyczaj, i Sullivanowie będą skończeni.

Przez chwilę wydawał się zagniewany, potem znów wziął ją w ramiona. Pachniał morską wodą i słońcem; pulsował życiem.

– To nie w twoim stylu poddawać się tak łatwo – zauważył po chwili. – Co się stało z tą determinacją, by pobić mnie w mojej własnej grze?

Westchnęła. Oczywiście, chciała ocalić rodzinne dziedzictwo. Pragnęła po prostu, by wszystko wyglądało prościej, by tak bardzo nie bolało i nie wymagało takiej ceny. Zresztą dla kogo to robiła? Zawsze uważała, że dla rodziny, dla siebie. I dla Ryana. Ale gdyby firma przepadła, to co by właściwie straciła? W porównaniu z mężem, z ojcem, z człowiekiem, który kiedyś był dla niej całym światem?

Dopóki miała syna, miała wszystko. Może nadeszła pora, by zerwać z przeszłością i zdać się po prostu na życie?

– Jestem zmęczona – wyznała. – Firma kosztowała mnie przez te lata zbyt wiele. Niech ktoś inny przejmie odpowiedzialność. Może zamiast rozbijać interes, mógłbyś nas przejąć i zachować bardziej dochodowe sklepy.

Milczał długą chwilę.

– Mówisz tak tylko dlatego, że jesteś zdenerwowana. Minie godzina i znów zaczniesz walczyć. Masz swoją firmę we krwi.

– Żałuję tego – rzuciła gniewnie, bo wiedziała, że Roman ma rację.

Ale mówiła szczerze. Ten jeden raz chciała uwolnić się od ciężaru odpowiedzialności. Jej wysiłki na niewiele się zdały. Czuła się jak Syzyf skazany na swoją koszmarną karę.

W życiu musiało przecież chodzić o coś lepszego, ważniejszego. Przytulona do Romana, słyszała mocne, pewne bicie jego serca, i wiedziała, co to takiego.

Miłość. Rodzina. Radość.

I zrozumiała, że wciąż go kocha. Była to radosna świadomość – i otrzeźwiająca. Kochała tego człowieka, a mimo to go zdradziła. Zdradziła ich oboje. Wzięła to, co do niej czuł, i roztrzaskała jak cenny kryształ. Ogarnął ją strach. Jak można naprawić coś tak bardzo zniszczonego? Pragnął jej fizycznie, ale to już było za mało. Chciała tego, czego należało chcieć od początku – Romana, Ryana, życia wypełnionego miłością i szczęściem. Czy było to jeszcze możliwe? Wyczuła w nim zmianę, kiedy tak stali w milczeniu, chęć, by się od niej odsunąć. Pierwsza opuściła ręce, bo nie chciała czekać, aż ją odepchnie.

Cofnął się, twarz miał pozbawioną wszelkich emocji. Zamarło w niej serce.

– Wcale tak nie uważasz, Caroline.

Nie wiedziała w pierwszej chwili, o co mu chodzi, a potem sobie uświadomiła – o jej wcześniejsze słowa, że ma firmę we krwi. I że tego żałuje.

– A jeśli tak jest? Jeśli chcę się cofnąć i zacząć od nowa? Dokonać tym razem innego wyboru?

Nie udawał, że nie rozumie. Widziała to w błysku jego niebieskich oczu.

– Przestań – odparł twardo. – Dokonałaś wyboru. Zniszczyłaś wszystko, kiedy odeszłaś, zabierając nasze dziecko.

Zjedli obiad na werandzie – krewetki, kurczak, warzywa z grilla, ryż i fasola, pieczone banany, do tego białe wino i kawa. Caroline jadła w milczeniu, słuchając paplaniny synka. Wciąż zerkała na Romana.

Zdawał się rozumieć, jak duże znaczenie ma rozmowa z synem. Był trochę zaskoczony mnogością pytań ze strony malca, ale odpowiadał na nie przyjaźnie. Jakby pojmował, że dziecko musi czuć się przy nim swobodnie.

Po posiłku Blake oznajmił, że czas na kąpiel. Chłopiec zaczął protestować.

– Nie ma dyskusji, młody człowieku. Najwyższa pora.

Ryan zwrócił się do matki.

– Chcę, żeby pan Roman ze mną poszedł – powiedział.

Roman spojrzał jej prosto w oczy. Spuścił wzrok.

– Musisz go poprosić – wyjaśniła.

Chłopiec obrócił się w stronę ojca. Wiedziała, jak trudno mu przezwyciężyć wrodzoną nieśmiałość. Nie znali się zbyt długo.

– Zabierze mnie pan do kąpieli? – spytał niepewnie.

Roman milczał przez chwilę. Potem spojrzał na Caroline; zorientowała się, że zrozumiał, jakie to ważne. Wstał bez słowa. Niemal wstrzymała oddech. Wyciągnął rękę do Ryana, a ten zsunął się z krzesła i ujął dużą dłoń. Stali tak przez długą chwilę; Roman patrzył na nią niewzruszenie. Nie wiedziała, co kryje się za tym enigmatycznym spojrzeniem: Nienawiść? Gniew? Uraza? Pewnie wszystko po trochu. W końcu oderwał od niej wzrok, a ona poczuła się nagle opuszczona.

– Musisz mi powiedzieć, jak ta kąpiel ma wyglądać – zwrócił się Roman do chłopca. Obaj zniknęli w głębi domu, Ryan cały czas paplał podekscytowany.

Caroline popatrzyła na Blake'a, oczy miała pełne łez.

– Och, kochanie. – Blake podszedł do niej i ścisnął jej ramię. – Wszystko się ułoży. Roman potrzebuje tylko czasu.

– Nie jestem pewna. Zniszczyłam to, co czuł do mnie dawno temu.

– Wątpię w to. Zobaczysz. Zaufaj mi.

Drogi, kochany Blake. Uśmiechnęła się.

– Jesteś prawie tak arogancki jak on, wiesz o tym?

Wyglądał na bardzo zadowolonego.

– Wiem, co wiem.

Roman znalazł ją na plaży. Nie szukał jej specjalnie, chciał się po prostu przejść w tropikalnym zmierzchu. Najwidoczniej potrzebowała tego samego. Ścisnęło mu się serce na jej widok, jak to często teraz bywało. Złote włosy spływały po jej plecach, w dłoni trzymała buty, nogi były odsłonięte do pół uda. Świadomość, że jej nienawidzi i pragnie jednocześnie, uderzyła go z siłą ciosu. Tyle że nie mógł się już dłużej okłamywać. Nie żywił do niej nienawiści. Nigdy. Nienawidził tego, co mu zrobiła, tej zdrady, która kosztowała go tak wiele. Jak mógłby jej nienawidzić? Matki swojego dziecka? Była wtedy młoda i pragnęła zadowolić ojca. Oczywiście, zrobiłaby wszystko, czegokolwiek zażądałby Frank Sullivan. Poczuł gniew na myśl o tym człowieku, ale po chwili przypomniał sobie o jego chorobie. Przez lata winił Sullivanów za los matki, ale to przecież jego ojciec doprowadził ją do tak koszmarnego stanu. Gdyby Andriej Kazarow nie był brutalem i draniem, nie wymagałaby opieki, na którą Roman nie mógł sobie pozwolić.

Patrząc na Caroline, zrozumiał, że nigdy nie poradzi sobie z tym, co do niej czuje. Jakby utknął w labiryncie i nie wierzył, że uda mu się z niego wydostać. Stała do niego plecami, woda obmywała jej kostki. Jakimś cudem go usłyszała. Odwróciła się, jej oczy w bladej twarzy wydawały się ogromne. Przez chwilę chciał wziąć ją w ramiona. Potem jednak przypomniał sobie, jak jego syn nazwał go „panem Romanem", i poczuł w sercu ból. Milczała, patrząc tylko tymi dużymi oczami pełnymi cierpienia; ogarniał go gniew. To on miał prawo cierpieć, nie ona. Pomyślał o swoim małym chłopcu, o swojej nieporadności, kiedy go kąpał i kładł do łóżka. Jak mógłby jej to wybaczyć?

– Przepraszam, Romanie – powiedziała w końcu. – Za wszystko.

– Przeprosiny niczego nie załatwią.

Spuściła głowę.

– Wiem. Ale nie mogę zrobić nic innego.

Stanął obok niej i spojrzał w morze, tak jak ona. Nie odzywali się przez nieskończenie długą chwilę, wsłuchani w głos fal.

– Kiedy wróciłem do Rosji, nie miałem pieniędzy. Ani pracy. – Nie mógł wprost uwierzyć w to, co zamierza jej powiedzieć. A jednak musiał. Chciał pozbyć się dławiącej go wściekłości. – Moja matka przebywała w domu opieki. Posyłałem jej pieniądze, pracując dla twojego ojca. A kiedy przyjechałem do kraju, nie mogłem już opłacać jej pobytu w tym domu.

– Och, Roman...

Uciszył ją gestem uniesionej dłoni.

– Musiałem przenieść ją do taniego mieszkanka w Moskwie. Zajmowaliśmy się nią na zmianę, ja i bracia. Zatrudnialiśmy pielęgniarkę, o ile było nas na to stać. Pozbawiona specjalistycznej opieki umarła prędzej, niż się spodziewaliśmy.

Po policzkach Caroline spłynęły łzy. Poczuł na barkach dojmujący ciężar. To nie była jej wina. Gdyby dalej pracował dla Sullivanów, jego matka i tak by umarła. Tyle że w lepszych warunkach.

– I tak by umarła – powiedział cicho.

– Co jej się stało?

Zamknął oczy, jakby chcąc uciec od wspomnień.

– Mój ojciec był bardzo gwałtownym człowiekiem. Nie mówmy o tym.

Objęła go i ukryła twarz na jego piersi. Nie ruszał się przez chwilę. Potem otoczył ją ramionami i przytulił mocno.

ROZDZIAŁ TRZYNASTY

Plotki o zmianach u steru firmy.

Caroline czuła w tym momencie tak wiele – miłość, smutek, troskę, strach.

– Nigdy mi nie powiedziałeś, że twoja matka jest chora.

– Byliśmy zbyt zajęci innymi sprawami. Ilekroć rozmawialiśmy.

Na jego twarzy malował się ból. Zdawało się, że łączy ich coś więcej niż tylko dziecko.

– Szkoda, że nie wiedziałam.

Wzruszył ramionami.

– Nic nie można było zrobić. Opiekowano się nią.

– Przykro mi. Wiem, jak to jest stracić kogoś ukochanego i być całkowicie bezradnym.

Założył jej kosmyk włosów za ucho, a ona poczuła się wzruszona tym gestem.

– Bardzo przeżyłaś śmierć Jona.

– Był moim najlepszym przyjacielem. I dobrym ojcem dla Ryana. Kochał go jak własnego syna.

Roman milczał przez chwilę.

– Cieszę się. Zwłaszcza że nie było mnie przy chłopcu.

– Powinieneś być, a ja powinnam ci powiedzieć, gdy tylko się dowiedziałam, gdzie jesteś.

– Zaczynam sądzić, że nic nie jest takie proste, jak się wydaje. Oboje popełniliśmy błędy.

– Naprawdę?

– Tak – odparł z powagą. – Uwierzyłem ci zbyt szybko, kiedy powiedziałaś, że mnie nie kochasz. Trzeba było o ciebie walczyć.

– Nie miałoby to znaczenia – odparła, czując ciężar własnych słów. – I tak musiałam wyjść za Jona, żeby ocalić firmę. Nie mogłam pozwolić, by ucierpieli ludzie. I nie chciałam patrzeć, jak przepada moje dziedzictwo.

Wziął ją za rękę.

– Dlatego tak zaciekle teraz walczysz. Dlatego nie chcesz się poddawać.

– To także dziedzictwo Ryana. Nie mogę pozwolić, żebyś je zniszczył.

– Jest moim synem, Caroline. Odziedziczy po mnie wszystko, co zbudowałem. I twoją firmę także.

– Myślałam, że chcesz ją unicestwić.

– Jestem biznesmenem i zrobię wszystko, co jest dla firmy korzystne. I dla mnie.

Ulga, miłość, wdzięczność – czuła teraz to wszystko. Sądziła początkowo, że Roman chce się na niej odegrać. Może jednak nie zniszczyłby niczego? Może zdołaliby zbudować coś na gruzach przeszłości? Może tym razem by się udało?

– Sullivanowie nie powinni znaleźć się w takiej sytuacji – powiedziała. – Ale wszystko zaczęło się psuć, a my nie zdawaliśmy sobie sprawy... – Przełknęła z wysiłkiem. Ukrywali prawdę o chorobie ojca z obawy przed medialnym spektaklem.

– Z czego nie zdawaliście sobie sprawy?

Czuła w piersi ból.

– Że ma początki alzheimera. Że traci poczucie tożsamości i staje się łatwym łupem dla tych, którzy chcieli skorzystać na jego błędach.

Roman nie krył osłupienia.

– Trudno w to uwierzyć. Twój ojciec zawsze wszystkim imponował. Zaledwie pięć lat temu...

– Wiem. Ale to prawda. Już prawie niczego nie pamięta. Nie poznaje mnie. Ani Ryana.

– Tak mi przykro.

Odwróciła się nagle od niego, zmagając się ze łzami. Życie wyglądało teraz inaczej niż pięć lat temu. Niż dwa lata temu czy nawet rok. Było bardziej puste, trudniejsze, a ona odczuwała zmęczenie. Tak, była zmęczona udawaniem, że wszystko jest okej. Że jest silna, choć w rzeczywistości nie czuła się taka.

– Nie musisz okazywać siły w każdej minucie dnia, Caroline.

– Nic na to nie poradzę. Tylko to mi pozostało.

Przyciągnął ją do siebie. Przywarła do niego. Właśnie tu chciała być, w ramionach tego mężczyzny, w jego życiu. Mówił coś cicho po rosyjsku. Nie rozumiała, ale brzmiało to pięknie. Potem odchylił jej głowę i przywarł do niej ustami. Gorący, namiętny pocałunek, który przypominał błyskawicę. Jej ciało płonęło. Pragnęło. Upadli na mokry piasek. Fala znów napłynęła i Caroline westchnęła, czując jak woda ją obmywa, ale nie przejmowała się tym, że jest mokra. Morze było ciepłe, ale bryza przynosiła chłód. Roman uniósł się nad nią, kiedy zadrżała, a w jego oczach malowała się troska. Potem jednak przesunął po niej spojrzeniem; sukienka przywierała do każdej wypukłości i każdego wgłębienia jej ciała. Jego wzrok skupił się na jej sutkach zaznaczających się wyraźnie pod cienkim materiałem. Po chwili rozpiął jej sukienkę, żeby dotknąć ciepłymi ustami zimnego ciała. Caroline wygięła się, gdy poczuła na piersi jego język. Tego właśnie chciała, za tym tęskniła tak długo. Pomyślała, że tamta cudowna noc w Los Angeles skończyła się zbyt szybko. Teraz zachowywała się jak szalona, przynaglając go coraz bardziej, nim mógłby się rozmyślić, nim coś mogłoby przerwać tę magiczną chwilę.

– Pragnę cię – rzuciła bez tchu, kiedy ssał jej pierś. – Błagam, Romanie.

Uniósł wtedy głowę i przez kilka sekund patrzyli sobie w oczy. A potem znów się pochylił i przywarł do niej ustami. Objęła go za szyję, jakby się bała, że zmieni nagle zdanie. Przesunął dłonią w dół, ku jej biodru, a potem wniknął w nią. Rozpiął jej sukienkę do końca, odkrywając jej ciało dla chłodu nocy i swoich rozpalonych oczu.

– Caroline... jak bardzo cię pragnę.

Pożądanie w jego głosie było przejmujące. To, co działo się między nimi, przypominało falę – nieuniknioną, niepowstrzymaną, bezczasową.

– Weź mnie – nakazała Caroline zduszonym szeptem. – Jestem twoja.

Zerwał z siebie podkoszulek. Chwilę później ich palce splątały się z jego palcami przy tasiemkach jego bermudów. Uporał się błyskawicznie z jej skąpymi majteczkami i już po chwili unosił jej biodra, by wbić się w nią jednym gwałtownym ruchem. Ich złączenie było intensywne, piękne. Unosili się i opadali niczym fala, ich ciała syciły się sobą. Caroline osiągnęła szczyt o wiele za szybko, Roman chwilę później, jego chrapliwy krzyk odbił się echem w nocnej ciszy i szumie morza. Objęła go mocno, jakby w obawie, że ją zostawi, nim ona zdoła powrócić do rzeczywistości. Dyszał ciężko jak po długim biegu. Zsunął się z niej, ale ona wciąż do niego przywierała; po chwili leżeli na boku, patrząc na siebie. Odgarnął jej mokre włosy z policzków i czoła. Ten gest był boleśnie delikatny. Przepełniało ją to, co czuła, co chciała powiedzieć, ale milczała. I bała się.

– Zabijasz mnie – powiedział cicho. – Na wszelkie możliwe sposoby.

– Nie chcę tego robić.

– Nigdy nie chciałaś. Ale to robisz.

Przesunęła dłonią po jego policzku.

– Wydaje mi się, że to wzajemne. Nigdy nie przestałam o tobie myśleć.

Ujął jej dłoń i przycisnął do ust.

– Chcę mieć ciebie i naszego syna. Chcę, żeby tak się stało, Caroline.

– Spróbujemy to osiągnąć.

Znacznie później leżeli razem w łóżku; z zewnątrz docierał szum morza i muzyka dzwonków wietrznych. Kiedy wrócili z plaży, Caroline była niemal pewna, że każde z nich pójdzie do siebie, pomimo tego, co przeżyli. To, co było między nimi, wydawało się wciąż kruche; nie przypuszczała, że Roman zechce mieć ją w łóżku. Myliła się.

Pociągnął ją w stronę swojego pokoju, gdzie spłukali z siebie piasek pod prysznicem, a potem padli na wielkie łóżko osłonięte moskitierą i oddali się słodkiej, powolnej miłości, która rozdzierała jej serce i nie pozwalała ukryć tego, co do niego czuła.

– Kocham cię – krzyknęła, eksplodując niemal z rozkoszy.

Nie odpowiedział jej tymi samymi słowami, ale miał bezustannie jej imię na ustach. Caroline nie mogła spać; wstała i wyszła na werandę, gdzie skuliła się na szezlongu. Miała na sobie podkoszulek Romana i teraz chłonęła jego woń. Potem, oparta o poduszki, wpatrywała się w spienione fale. Księżyc rzucał na wodę metaliczny blask. Otoczyła się ramionami, by nie czuć chłodu.

– Co tam robisz? – usłyszała zaspany głos Romana. Odwróciła się i zadrżała na widok jego nagiej piersi. Wyszedł na zewnątrz, nie mając nic na sobie.

– Nie mogłam zasnąć.

Usiadł na szezlongu obok niej i wziął ją w ramiona. Poczuła ciepło jego ciała i przytuliła się do niego.

– Chcesz porozmawiać?

Zamknęła oczy i przywarła do niego ustami.

– Nie ma o czym.

Odchylił jej głowę i popatrzył w oczy. Serce zabiło jej żywiej, kiedy pomyślała, że ją kocha, naprawdę, tak jak kiedyś. Czy to było możliwe? Kiedykolwiek? Czy też tylko się oszukiwała, ryzykując bolesny upadek?

– Musi coś być – odparł głębokim i namiętnym głosem.

– Martwię się o wiele rzeczy. I nie chcę teraz tracić na nie czasu.

– To o czym chcesz porozmawiać?

Popatrzyła na niego. Jego oczy wyglądały w ciemności jak dwa płomyki; zadrżała, wiedząc, co kryje się za tym enigmatycznym spojrzeniem.

– A jeśli nie chcę o niczym rozmawiać? Jeśli chcę tylko czuć?

Jego uśmiech poruszył nią do głębi.

– Można to załatwić, ale wolałbym najpierw porozmawiać.

Westchnęła. Jak mogła wyrazić to, co czuje?

– O czym tu mówić? Wiesz już wszystko.

Jego uśmiech przygasł, a ją ogarnął lęk.

– Nie wszystko. Prawdę powiedziawszy, wiele straciłem.

Objęła go mocno. Mówiła wcześniej o swoim ojcu, o firmie, ale wiedziała doskonale, o co mu chodzi. Wiedziała, skąd ten jego smutek.

– Mam kolorowanki i nagrania wideo. Tak, to nie to samo, ale chcę ci je pokazać, kiedy wrócimy do Nowego Jorku.

Opuścił wzrok, a ona z trudem zapanowała nad łzami. To wszystko między nimi było wciąż tak kruche, że mogło się w każdej chwili rozpaść. Po chwili spojrzał na nią.

– Tak, chcę to zobaczyć.

Odwróciła głowę, by ukryć łzy.

– Nie winię cię, że mnie nienawidzisz.

Milczał przez długą chwilę.

– Nie nienawidzę cię.

Spojrzała na niego z niedowierzaniem.

– Dlaczego? Tyle przeze mnie straciłeś. Z powodu naszego związku.

– Coś zyskałem – odparł. – Syna.

Zacisnęła odruchowo dłonie.

– Jestem zła na ojca. Za to, że odprawił cię w taki sposób, że podejmował złe decyzje, że nie poznaje mnie już nawet...

Przygryzła wargę. Roman obrócił ją delikatnie w swoją stronę.

– Nie możemy zmienić przeszłości. A w przypadku twojego ojca nie możemy zmienić nawet przyszłości. Ale możemy zrobić coś z naszą.

– Naprawdę tak uważasz?

Patrzył na nią poważnie.

– Tak. Wyjdź za mnie. Żyjmy tak, jak powinniśmy żyć od samego początku.

Jeszcze tydzień wcześniej nie chciałaby nawet o tym myśleć. Ale tyle się w tym czasie zmieniło. Liczyło się tylko to, co do niego czuła. Chciała się zgodzić. Było to takie kuszące. Ale gdyby powiedziała „tak", gdyby uwierzyła w to szczęście, jak długo by trwało? Czy też upadek byłby tym razem boleśniejszy?

– Boję się, Romanie. A jeśli się nie uda?

Westchnął.

– To zajmiemy się tym, kiedy nadejdzie krytyczny moment.

Nie chciała o tym myśleć. Przyciągnęła go do siebie i przywarła do jego zdumiewającego ciała.

Bała się zniweczyć marzenia, które dopiero się rodziły.

– Pocałuj mnie – poprosiła.

– Nie skończyliśmy jeszcze tej rozmowy – powiedział.

Cała pulsowała pożądaniem. Roman siedział nieruchomo, kiedy ocean szumiał na plaży, a dzwonki wietrzne pobrzękiwały – potem zaklął i przywarł do jej ust.

ROZDZIAŁ CZTERNASTY

Czy Caro jest w ciąży? Plotki o ślubie na wyspie...

Roman wiedział o miłości jedno – że nie trwa zbyt długo. Z jego doświadczenia wynikało, że nie była nigdy dostatecznie silna, by pokonać przeciwności losu. A jednak leżał u boku kobiety, którą kochał kiedyś ponad wszystko. Trzymał ją w ramionach i nazywał swoją miłością. Nie wiedziała, co do niej mówi, ale mówił. Te słowa – *lubimaja maja* – wyrwały mu się bezwiednie. Zaskoczyły go całkowicie.

Jak mógł coś takiego zrobić? Jak mógł znów się narazić na ból?

Jak mógł ją kochać?

Nie wiedział, ale bał się, że tak właśnie jest. Bał się też w głębi duszy powtórki sprzed pięciu lat. Powiedziała tego wieczoru, że go kocha – ale czy sama w to wierzyła? Czy pragnęła go tylko dlatego, że chciała uratować swoją firmę? Czy tylko o to chodziło?

Nie wiedział. Potem jednak pomyślał o tych kilku ostatnich dniach spędzonych razem, o tym, jak próbowała ocieplić jego relacje z Ryanem. Instynkt mu podpowiadał, że Caroline jest szczera.

Jednak w głowie kłębiły mu się pytania. Przeszłość była jak zwinięty wąż, gotów uderzyć w każdej chwili. Do diabła, to miało być takie proste. Jego plan polegał na tym, żeby wrócić do Nowego Jorku i wydrzeć firmę potężnym Sullivanom. Kazać im zapłacić za wszystko, co mu uczynili. Uświadomił sobie jednak, że to żadne rozwiązanie, choć ta myśl towarzyszyła mu bezustannie. Caroline była taką samą ofiarą tej sytuacji jak on. Rodzice zmusili ją, by go opuściła, a potem zmusili jego do wyjazdu ze Stanów, żeby nie mogła się rozmyślić.

Popatrzył teraz na nią, zwiniętą w kłębek; ogarnęła go duma i pożądanie. Była nieustępliwa i robiła dla najbliższych to, co uważała za słuszne. Czy zachowałby się inaczej, gdyby chodziło o los tak wielu ludzi? Wiedział, że odpowiedź brzmi: nie. Zrobiłby dokładnie to, co ona. Przesunął palcami po jej delikatnym ciele i uśmiechnął się, kiedy westchnęła i przysunęła się do niego.

Było mu dobrze. Z nią, z Ryanem. Nie zdradzał pamięci swojej matki, rezygnując z zamiaru doprowadzenia Sullivanów do upadku. Zresztą wiedział, że Caroline nie chciałaby, żeby zrobił coś takiego. Była w głębi duszy łagodna. Zbyt łagodna. Stanowiło to jej największą słabość. Było mu jej żal, ale nie mógł winić nikogo innego za konsekwencje jej wyborów. Musiał sobie odpuścić. Musiał pójść dalej i skupić się na przyszłości.

Obrócił się na bok i przyciągnął ją do siebie. Poruszyła biodrami, a on zareagował natychmiast. Obudziła się – a może w ogóle nie spała – i teraz zaczęła poruszać biodrami z rozmysłem, dręcząc go.

– Zamierzasz się nim posłużyć? – spytała prawie bez tchu.

Przywarł ustami do jej szyi.

– A chcesz?

W odpowiedzi przesunęła nogę, odsłaniając się przed nim. Wszedł w nią od tyłu, wypełniając ją. Potem zapadli w sen, przywarci do siebie, jakby się bali, że coś rozdzieli ich w nocy.

Caroline siedziała w gabinecie z widokiem na plażę i próbowała się skupić na rozmowach telefonicznych, które prowadziła od szóstej rano. Ryan bawił się na piasku, a Blake siedział pod parasolem, z drinkiem i książką w dłoni. Nie widziała Romana od wczesnych godzin, kiedy obudził ją pocałunkami i pieszczotami. Powiedział, że musi się zająć jakimiś sprawami w kurorcie i że wróci później. Spojrzała na zegarek; było już po trzeciej. Pomyślała, że jest żałosna, pragnąc go tak bardzo i harując jednocześnie, żeby ocalić firmę przed upadkiem i przed nim. Nie wierzyła, by był zdolny zniszczyć ją teraz. Nie, był mądry. Nie stworzył ogromnego wielomilionowego konglomeratu, podejmując głupie decyzje. Nie zrobiłby tego, by zaspokoić głód zemsty.

Westchnęła. Miała wrażenie, że rozumieją się coraz lepiej, jakby przyszłość nie budziła już takiego lęku.

Ale z drugiej strony wciąż ją przerażała. Jej życie już tyle razy rozpadało się na kawałki; trudno było uwierzyć, że to się nie powtórzy. Zwłaszcza gdy wydawało się, że szczęście jest w zasięgu ręki.

Zamknęła oczy. Pomyślała, że wszystko będzie dobrze. Wierzyła niezachwianie, że oboje wykażą się rozsądkiem i uporają się z problemami jak dwoje dorosłych ludzi. Mieli dziecko. Musieli myśleć przede wszystkim o Ryanie.

Położyła telefon na biurku. Dokumenty, które przeglądała, dowodziły, że sytuacja jest lepsza niż jeszcze przed dwoma tygodniami, ale niewystarczająco dobra. Znalazła inwestorów i zwiększyła zyski, ale to było za mało, żeby spłacić na czas należności. Szli na dno. Należało zaakceptować bolesną prawdę. Zdawała sobie sprawę, że nazajutrz, jeśli nie zdarzy się jakiś cud, firma będzie należeć do Kazarow Industries. Wciąż nie wiedziała, co o tym myśleć. Odczuwała jednak smutek, lęk i gniew na myśl o tym, że rodzinne dziedzictwo przejdzie w obce ręce. Nie miała żadnych wątpliwości, że matka będzie zdruzgotana, a ojciec się nawet nie zorientuje. Wstała, żeby pójść na plażę i oderwać się na chwilę od tego wszystkiego. Nim zdążyła dotrzeć do drzwi, zadzwonił telefon. To był dyrektor finansowy.

– O co chodzi, Rob?

– Nie uwierzysz – powiedział tonem człowieka, który właśnie wygrał na loterii. – Ale mamy kolejnego inwestora. Damy radę.

Poczuła, jak wali jej serce.

– Powtórz.

– Będziemy mieć pieniądze, Caroline. Kazarow nie wygra.

Usiadła za biurkiem.

– Jesteś pewien? – Nie wydawało się to możliwe, a jednak... Ogarnęła ją radość i jednocześnie przygnębienie.

Naprawdę się przejmowała, że Roman przegra! Zamrugała zdumiona, podczas gdy Rob wyjaśniał, kim jest ich zbawca.

– To europejska grupa inwestycyjna. Chcą rozszerzyć działalność w Stanach...

Nie słuchała dłużej. Firma miała przetrwać. Pod jej kierownictwem. Roman niczego nie będzie mógł przejąć, zniszczyć czy sprzedać. Otrząsnęła się z oszołomienia i skupiła na tym, co mówił Rob. Kiedy skończyli rozmawiać, miała ochotę krzyczeć z radości. Żałowała, że nie ma przy niej Romana.

Człowiek, którego właśnie pokonała, był jedynym, z którym chciała się podzielić nowinami.

Zerwała się z fotela i wystukała numer komórki Romana.

– Roman – powiedziała, usłyszawszy jego cudowny głos.

– Tak, aniele? – W jego głosie było tyle ciepła, że miała ochotę go objąć.

Nagle uświadomiła sobie, że nie może mu powiedzieć. Nie w ten sposób.

– Zastanawiałam się właśnie, kiedy wrócisz.

– Już wracam – odparł, a ona zaczęła sobie wyobrażać, jak kochają się w jedwabnej pościeli. – Wszystko w porządku?

– Nigdy nie było lepiej – zapewniła, choć serce waliło jej bezlitośnie. – Tylko się pospiesz. Pragnę cię.

Roześmiał się cicho i powiedział coś, co rozpaliło w niej ogień. Dziesięć minut później usłyszała samochód i wybiegła na werandę. Roman miał na sobie garnitur, co ją zaskoczyło, bo wyjeżdżał rano ubrany inaczej. Wziął ją w ramiona i pocałował. Objęła go za szyję i przytuliła się do niego. Sprawiał, że czuła się taka żywa.

Pomimo szczęścia nerwy miała napięte. Kiedy ostatnim razem tak bardzo cieszyli się sobą, wszystko poszło źle. Powiedziała sobie, że nikt jej teraz nie zmusi do odejścia. Teraz panowała nad sytuacją. Tym razem to był jej wybór. I jego.

Otarła się o niego biodrami. Pragnął jej.

– Co cię wprawiło w tak doskonały humor? – spytał, całując ją w szyję. Potem wziął ją za rękę i pociągnął w stronę swojego pokoju.

– Potem ci powiem. – Zamknęła za nimi drzwi i pchnęła go na nie. Jej palce z wprawą rozpięły mu guziki. – Najpierw zaspokoisz moje potrzeby.

Roześmiał się, kiedy rozsunęła poły jego koszuli i przycisnęła usta do jego złotej skóry.

– Czego tylko zapragniesz.

Potem role szybko się odwróciły. Rozebrał ją błyskawicznie, ale zamiast wziąć ją do łóżka, pchnął na kanapę i odwrócił tyłem do siebie. Chwycił ją za biodra i wszedł w nią. A potem oboje pogrążyli się w zapamiętaniu; przypominała mu instrument, na którym tylko on potrafi grać. Caroline nie wytrzymała długo. Po kilku chwilach osiągnęła szczyt, błagając go cały czas, by trwało to jeszcze dłużej. Spełnił jej prośbę, a kiedy było już po wszystkim, kiedy oboje doznali spełnienia, usiadł na kanapie i wziął ją w ramiona; odgarniał wilgotne włosy z jej czoła i przywierał ustami do ciała.

– Powiedz mi, co wprawiło cię w tak doskonały nastrój?

Poczuła, jak bije jej serce. Czekała na ten moment i teraz nie wiedziała, co powiedzieć, nie była też pewna, jak Roman przyjmie nowiny. Gdyby przyjął je źle, wiedziałaby, co to oznacza. Że wszystko między nimi było fałszem i że nie interesuje go jej szczęście, tylko zwycięstwo. Wolała jednak znać prawdę.

– Dokonamy spłaty – oznajmiła. – W terminie.

Zaśmiał się. Zauważyła, nie jest poruszony ani zdenerwowany. Wydawał się wręcz zadowolony.

– Świetnie – powiedział, a potem ją pocałował. – Firma przetrwa, a dziedziczka Sullivanów zwycięża.

– Nie jesteś zły? – spytała niepotrzebnie.

Uśmiechał się olśniewająco, oczy mu błyszczały.

– Dlaczego miałbym być zły? Dostanę swoje pieniądze, a ty wciąż musisz się martwić o dochodowość firmy. Podwójna wygrana, jeśli o mnie chodzi.

Pomyślała, że ta chwila jest wspaniała. Byli oboje nadzy, na podłodze leżały ich ubrania, a oni rozmawiali o interesach. Tego właśnie pragnęła. Życia z Romanem. Życia, w którym czuła się jak równorzędna partnerka, w którym doceniano jej umysł w takim samym stopniu co ciało czy pochodzenie. Rodzice popełnili błąd, chcąc trzymać ją z dala od interesów. Tak, rodzinną firmę miała we krwi.

Stłumiła lęk, który prześladował ją jeszcze przed chwilą. Doskonale, pomyślała. Nie gniewa się. Wszystko będzie dobrze.

– Bałam się, jak zareagujesz – wyznała. – Tak bardzo chciałeś przejąć moją firmę.

Wzruszył ramionami.

– Jest coś, czego pragnę jeszcze bardziej. – Pocałował ją delikatnie, a pożądanie, tak niedawno ugaszone, znów się w niej odezwało. – Powinniśmy się pobrać, Caroline. Ze względu na Ryana. I na nas samych.

Westchnęła zadowolona. Właśnie tak powinno być od samego początku. Niczym niezakłócone szczęście. Wiedziała, że nie przeminie. Było prawdziwe, realne.

– Tak, powinniśmy – przyznała. – Zdecydowanie.

– Ubieraj się. W kurorcie jest ksiądz.

Roześmiała się, siadając mu na udach i oplatając nogami w pasie.

– Mamy czas.

Zareagował pożądaniem, które bez trudu wyczuła.

– Może i tak, *lubimaja maja*.

Zamruczała z zadowoleniem.

– Jesteś człowiekiem rozlicznych talentów, Romanie Kazarow.

Pobrali się o zachodzie słońca, na plaży, gdzie się kochali. Była to prywatna uroczystość w obecności jedynie Blake'a, Ryana i kilkorga osób ze służby. Caroline wciąż nie mogła wyjść ze zdumienia, że stało się to tak szybko. Gdy tylko się ubrali, Roman spytał jeszcze raz, czy zechce go poślubić.

Z sercem przepełnionym miłością, odpowiedziała twierdząco. W końcu mieli być rodziną, ona, Ryan i Roman. Pocałowała Romana, gdy ksiądz powiedział, że może to zrobić, a potem odwróciła się do Blake'a, który miał łzy w oczach. Ryan wyglądał tak poważnie; roześmiała się, kiedy podbiegł do niej i rzucił jej się w ramiona.

– W porządku, kochanie. – Uświadomiła sobie, że płacze. – Mama jest bardzo szczęśliwa.

– Czy pan Roman jest teraz moim tatą? – spytał nieśmiało.

– Tak – zdołała odpowiedzieć przez łzy. – To prawda.

Podniosła go i przytuliła z całej siły. Spojrzała na Romana, który patrzył na nich z taką troską, że poczuła niemal ból w sercu. Wciąż traktował chłopca z dystansem, choć z każdym dniem było coraz lepiej. Uśmiechnęła się, żeby dodać mu odwagi; on też się uśmiechnął.

Potem rozłożył ramiona, a ona przytuliła się do niego. Ryan objął Romana za szyję.

– Cieszę się, że jesteś moim tatą – powiedział.

Wrócili do domu na rodzinny posiłek, potem Blake zabrał Ryana, żeby go wykąpać i położyć do łóżka. Było to śmieszne, ale Caroline odczuła lekkie zawstydzenie, kiedy Roman pomógł jej wstać od stołu.

– Chcę się z tobą kochać – powiedział stłumionym głosem, który przyprawił ją o dreszcz. – Jak ze swoją żoną.

Wziął ją na ręce i zaniósł do sypialni. Potem zamknął nogą drzwi i rozebrał ją powoli, jakby miał przed sobą całą wieczność. Nawet gdy była już naga, nie spieszył się, pieszcząc ją wargami i językiem; wreszcie wniknął w nią głęboko. Nie mogła już dłużej powstrzymywać słów, które pragnęła z siebie uwolnić.

– Kocham cię, Romanie!

– Caroline... moja najdroższa Caroline.

Było to z jego strony wyznanie miłości; westchnęła uszczęśliwiona, nim zasnęła w jego ramionach.

Wiedziała, że tym razem się uda i że nic nigdy ich nie rozdzieli.

ROZDZIAŁ PIĘTNASTY

Kazarow znów wygrywa! Ale za jaką cenę?

Telefon zadzwonił w środku nocy. Caroline budziła się powoli, podczas gdy Roman rozmawiał z kimś głosem twardym i władczym, choć starał się mówić cicho. Żałowała, że nie zna rosyjskiego, bo Roman nie sprawiał wrażenia zadowolonego. Rozłączył się po kilku minutach.

– Co się stało? – spytała.

Siedział na łóżku, przesuwając dłonią po włosach i ziewając. Odwrócił się na dźwięk jej głosu.

– Nic poważnego. – Pocałował ją delikatnie. – Interesy.

– Nic poważnego? Nie wydaje mi się.

Westchnął.

– Muszę się zająć paroma sprawami – odparł krótko. – Jadę do Nowego Jorku. Wrócę jutro, może pojutrze.

Przygasło w niej serce. Dwa dni wydawały się teraz wiecznością.

– Pojadę z tobą. I tak muszę zajrzeć do firmy.

– To jest nasz miesiąc miodowy. Nie powinnaś pracować.

– Ty też nie – odparła, siadając obok niego i głaszcząc go po plecach.

– Nic nie mogę na to poradzić. – Pchnął ją z powrotem na łóżko. – Wrócę dziś wieczorem, co ty na to?

Westchnęła, kiedy otoczył ją ramionami.

– Trzeba to jakoś wytrzymać. Ale może powinniśmy pojechać wszyscy. Tyle się teraz dzieje...

– Daj spokój. Wygrałaś i zasłużyłaś na wakacje. Będziesz się martwić o firmę w przyszłym tygodniu.

Ziewnęła i przeciągnęła się. Wciąż była zmęczona po tym wyczerpującym dniu. Mimo wszystko zamierzała zwlec się z łóżka i pojechać razem z nim, ale gdy znów się obudziła, Romana już dawno nie było. Usiadła; przez żaluzje przedzierał się blask słońca. Była przez chwilę otumaniona, potem przypomniała sobie miniony wieczór i rozmowę telefoniczną Romana.

Ogarnął ją niepokój, choć nie wiedziała dlaczego.

Nie mogła dłużej leżeć w łóżku, więc wzięła prysznic, ubrała się i poszła poszukać Blake'a i Ryana. Blake jadł śniadanie, a syn bawił się samochodzikiem na werandzie. W dali migotało turkusowo morze, a plaża, pomimo wczesnej pory, tonęła w słonecznym blasku.

Usiadła przy stole. Blake patrzył na nią z nieznacznym uśmiechem.

– Przestań tak na mnie patrzeć. Jesteś najbardziej wścibską nianią na świecie.

– Owszem. I cieszy mnie twoje szczęście.

Była szczęśliwa. I nawet trochę przerażona. Miała wszystko, czego pragnęła, ale wszystko wydarzyło się tak szybko.

– Pani Kazarow. – Caroline obróciła się w stronę gospodyni, która przyniosła jej telefon. – Zostawiła to pani w gabinecie. Dzwoni od dwudziestu minut.

– Dziękuję. – Zobaczyła, że ma nieodebrane połączenia i wiadomości od matki i Roba.

Nieznaczne uczucie niepokoju, który prześladowało ją wcześniej, przerodziło się w prawdziwą panikę. Odsłuchała pierwszą wiadomość i trzy następne, wszystkie z rodzaju: „Zadzwoń, jest problem". W końcu nie wytrzymała i poszła na koniec werandy zadzwonić.

– Caroline, dzięki Bogu – usłyszała głos Roba.

– Co się stało?

– Europejczycy wycofują się z umowy – powiedział.

To było zbyt piękne. Wiedziała o tym już wcześniej. Czuła przez skórę.

Rob zaczerpnął powietrza, a ona się domyśliła, że pali. Wydawało jej się, że rzucił. Nagle ogarnęła ją determinacja. Musiała sobie z tym poradzić.

– Co jeszcze? – spytała.

– Chodzi o twojego ojca. Prasa... już wie.

Nie była przygotowana na taki cios. Nie odczuła tego tak boleśnie, jak wtedy, gdy lekarze przekazali jej i Jonowi złą wiadomość, ale niewiele lepiej. Miała ochotę wyć i cisnąć czymś, ale nie mogła się ruszyć. Świat wokół niej trwał nadal, ale wszystko się zmieniło.

Znowu.

Wydostanie się z wyspy nie było łatwe, zwłaszcza że musiała zarezerwować miejsca w samolocie czarterowym, żeby dotrzeć do Miami. Blake milczał, a Ryan narzekał, że musi siedzieć nieruchomo zamiast biegać i bawić się. Patrzyła uparcie w okno. Była jak sparaliżowana. I wściekła na siebie. Analizowała w myślach te wszystkie godziny, które upłynęły od tamtego telefonu. W pierwszej chwili chciała zadzwonić do Romana i poprosić o pomoc. Potem jednak Rob powiedział jej, że zjawili się przedstawiciele Kazarow Industries, żeby nadzorować przejęcie firmy. Miała wrażenie, że jej serce zamienia się w kawał lodu.

Roman rozmawiał z kimś w środku nocy. I powiedział jej, żeby została na wyspie, że firmie nic nie grozi. Byłby zdolny przejąć ją od niej w taki sposób? Nie chciała sobie tego nawet wyobrażać. Po rozmowie z Robem próbowała się dodzwonić do Romana. Nie odpowiedział. Mogła się tego spodziewać; pewnie miał jakieś zebranie. Spróbowała ponownie. I nic. Potem zostawiała mu wiadomości – niezliczone. Nie oddzwonił. Przez długie godziny nie usłyszała od niego słowa. W końcu, wraz z upływem dnia i brakiem jakichkolwiek wiadomości od człowieka, którego poślubiła, uświadomiła sobie prawdę. Tak jak wtedy, gdy ojciec powiedział jej, że musi wyjść za Rona, żeby ocalić firmę, albo gdy lekarz oznajmił, że jej mąż musi umrzeć, albo gdy jej ojciec stał się zagubionym, wystraszonym człowiekiem.

Prawda bolała. Nienawidziła prawdy. Nie chciała w nią wierzyć.

Nauczyła się jednak przez ostatnie pięć lat, że zaprzeczanie prawdzie nie przynosi niczego dobrego. Lepiej było przyjąć ją do wiadomości – bezlitosną i okropną – niż udawać, że nic się nie dzieje. A prawda była taka, że Roman ją zdradził. Wcale nie wyrzekł się zemsty. Dlaczego miałby to zrobić? Złamała mu serce, odebrała dziecko. Jej ojciec pozbawił go źródła utrzymania i możliwości zajmowania się umierającą matką. Trudno wybaczyć aż tyle w tak krótkim czasie. Nienawidził Sullivanów, bez względu na to, że mógł jej pragnąć fizycznie albo że tęsknił za ich dzieckiem. Ta świadomość była jak cios nożem w serce. Czy powiedział, że ją kocha? Nie. Uwierzyła w to, w co chciała desperacko wierzyć: że to możliwe. A on wykorzystał informację przekazaną przez Roba, żeby pokrzyżować jej plany. Jak można było to inaczej wyjaśnić? Co gorsza, zdradził światu, co działo się z jej ojcem. Wiedział, że tego rodzaju wiadomość odstraszy inwestorów. I to bolało najbardziej.

Zadzwoniła do matki, która trzymała się nieźle, choć musiała się niemal zabarykadować ze względu na wścibskich reporterów z teleobiektywami. Choroba Franka Sullivana była sensacją i z pewnością zwiększyłaby nakład każdej gazety. Gardziła sępami, ale sobą jeszcze bardziej. Jak mogła być tak łatwowierna? Tak ślepa i głupia? Jak mogła dopuścić Romana do swojego życia, wiedząc, czego właściwie od niej chce? Nigdy nie udawał, że pragnie czegoś innego, co najwyżej pod sam koniec. A ona naiwnie mu uwierzyła. Zaufała. Teraz była jego żoną. Dopilnował tego, zanim odszedł, czyż nie? Żeby nie mogła odebrać mu Ryana, gdy już przejmie jej firmę.

Pamiętała, jak powtarzał, żeby się odprężyła, jak mówił, że wygrała i że powinna pozostać na wyspie. Tak, przestała się mieć na baczności, a on wbił jej nóż w plecy. Wyobrażała sobie, jak Roman wkracza do jej firmy ze świtą u boku. Zadowolony i rozradowany.

Było niemal ciemno, kiedy niewielki samolot wylądował na lotnisku Johna Kennedy'ego. Odwiozła Blake'a i Ryana taksówką do domu, a sama kazała się zawieźć do firmy. Na dole był sklep, wciąż otwarty. Czysty, nowy, luksusowy. To zawsze był jej dom. I nie należał już do niej ani do Ryana.

Wjechała windą na górę, gdzie mieściły się biura zarządu. Popatrzyła na literę S na szklanych drzwiach. Zastanowiła się, czym ta litera zostanie w przyszłości zastąpiona. Ruszyła w stronę swojego gabinetu, nie bardzo wiedząc po co. Kiedy weszła, siedzący za jej biurkiem Roman podniósł wzrok. Jego widok był dla niej szokiem. Bolesnym szokiem.

– Nie mogłeś się już doczekać, jak widzę – zauważyła gorzko.

Wstał, marszcząc czoło.

– Skąd się tu wzięłaś, Caroline?

Uniosła brodę, by popatrzeć mu prosto w oczy. Przez jedną krótką chwilę chciała mu się rzucić w ramiona. Chciała, żeby ją przytulił i powiedział, że wszystko jest pomyłką.

– Myślałeś, że zostanę na wyspie, kiedy się dowiem, co robisz?

Milczał przez moment.

– A co według ciebie robię? – spytał głosem, w którym pobrzmiewała nuta groźby.

Zignorowała to pytanie.

– Mój ojciec – powiedziała, starając się nad sobą zapanować. – Jak mogłeś im powiedzieć o moim ojcu?

Spojrzał na nią osłupiały.

– Oskarżasz mnie o to, że powiedziałem prasie o chorobie twojego ojca?

– A kto inny mógłby to zrobić? – rzuciła. – Kto inny mógłby na tym skorzystać?

Odpowiedź wydawała jej się oczywista.

Wyszedł zza biurka, jego wysoka postać emanowała tłumioną i groźną energią; nie krył wściekłości.

– Ile osób wiedziało o twoim ojcu?

Jego głos przypominał smagnięcie biczem i Caroline skuliła się bezwiednie. Po chwili jednak gniew powrócił; postąpiła krok w jego stronę.

– Kilka, ale nikt nie pisnąłby słowa.

– Żadna pielęgniarka, ogrodnik, sekretarka ani dostawca? Potrafisz kontrolować tylu ludzi? Podziwiam cię.

Jego słowa zabolały ją. I przyprawiły o furię.

– Nigdy wcześniej nic się takiego nie wydarzyło. Ty miałeś najwięcej do zyskania.

Uniósł brwi.

– Zyskania? Myślisz, że mogę coś zyskać, informując prasę, że ojciec mojej żony jest żałośnie chorym człowiekiem?

Żona. To słowo bolało. Rozpostarła ramiona, jakby chciała objąć nimi swój gabinet.

– To wszystko możesz zyskać. Czy jest przypadkiem, że nowi inwestorzy postanowili się wycofać w dniu, w którym wiadomość o chorobie mojego ojca przedostała się do prasy? Owszem, to ja zarządzam firmą, ale wielu ludzi uważa, że wszystkim kieruje ojciec.

Najpierw zbladł, potem na jego twarzy pojawił się gniew.

– Naprawdę wierzysz, że to zrobiłem.

– Mylę się? – Chciała, żeby zaprzeczył. Ale dowody były przytłaczające. Przebywali ze sobą od niedawna. Jak mogła się zorientować, co by zrobił po pięciu latach nienawiści?

– A jak myślisz? – odparł. Widać było, że z trudem nad sobą panuje.

– Myślę, że przyjechałeś do Nowego Jorku z gotowym planem – powiedziała, odczuwając niemal fizycznie gniew, ból i smutek. – I byłeś gotów zrobić wszystko, by ten plan zrealizować.

– Rozumiem.

– Niczemu nie zaprzeczasz.

Wsadził ręce do kieszeni. Po raz pierwszy zauważyła, że wygląda trochę niechlujnie. Marynarka i krawat wisiały na oparciu fotela. Włosy miał w nieładzie, oczy podkrążone. Przez moment doznała czegoś w rodzaju współczucia, potem jednak stłumiła je w sobie. Cieszył się swoim triumfem. Przyjmował już zapewne oferty kupna ziemi, na której stały jej sklepy, i liczył z radością pieniądze.

– Po co? – odpowiedział na jej zarzut. – Wyrobiłaś już sobie opinię.

Nagle poczuła się strasznie zmęczona.

– Dlaczego tu jesteś?

Wzruszył ramionami.

– Twoja firma nie zapłaciła. Zjawiłem się, żeby odebrać nagrodę.

Jego głos był twardy, zimny. Miała wrażenie, że to nie ten sam człowiek, z którym kochała się poprzedniej nocy. Ten, który tulił ją i Ryana.

– Nie wiem, dlaczego jesteś zły. – Z trudem dobywała z siebie słowa. – Dzwoniłam do ciebie kilkanaście razy. Zostawiałam ci wiadomości. Ani razu nie odpowiedziałeś. A teraz siedzisz w moim gabinecie. Wyjaśnienie jest chyba oczywiste.

Odwrócił się i znów usiadł za biurkiem. Oczy błyszczały mu gniewnie. Caroline zadrżała, ale nie zamierzała tłumić własnego gniewu.

– Tak. Bo przecież ty wszystko wiesz.

Poczuła na policzku łzę. Miała złamane serce, a jego to nic nie obchodziło.

– Kochałam cię, idioto – roześmiała się. – A może to ja jestem idiotką. Bo ci zaufałam.

Zacisnął pięści na blacie biurka – jej biurka – i popatrzył na nią twardo.

– No tak, zaufanie. Przetrwało kilka dni.

Poczuła ukłucie winy.

– Jak śmiesz obracać wszystko przeciwko mnie? Nie wierzyłam, kiedy Rob mi powiedział, że zjawią się twoi ludzie nadzorować przejęcie firmy, tak jak nie wierzyłam przez cały dzień, że mógłbyś zrobić mi coś takiego, aż stało się jasne, że nie zadzwonisz do mnie i nie powiesz, że się myliłam.

– Przez cały dzień? Tak długo? Jestem pod wrażeniem.

Powiedział to lodowatym głosem, a ją bolało, że jest do tego zdolny, choć kilka godzin wcześniej kochali się namiętnie. Żałowała, że nie może cofnąć czasu.

– Wygrałeś, Romanie. Gratulacje.

Znowu wstał zza biurka, a ona obróciła się na pięcie i wyszła z gabinetu. Dotarła do windy; nie zatrzymywał jej. Postanowiła, że nie będzie płakać, dopóki nie zjedzie na dół. Ale nawet wtedy była zbyt odrętwiała, żeby zdobyć się na łzy.

Był idiotą. Jak mógł do tego dopuścić? Usiadł za biurkiem i patrzył, jak odchodzi; zraniona duma nie pozwalała mu jej zatrzymać. Co się z nim działo? Przesunął dłonią po włosach i przygarbił się na fotelu. Jej fotelu. Sądził naiwnie, że na wyspie wydarzyło się między nimi coś o zasadniczym zdarzeniu. Że ona uwierzy mu, bo go kocha, że poczeka, pozwoli mu wyjaśnić, co się dzieje. A jednak w ciągu kilku minut nabrała paskudnych podejrzeń. Mówił sobie, że powinien był się tego spodziewać, ale oczekiwał w swojej głupocie innej reakcji. Powiedziała, że go kocha. Że chce, by byli rodziną. Sądził, że coś to znaczy. Jednak zamiast wybrać jego, zamiast mu uwierzyć, wybrała rodzinę – rodzinę Sullivanów – ponownie. Jeśli działo się z nią coś złego, a Roman Kazarow był pod ręką, to jego należało winić.

Nie przyszło mu do głowy, że opuści wyspę i przyjedzie tutaj. Właśnie tego powinien był się spodziewać, ponieważ wiedział, że Caroline jest zbyt uparta, żeby siedzieć spokojnie, kiedy coś się działo z jej ukochaną firmą.

Posądziła go o najgorszą rzecz. Uwierzyła, że ożenił się z nią, kochał się z nią, a tak naprawdę zamierzał jedynie pozbawić ją rodzinnego dziedzictwa. Kiedyś by tak zrobił. Nim sobie uświadomił, że wciąż ją kocha. Że zawsze ją kochał. Nigdy nie wierzył w te śmieszne bzdury, ale wiedział, że w przypadku Caroline to wszystko prawda. Była jedyną kobietą, jaką kiedykolwiek kochał, jedyną, z jaką łączyła go ta niewytłumaczalna więź. Nawet teraz, pomimo bólu i wściekłości, pragnął jej. Ale ona nie pragnęła jego. Ta myśl wstrzymała mu oddech. Czy tak było naprawdę? Czy rzeczywiście go odrzuciła?

Poczuł lodowaty chłód. Była do tego zdolna. Już raz to zrobiła.

Miał ochotę dać upust wściekłości, ale się opanował. Czekało go jeszcze dużo roboty; potem zamierzał pojechać do domu i rzucić się na łóżko z butelką wódki.

Sam. Zachciało mu się wyć.

Idź za nią. Teraz.

Uciszył ten głos. Musiał dać jej czas, by ochłonęła. Sobie też.

Był rozgniewany; wiedział, że nie powinien w takim stanie rozmawiać z Caroline. Stawka była zbyt wysoka, mogłoby paść wiele bolesnych słów. Chciał stanąć przed nią spokojny i opanowany.

A potem chciał wziąć ją w ramiona i nigdy nie pozwolić jej odejść. Choć uświadamiał sobie, że być może będzie musiał.

ROZDZIAŁ SZESNASTY

Happy end dla Caro i Kazarowa? Mimo wszystko?

Sądziła, że wszystko skończy się inaczej. Dla niej, dla firmy. Siedziała w salonie, patrząc w telewizor, choć nic do niej nie docierało. Upłynęły dwa dni, a ona wciąż myślała o Romanie, o tym, jak na nią spojrzał, kiedy rzuciła mu w twarz oskarżenie.

Wyglądał na... rozczarowanego. Zranionego.

A może było to z jej strony tylko pobożne życzenie?

Nie mogła przestać o nim myśleć, o tym, jak leżała w jego ramionach tej ostatniej wspólnej nocy, jak mu powiedziała, że go kocha, kiedy on doprowadzał ją do ekstazy. Jak trzymał za rączkę Ryana i szedł z nim wszędzie, gdzie chłopiec zapragnął. Roman wydawał się szczęśliwy na wyspie. Szczęśliwy z nimi. Nie na tyle jednak, by wyrzec się zemsty. Uległa złudzeniu. Widziała to, co chciała widzieć, zamiast zajrzeć za zasłonę. Powinna być mądrzejsza. Życie przez długich pięć lat nie skąpiło jej bólu. Dlaczego miałoby się to nagle zmienić?

– Zamierzasz tak siedzieć przez cały dzień?

Spojrzała przez ramię na Blake'a. Miał w ręku plecak, a na głowie okulary przeciwsłoneczne.

– Idziecie do parku? – spytała.

– Jak tylko Ryan zdecyduje, którą zabawkę zabrać. Wybierzesz się z nami?

Caroline pokręciła głową. Od dwóch dni chodziła w piżamie i oglądała telewizję. Przybiegł do niej Ryan, paplając o robocie, którego zabierał ze sobą do parku.

– Mamo, chcesz się z nami pobawić? Wybieramy się na lody.

Był taki podobny do Romana. Odczuwała niemal ból, patrząc na syna.

– Mama zostanie dziś w domu – odparła.

Ryan zmarszczył czoło.

– Gdzie jest pan Roman? To znaczy tata? – poprawił się szybko. – Chcę mu pokazać mojego robota.

Caroline pociągnęła nosem.

– Pracuje, kochanie, ale niedługo wróci.

Blake patrzył na nią ze smutkiem, ale co miał powiedzieć? Ona i Roman wciąż byli małżeństwem i ze względu na chłopca musieli coś postanowić. Wiedziała, że Roman będzie dzielił życie z synem; myśl, że zniknie z jej życia, przyprawiała ją o łzy. Idiotka.

Gdy Ryan i Blake wyszli po kilku minutach, zadzwoniła do matki. Robiła to co kilka godzin. O dziwo, po pierwszych sensacyjnych doniesieniach prasa się uspokoiła. Większość fotografów koczujących pod domem rodziców zniknęła. Ton artykułów dotyczących ojca był poważny. Caroline zaczęła się nawet zastanawiać, jak mogłaby wspomóc badania nad chorobą.

Po rozmowie z matką w domu zrobiło się cicho. Zbyt cicho.

Zrozumiała, że musi się w końcu wziąć w garść i zastanowić, co dalej. Nigdy nie lubiła się nad sobą użalać. Koniec z tym.

Wzięła prysznic, potem ubrała się, umalowała i spięła włosy. Chwyciła torebkę i pomyślała, że kupi po drodze coś słodkiego i zaskoczy w parku Ryana i Blake'a. Otworzyła drzwi wejściowe i stanęła jak wryta na widok mężczyzny o cudownych niebieskich oczach, stojącego u dołu schodów.

– Czego chcesz?

Coś błysnęło w jego wzroku. Irytacja? Gniew? Strach?

– Chcę z tobą porozmawiać.

– Świetnie, powiedz, co masz do powiedzenia, i odejdź.

– Po drugiej stronie ulicy, w niebieskim sedanie, siedzi mężczyzna. To fotograf, celuje w nas obiektywem. Naprawdę chcesz tu rozmawiać?

Cofnęła się po krótkiej chwili i otworzyła drzwi szerzej. Roman wszedł do domu. Kiedy znaleźli się oboje w środku, odwrócił się do niej, a ona niemal się skuliła. Dostrzegła na jego twarzy żal i wściekłość.

– Długo się nad tym zastanawiałem, Caroline – zaczął głosem zimnym jak stal. – I choć bardzo się staram, nie mogę przestać się gniewać.

– Ty się gniewasz?! Ty? To nie ja cię oszukałam.

– Ależ tak – zapewnił. Wzrok mu płonął. Wydawało się, że ten człowiek wypełnia sobą całą przestrzeń przedpokoju. Był najważniejszy w jej życiu od chwili, gdy go poznała.

Zbliżył się do niej, a ona umknęła do salonu i stanęła za kanapą. Tak wydawało się najbezpieczniej.

– Nie mam pojęcia, o czym mówisz. Gadasz bez sensu.

– Naprawdę? Powiedziałaś, że mnie kochasz, Caroline. Kłamałaś.

– Jak śmiesz...

– Śmiem, bo tak właśnie jest. Gdybyś mnie kochała, nie wierzyłabyś w to wszystko. Dałabyś mi szansę wyjaśnienia, nie oskarżając mnie, że zrujnowałem ci życie.

– Dałam ci szansę! – wrzasnęła. – Wydzwaniałam do ciebie tamtego dnia!

Przez chwilę krótką jak mgnienie oka wydawał się przygaszony. Potem jednak złość powróciła.

– Gdybyś mi ufała, dowiedziałabyś się prawdy w odpowiednim czasie.

– Jak śmiesz przychodzić tutaj i mówić mi coś takiego? – wyszeptała. Jak mógł stać tutaj, robiąc na niej tak ogromne wrażenie, i kusić ją tym, czego najbardziej pragnęła: by wszystko okazało się jakimś nieporozumieniem.

Nie, życie tak się nie układa. Nie w jej przypadku. Nigdy.

Wyjął bez słowa kopertę z tylnej kieszeni i rzucił w jej stronę. Wylądowała między nimi na podłodze.

– Co to jest?

– Zobacz.

Wydawało się, że trwa to wieki, ale w końcu schyliła się i podniosła grubą kopertę, a potem popatrzyła na Romana.

– Otwórz – polecił.

Zrobiła tak, jak powiedział – z bijącym sercem. Po chwili poczuła, jak krew odpływa jej z twarzy.

Roman, zaniepokojony, zrobił krok w jej stronę, ale wsparła się o plecy kanapy.

– Nie przejąłeś firmy.

– Nie.

– Ale myślałam...

– Wiem, co myślałaś – odwarknął. – Myliłaś się.

Ścisnęło ją w dołku.

– Dlaczego nie powiedziałeś mi wcześniej?

– To znaczy wtedy, kiedy weszłaś do gabinetu i oskarżyłaś mnie, że cię uwiodłem, okłamałem i okradłem?

Skinęła głową, nie mogąc wydusić z siebie słowa.

Przygładził włosy. Zawsze był taki opanowany, chłodny, a jednak wyglądał teraz tak, jakby nie spał od dwóch dni. Oczy miał podkrążone.

– Powinienem był ci powiedzieć – mruknął. – Ale mnie zaskoczyłaś. I rozgniewałaś. Nie zareagowałem dobrze. Poza tym, kiedy się zjawiłaś, nominalnie byłem właścicielem twojej firmy. Właśnie pracowałem nad tym, żeby to odkręcić.

Usiadła na kanapie, bojąc się, że upadnie. Nie wierzyła własnym uszom.

– Dlaczego nie oddzwaniałeś?

– Żałuję tego – odparł cicho. – Ale miałem zebranie, kiedy zadzwoniłaś po raz pierwszy. Zanim się dowiedziałaś, że Europejczycy się wycofali, próbowałem coś z tym zrobić. Dowiedzieli się o twoim ojcu i dostali pietra. Starałem się ich namówić do inwestycji, bo chciałem przekazać ci dobre wiadomości, kiedy będę do ciebie dzwonił. Nie spodziewałem się, że zjawisz się w gabinecie.

– Szkoda, że mi nie powiedziałeś. – Gdyby to zrobił, nie byłaby taka przerażona i nie zrobiłaby z siebie idiotki. Czyżby?

– I co byś zrobiła, Caroline? Zostałabyś na wyspie i czekała na mnie czy też postąpiła tak, jak postąpiłaś, i przyjechała do Nowego Jorku?

Oboje znali odpowiedź.

– Nie zostałabym na wyspie.

– Tak. Właśnie dlatego ci nie powiedziałem.

Siedziała, gapiąc się na papiery w dłoni. Naprawdę oddał jej firmę. Byli niewypłacalni, ale naprawił to. Dzięki niemu znów mogli prosperować. Nagle przyszło jej coś do głowy. Przypomniała sobie, że pewnego dnia na wyspie, ubrany w garnitur, pojechał dokądś i wrócił późno.

– To ty znalazłeś tego inwestora, prawda?

Inwestora, który pojawił się cudownie w ostatniej chwili.

– Tak.

– Dlatego nie było cię cały dzień.

Skinął głową.

– Prezes pewnej dużej firmy finansowej jest gościem w kurorcie. Pojechałem się z nim spotkać.

– Dlaczego to zrobiłeś? – spytała ze łzami w oczach.

– Bo chciałem, żebyś wygrała. – Te słowa były takie proste.

Wciąż jednak trudno jej było w to uwierzyć. Ilekroć pozwalała sobie na nadzieję, życie pozbawiało ją złudzeń.

– Jeszcze niedawno chciałeś, żebym przegrała. Chciałeś mnie ukarać.

– Wszystko się zmienia.

Pomyślała, że może powinna mieć żal, że interweniował zamiast pozwolić jej wygrać o własnych siłach albo ponieść porażkę, ale była poruszona tym, czym się kierował.

– Co się zmieniło?

Zamknął oczy, a ona uświadomiła sobie, że wszystko zmierzało ku tej chwili. Jakby całe jej życie zależało od słów, które miał teraz wypowiedzieć.

– Zrozumiałem, że cię kocham, Caroline. Że życie bez ciebie jest zbyt samotne, zbyt smutne. I chcę, żebyś była szczęśliwa.

Przepełniała ją głęboka radość i jednocześnie obezwładniający strach. Znowu wszystko koszmarnie zagmatwała. I jak mogła być pewna, że tym razem to się uda? Że przyszłość nie zrujnuje wszystkiego?

– Jak możesz mnie kochać po tym, co ci powiedziałam? Po tych oskarżeniach?

Westchnął.

– Wciąż jestem zły na ciebie. Ale miłość się nie kończy, kiedy ktoś cię rani. A jeśli się kończy, to nie jest to miłość, prawda?

Nie potrafiła już powstrzymać łez. Wstała i popatrzyła na Romana. Chciała do niego podejść, ale bała się.

– Przykro mi. Powinnam była dać ci szansę. Ale czułam się taka nieszczęśliwa, bo kocham cię tak bardzo, i nie mogłam znieść myśli, że ty mnie nie kochasz. A potem, kiedy dowiedziałam się o tej historii z ojcem, pomyślałam sobie najgorsze...

– Łatwiej ci było uwierzyć w to, że cię skrzywdziłem, niż w to, że mógłbym ci pomóc, bo cię kocham?

– Tak się dzieje w moim życiu. Straciłam wielu ludzi, których kochałam. Ciebie, Jona, ojca. Wydawało mi się, że znów cię tracę.

– Caroline – powiedział cicho i rozłożył ramiona, a ona podbiegła i przytuliła się do niego. – Przykro mi, *lubimaja maja*. Powinienem był ci powiedzieć, co czuję i co zamierzam zrobić. Nie tracisz mnie.

Ukryła twarz na jego piersi.

– Jak możesz tak mówić, skoro to moja wina? Nie dałam ci szansy wyjaśnienia czegokolwiek. Powinnam być mądrzejsza...

Pocałował ją; niemal rozpłynęła się w jego objęciach.

– Oboje popełnialiśmy błędy – przyznał. – Nikt nie jest doskonały.

Roześmiała się niepewnie.

– Tęskniłam za tobą każdego dnia przez pięć lat, choć udawałam, że tak nie jest. Gdybym straciła firmę, nie dbałabym o to, dopóki miałabym ciebie. Kiedy weszłam do gabinetu dwa dni temu, pomyślałam, że straciłam i ją, i ciebie. I to drugie przerażało mnie bardziej.

– Nie straciłaś mnie. Kocham cię. I naszego syna. Straciłem pięć lat. Nie chcę tracić ani minuty dłużej.

Caroline otarła oczy.

– Nie wiem, dlaczego kochasz mnie po tym wszystkim, co się stało, ale cieszę się, że tak jest.

Osunął się na krzesło i wziął ją na kolana, potem pogłaskał po policzku i wargach, a ona uświadomiła sobie, jak bardzo go w tej chwili pragnie.

– Kocham cię, ponieważ nie mogę robić niczego innego. Kocham cię od pierwszego momentu, w którym cię zobaczyłem. Jesteś silna i nieustępliwa. Zapomniałaś o sobie i o swoich potrzebach, myśląc o innych, i tyle dla nich poświęciłaś. Jak mógłbym nie kochać kogoś tak odważnego? Nie potrafiłbym żyć bez ciebie.

Caroline ujęła jego twarz w dłonie, uśmiechając się przez łzy. Jej serce po raz pierwszy od długiego czasu przepełniała radość. I już się nie bała jutra.

– Jesteś niezwykłym człowiekiem. Lepiej zabierz mnie do sypialni. Muszę cię bardzo gorąco przeprosić.

– Koniec z przepraszaniem – powiedział poważnie. – Mamy przed sobą zbyt wiele do przeżycia.

Roześmiała się.

– To weź mnie do łóżka. Ja też chcę coś przeżyć. Jak najszybciej.

Roman zaczął ją całować, aż zakręciło jej się w głowie od pożądania. Potem wstał i trzymając ją w ramionach, ruszył w stronę schodów.

– Lepiej poszukajmy łóżek. Też chcę coś przeżyć...

EPILOG

Sullivan's odnotowuje ogromne zyski pod kierownictwem Caroline Sullivan Kazarow.

Naprawdę spodziewają się dziecka! Caro promienieje, Kazarow dumny.

Państwo Kazarow obchodzą pierwszą rocznicę ślubu w restauracji, pochłonięci sobą bez reszty.

Caroline przeglądała gazety, które zachował dla niej Blake, zaśmiewając się chwilami do rozpuku. Naprawdę bawiła się doskonale.

Było inaczej, kiedy pisali o jej ojcu, ale Roman wytropił źródło tamtych informacji. Chodziło o pielęgniarza, którego jej matka zwolniła za drobną kradzież. Sądził, że uda mu się szybko zarobić, potem jednak przepuścił wszystko w kasynie w Atlantic City. Boska sprawiedliwość. Caroline nie miała cienia litości dla kogoś, kto czerpał zyski z czyjegoś nieszczęścia.

Położyła dłoń na brzuchu, kiedy poczuła kopnięcie. W tym momencie do pokoju wszedł Roman i zobaczył, jak się krzywi.

– Co się dzieje? Wszystko w porządku?

– Jak najbardziej – zapewniła. – Ale myślę, że ta mała dziewczynka będzie kickbokserem.

– Ma to po tobie.

Popatrzyła na niego.

– Naprawdę?

Roman roześmiał się i usiadł obok niej na werandzie ich karaibskiej samotni.

– Jesteś wojowniczką, Caroline. Nigdy nie spotkałem nikogo, kto walczyłby tak zawzięcie jak ty.

– Oprócz ciebie.

– Niech będzie. Może odziedziczyła to po nas obojgu.

– Będzie niezwykła.

– Jak jej matka.

– Nie czuję się taka niezwykła. Raczej gruba i głodna.

– Jesteś cudowna, moja kochana. Chcesz, żebym ci przyniósł coś z kuchni? W lodówce jest trochę wędzonego kurczaka.

– Brzmi kusząco, ale lepszy będzie jakiś owoc. Zjem banana. I trochę mango.

– Jak sobie życzysz.

Jej serce przepełniały miłość i szczęście. Byli małżeństwem od ponad roku, ale wciąż czuła się jak podczas miesiąca miodowego. Smutkiem napawał ją tylko pogarszający się stan ojca, ale zorganizowała w swoich sklepach kampanię, przeznaczając część zysków na badania związane z chorobą Alzheimera. Liczyła na to, że pewnego dnia pojawi skuteczne lekarstwo. Oczywiście, dla ojca było już za późno; przebywał teraz w specjalnym ośrodku, a matka uczyła się życia w pojedynkę.

Roman przyniósł jej owoce.

– Dziś zadzwoniła do mnie twoja matka – powiedział, jakby się domyślał, że Caroline myśli o rodzicach. Roześmiał się, widząc jej niedowierzanie. – Tak, zadzwoniła. Chyba się do mnie przekonuje.

– Wiesz, jak postępować z damami. To chyba ten twój seksowny rosyjski akcent.

Mrugnął do niej.

– Może. Tak czy owak, chciała wiedzieć, czy wypoczywasz i bierzesz witaminy. Zapewniłem ją, że tak.

– Szukała chyba wymówki, żeby z tobą porozmawiać. O to samo mogła spytać mnie. Mówiła coś jeszcze?

– Niewiele. Zamierza nas odwiedzić, to wszystko. – Wskazała głową tablet, który trzymała w ręku Caroline. – Co u Blake'a?

– Znowu maluje – odparła zadowolona. – I ma kogoś. Tęsknię za nim.

– Wiem, ale to dobrze, że znów się skupił na swoim życiu. – Zmarszczył czoło. – Mam do niego jednak pretensje, że musiałem zatrudnić nową nianię. Nie jest tak zabawna jak on.

– Jest trochę starsza od niego – zauważyła Caroline ze śmiechem. – Pani Steele nie będzie pływała z Ryanem ani biegała z nim po plaży, ale przyda się, kiedy mała Claire obudzi się w nocy po raz dziesiąty.

Roman wzruszył ramionami.

– Skoro tak twierdzisz... – Oparł się o poduszki i wziął do ręki gazety, które przysłał Blake. – To makulatura, ale piszą prawdę. Jesteśmy śmiesznie szczęśliwi, prawda?

– Zdecydowanie tak.

Odłożył gazety i ujął jej dłoń. Siedzieli obok siebie, patrząc na fale, które obmywały brzeg; w końcu od strony plaży przybiegł Ryan i wysypał u ich stóp garść muszli, po czym zaczął paplać jak najęty.

Kolejne książki z serii
Harlequin Światowe Życie Duo
ukażą się 31 grudnia i 16 stycznia